CB130098

# MARKETING POLÍTICO NO BRASIL

CAMP

CLUBE ASSOCIATIVO DOS PROFISSIONAIS DE MARKETING POLÍTICO

Título Original: Marketing Político no Brasil
Copyright © 2022 by Clube Associativo dos Profissionais de Marketing Político - CAMP
1ª edição - Abril de 2022

Grafia atualizada segundo o Acordo Ortográfico da Língua Portuguesa de 1990, que entrou em vigor no Brasil em 2009

Organização: **Clube Associativo dos Profissionais de Marketing Político - CAMP**

Os artigos do presente livro são independentes, as afirmações de seus autores representam opiniões pessoais e não devem ser lidas como posicionamentos institucionais do CAMP
www.campbrasil.com.br

**Grupo de Trabalho do Livro**
Bruno Hoffmann, Darlan Campos, Einhart Jácome da Paz (in memoriam), Gil Castillo e Paulo de Tarso da Cunha Santos.

Diretora de Operações do CAMP: Sanmya Meneses
Direção de arte da capa, mosaico e miolo: Tarcísio Dantas
Arte final do mosaico de fotos: Lucas de Ouro
Diagramação: Patrícia Weiss
Revisão ortográfica/gramatical: Ângela Guanais e Olívia Fausto

**Dados Internacionais de Catalogação na Publicação (CIP) de acordo com ISBD**

M345 Marketing Político no Brasil / organizado por Clube Associativo dos Profissionais de Marketing Político - CAMP. - São Paulo : Geração Editorial, 2022.
440 p. : 15,8cm x 23cm.

Inclui índice.
ISBN: 978-65-5647-071-9

1. Marketing Político. 2. Ciência Política. 3. Comunicação. 4. Eleições. I. Clube Associativo dos Profissionais de Marketing Político - CAMP. II. Título.

2022-586 CDD 658.8
CDU 658.8

ISBN Físico: 978-65-5647-071-9 ISBN Digital: 978-65-5647-070-2

**Elaborado por Odilio Hilario Moreira Junior - CRB-8/9949**

Índice para catálogo sistemático:
1. Marketing 658.8
2. Marketing 658.8

Coedição, distribuição e comercialização
**GERAÇÃO EDITORIAL LTDA**

Rua João Pereira, 81 - LP
São Paulo - SP - CEP 05074-070
Brasil
Tel.: +55 11 3256-4444

Editor e Publisher
**Luiz Fernando Emediato**

Diretora Editorial
**Fernanda Emediato**

Impresso no Brasil
Printed in Brazil

*Aos fundadores, associados e futuros membros do CAMP.*

*A todos aqueles que se dedicam ao Marketing Político e sobretudo ao fortalecimento da Democracia.*

# SUMÁRIO

# PESQUISAS ELEITORAIS E DE OPINIÃO PÚBLICA

## PROCESSO DE CRIAÇÃO

# FORMAS DE CONTATO COM O ELEITOR I



# FORMAS DE CONTATO COM O ELEITOR II

# CARTA DO PRESIDENTE

**Prazer, somos o CAMP!**

Em 2018, criamos o Clube Associativo dos Profissionais de Marketing Político (CAMP) e, durante esses primeiros anos, estivemos juntos a grandes instituições democráticas brasileiras. Firmamos termo de cooperação com o Tribunal Superior Eleitoral (TSE); realizamos seminário em parceria com o Senado Federal; mantivemos diálogo permanente com comissões da Ordem dos Advogados do Brasil (OAB) e com a Academia Brasileira de Direito Eleitoral e Político (Abradep). Criamos um projeto com a escola de Formação Política RenovaBR, onde nossos associados são professores para centenas de futuros candidatos. Compartilhamos forças e *know-how* com diversas associações de consultores políticos internacionais e fomos reconhecidos por instituições como a Universidade George Washington, através da *Graduate School of Political Management*. Colocamos os profissionais da nossa área na mesa de decisão com os "grandes" para trabalharmos juntos pela Democracia.

Além de tudo isso e das diversas relações com outras instituições associativas, *think tanks* e acadêmicos brasileiros, criamos o Prêmio CAMP da Democracia, uma premiação já conceituada que analisa e laureia os melhores trabalhos de Marketing Político, Governamental e de Defesa de Interesses no país.

No Brasil, temos milhões de técnicos de futebol e agora, em tempos de pandemia, vimos milhões de virologistas surgirem – e a cada dois anos, também, vemos milhões de especialistas em consultoria e análise política.

Isso comprova a importância do Marketing Político que, assim como poucos outros temas, consegue despertar tanto interesse e ter inúmeros "especialistas" na população brasileira.

Nas eleições municipais de 2020, o TSE recebeu mais de 555 mil pedidos de candidaturas, ou seja, se ser candidato fosse listado como atividade profissional estaria entre as principais ocupações do país.

Mesmo assim, nossa atividade ainda está longe de ter o reconhecimento de uma profissão que impacta e move os brasileiros. Somos hoje mais de 210 milhões de habitantes no país, com mais de 150 milhões de eleitores aptos ao voto – 71% da população.

Sabemos, portanto, que ainda temos muito a caminhar. Mas nós ainda temos um sonho.

Nós temos um sonho que um dia nossa atividade seja compreendida pelos eleitores e pela mídia. Que entendam o papel fundamental da manutenção, aprimoramento e fortalecimento da Democracia brasileira.

Nós temos um sonho que um dia vejam nossa importância ao comunicar candidaturas, qualificando e fortalecendo a participação popular através das nossas ações criativas, que são recebidas por cidadãos de todas as idades, mesmo aqueles que ainda são novos demais para serem eleitores. Um serviço de cidadania.

Nós temos um sonho que um dia tenhamos um mercado forte, especializado e numeroso, capaz de atender a todas as dezenas de milhares de campanhas eleitorais e colocar em pé de igualdade todos os pleitos, garantindo que os(as) melhores candidatos(as) sejam vitoriosos(as).

Nós temos um sonho que um dia teremos nosso trabalho respeitado como qualquer outro, do qual possamos receber nossos dividendos com tranquilidade e na sua integralidade. Sem qualquer pressão de interesses privados ou obtusos.

Nós temos um sonho que um dia o CAMP seja reconhecido nacionalmente pelo que é: um selo de qualidade. E que nosso Código de Ética seja inspirador e seguido além dos nossos associados, mas por todos os profissionais, candidatos e agentes políticos que participam diretamente do Marketing Político. Nascemos para unir e representar o mercado.

Nós temos um sonho que um dia através do Congresso Nacional possamos ter leis eleitorais mais claras, democráticas e livres para que o cidadão possa colocar seu nome à disposição de um cargo eletivo a qualquer tempo. É cívico e as campanhas se tornam mais transparentes e acessíveis por darem mais tempo para o candidato dialogar pessoalmente com o eleitor.

Nós temos um sonho que um dia nossa profissão seja vista como permanente e não apenas desejada três meses antes do dia de eleição. Nossa atividade deve estar presente todos os dias em uma Democracia consolidada e participativa.

Nós temos um sonho que um dia nossa atividade seja reconhecida e regulamentada, para que tenhamos mais segurança empresarial e jurídica para manter e desenvolver equipes com *expertise* em Consultoria Política e em todas as áreas correlatas do Marketing Político.

Nós temos um sonho que um dia a nossa Democracia seja plural, onde todos coloquem suas ideias e ideologias de forma civilizada, e que do entendimento brote a certeza dos rumos e de que todos têm a contribuir com um Brasil melhor. A busca por essa pluralidade e por esse respeito é fundamental.

Nós temos um sonho que um dia todos aqueles que participem de eleições sejam impactados pelo trabalho e projetos desenvolvidos pelo CAMP. Apresentamos aqui um marco para o Marketing Político no país. Nenhuma outra obra jamais reuniu tantos especialistas renomados, alguns que trazem na bagagem suas experiências desde o processo de redemocratização do Brasil – e gerações mais novas que, com a mesma qualidade, atualizam *expertises* e formas de contato com o cidadão. Um livro de consulta atemporal para candidatos, para estudantes, para a Academia e para profissionais de

Comunicação – aqueles que fazem Marketing Político e aqueles que fazem a cobertura jornalística.

Com a devida licença poética, em suas mãos você tem agora uma "Bíblia do Marketing Político brasileiro", abordando todo o processo de diagnóstico, estratégia, planejamento, criação e desenvolvimento de campanhas nos meios de Comunicação. E, sim, essa licença também vale para a construção deste texto, ao parafrasear a linha de um dos discursos mais reconhecidos do mundo, "*I Have a Dream*" de Martin Luther King Jr.

O projeto gráfico da presente obra mostra o peso da atividade, mas também coloca os autores do livro e associados do CAMP junto a cidadãos comuns. Como deve ser. Democrático. Todos juntos e misturados em pé de igualdade. Mais um projeto do CAMP que preza pela excelência, seriedade, inclusão e profissionalismo.

E por esse trabalho, o primeiro de muitas obras, agradeço a todos os associados, aos autores, ao Tarcísio Dantas pela criação gráfica e aos outros integrantes do Grupo de Trabalho responsável pela organização: Darlan Campos, Gil Castillo, Paulo de Tarso da Cunha Santos e Einhart Jácome da Paz *(in memoriam)* – que nos deixou muito cedo, um grande estrategista político e, sobretudo, um grande amigo, honrado, com grandes contribuições na formação e consolidação do CAMP.

Nós ainda temos um sonho. Um sonho para realizarmos juntos – a Democracia é uma forma de vida, não apenas de governo. Precisamos de mais cultura democrática, espírito democrático, essa maneira de viver precisa ser nutrida e cultivada. São virtudes centrais para a criação de um caráter coletivo – e que trazem mudanças positivas.

Democracia está no escritório, nas universidades, na mesa de jantar, está no dia a dia. Ela é feita de liderança, participação e justiça. Democracia é bem comum, é bom senso. Democracia é a arte de cultivar confiança. Em um sistema autoritário, não – é o medo.

Democracia é cara, mas mais caro ainda seria viver sem ela. É essencial protegê-la.

Somos operários da Democracia. Vida longa ao CAMP!

**Bruno Hoffmann**
Presidente do CAMP

Bruno Hoffmann é Presidente do CAMP e CEO da ESPLANADA Comunicação Estratégica. Mestre em *Political Management* pela George Washington University e especialização na Harvard Kennedy School. Laureado nos EUA, Europa e Brasil com mais de 20 prêmios das entidades mais importantes da consultoria política.

# A CONSTRUÇÃO DA DEMOCRACIA A PARTIR DAS CAMPANHAS ELEITORAIS APÓS A CONSTITUIÇÃO DA REPÚBLICA DE 1988

*Hélio Silveira*

A retomada do processo democrático após 21 anos de ditadura civil-militar não foi – e não é – algo fácil de realizar. É, antes de tudo, um longo processo, que nunca finda, de aprendizado e de construção coletiva, que demanda muito debate, diálogo, abertura, tolerância e, sobretudo, a necessidade da persistência de partidos políticos e candidatos concorrentes aos cargos públicos eletivos postos em disputas nos pleitos.

A realização de sucessivas eleições no período posterior à Constituição de 88 foi fundamental para a ambiência do viver democrático. Pelo desenho institucional do país, ficou estabelecido que a cada dois anos elas acontecerão. Eleições para presidente, governadores, deputados e senadores em um pleito e, nos dois anos seguintes, eleições para prefeitos e vereadores. E, assim, sucessivamente. Muitas vezes criticado, esse calendário eleitoral tem assegurado a persistência de nossa democracia, com a aprovação ou a repulsa a governantes e partidos.

Vale anotar que no território que denominamos como Brasil, vivenciamos eleições desde o séc. XVI, quando São Vicente foi alçada à condição de vila. Mas, por evidente, eram eleições muito diferentes, apenas com "homens bons", e não convém agora aprofundar a distinção daquelas eleições com as disputas dos dias atuais, mas apenas demonstrar que as eleições estão há muito presentes em nossa história.

A criação da Justiça Eleitoral e a incorporação - cada vez maior - de parcelas da população brasileira como eleitores foram conquistas da República (a partir da Revolução dos anos 30). O voto feminino foi admitido em 1934, e a incorporação de mais eleitores e eleitoras, desde a consolidação da Justiça Eleitoral, permitiu, após tantas idas e vindas, avanços e retrocessos, revoluções, quarteladas e golpes, que tivéssemos, a partir de 1988, as condições para ampliar o processo participativo e vivenciar o aprendizado para a democracia.

Sem querer fazer grandes digressões sobre o conceito de democracia, cumpre apenas observar que nunca alcançaremos a mais plena condição democrática, nem no Brasil e nem no mundo. Não há democracia finalizada no mundo. Como explica Norberto Bobbio, "fazer" a democracia é como construir catedrais e é muito raro encontrar catedrais finalizadas em qualquer país. Há todo um debate contemporâneo sobre a crise da democracia a partir do surgimento de líderes autoritários que, embora eleitos, investem contra o processo democrático. Mas a razão é que a democracia é imperfeita, não é um conceito pronto e acabado em si mesmo. É um processo de longo aprendizado, com avanços e recuos. E depende de todos nós o compromisso em erguer tijolo por tijolo dessa imensa catedral, especialmente em um país como o nosso, com tantas históricas diferenças, desigualdades e violências que mancham o nosso passado. Sérgio Buarque de Holanda anotou, em "Raízes do Brasil", que a democracia sequer é bem compreendida entre nós, seja pelas ditas elites, seja pelo povo. Apesar das dificuldades, a democracia, da forma como preceituada no texto constitucional, é relativamente recente no nosso país.

E o que assistimos no Brasil, ao longo de mais de 30 anos, foi a realização de eleições sucessivas, que ocuparam o espaço do debate político, explicando as funções do Estado e do governo, apresentando propostas para o futuro do país, e que, portanto, contribuiu para a construção da democracia entre nós, com seus erros e acertos. E não há como não reconhecer o relevante papel desempenhado pelo marketing político e eleitoral para esse processo, uma vez que temos no Brasil problemas educacionais profundos, que limitam o acesso à cultura, à leitura e à formação de uma consciência crítica da população. Por meio das sucessivas campanhas eleitorais, supriu-se, ao menos em parte, a deficiência da conscientização política e permitiu a busca coletiva para o enfrentamento dos problemas brasileiros.

Eu sou advogado com atuação profissional voltada para o Direito Eleitoral. Tenho convivido com publicitários e estrategistas políticos (e, claro, com líderes partidários e candidatos) ao longo desses quase 30 anos de história republicana pós-Constituição de 1988. Muitas vezes, numa mesa coletiva de trabalho, numa ilha de edição, em longas reuniões presenciais ou por telefone – pois, na corrida, é frequente se vestir a roupa andando –, não vejo com clareza a divisão entre as profissões. Deixando mais claro, muitas vezes publicitários opinam fortemente sobre a interpretação da legislação eleitoral e nós, advogados, frequentemente, acabamos por sugerir linhas de argumentação para a propaganda, com o intuito de proteger a própria mensagem contra investidas judiciais dos concorrentes. Há uma cumplicidade e um companheirismo na cozinha das campanhas eleitorais. Essa transcendência temporária entre as profissões justifica-se pela necessidade de entregar a melhor e mais eficiente mensagem ao eleitor, na construção de uma dinâmica eleitoral que se pretende democrática. Acabamos todos envolvidos nesse processo.

E essa pouca distinção entre as profissões – no calor da batalha – pode ser explicada pela própria dinâmica do processo democrático eleitoral, pois nunca tivemos uma sequer que a legislação eleitoral fosse idêntica à anterior nesses 30 anos de eleições. Evidentemente, a grande parte do conteúdo normativo se mantém, mas assistimos ajustes – num lento processo – da lei e também da interpretação dos tribunais eleitorais sobre as mais diversas matérias, o que nos obriga a pensar em conjunto as alternativas legais para as campanhas eleitorais.

À guisa de exemplo, temos a questão das cenas externas. Numa eleição, ela é permitida, na outra, vedada. Em um ano, cenas externas são proibidas apenas nas inserções de propaganda de TV ao longo da programação, e em outro entende-se que não se quer o efeito de cena externa, ou que é externo tudo que é fora do estúdio, ou o que é feito na rua, à luz do sol. E assim vai. Agora, após encerrado o longo debate das cenas externas, vivemos o período da presença obrigatória do candidato na propaganda, se pode jingle ou não, se durante o jingle deve aparecer o candidato, se ele próprio deve fazer a locução do programa, se as manifestações de apoio podem exceder os 25% da propaganda ou não. Para complicar, nas próximas, teremos mais uma vez as redes sociais, o impulsionamento, os showmícios disfarçados em eventos de arrecadação e as novidades que cada campanha traz.

Nós, profissionais que atuamos em campanhas eleitorais, sejam os responsáveis pelo marketing ou os advogados (ou jornalistas, sociólogos, pesquisadores, pessoal dos programas de governo etc.), temos realizado o difícil trabalho de colaborar com o amadurecimento do processo democrático no Brasil. Sem o debate intenso que é travado especialmente durante as campanhas, com a qualidade de som e imagens e conteúdo programático que é apresentado ao eleitorado, não seria possível que o destinatário da propaganda, o eleitor, pudesse formar sua convicção e fazer sua escolha pela opção que, naquele determinado momento, lhe pareceu mais acertada. E, posteriormente, poder reconhecer o erro, confrontado com novo período de propaganda, e modificar seu voto, sempre buscando a melhor opção. Democracia é um longo aprendizado. E nós, todos, estamos fortemente envolvidos nesse compromisso.

Um último registro. Pessoalmente defendo a propaganda mais livre do que é admitida atualmente. A expressão pré-candidato não faz o menor sentido. Candidato é sempre candidato e deve poder expressar livremente seu desejo de querer concorrer a qualquer cargo futuro. Não será a lei, em um ambiente democrático, a cercear esse direito. Mas ainda temos um longo debate pela frente para modificar essa cultura do proibicionismo. É preciso – e urgente – equalizar a questão da participação feminina, dos negros, das campanhas mais diversas. É fundamental que os partidos se preparem melhor para as eleições, pois é inacreditável o persistente amadorismo das estruturas partidárias às vésperas das eleições. É estranho que funcione, apesar de tanta precariedade. Enfim, nos cabe, diante de todo esse estado das coisas, lembrando um velho professor de Direito, "continuar cultivando rosas em um jardim de pedra". Esse é o nosso desafio. Não há volta para nós, somos um caso perdido de devoção e compromisso com o processo democrático. À luta, amigos. Trabalho não falta para fazer a democracia acontecer no Brasil.

Hélio Silveira é advogado eleitoral graduado pela USP. Coordenou a área jurídica de campanhas para presidência, governo do estado e prefeituras nos últimos 25 anos. É coautor da obra "O Direito Eleitoral na Era Digital". Membro do Conselho da EJEP, da Comissão de Direito Eleitoral da OAB/SP, participa da ABRADEP e de diversas entidades associativas de Direito.

# O ENFRENTAMENTO À DESINFORMAÇÃO PELA JUSTIÇA ELEITORAL

*Aline Osorio*

O regime democrático pressupõe a realização de eleições livres e justas, em que sejam garantidas a participação ampla, livre e informada dos cidadãos, a igualdade de oportunidades entre os diferentes candidatos, partidos e correntes políticas na disputa, e um processo eleitoral legítimo, dotado de lisura, higidez e credibilidade pública. Nos últimos anos, porém, tem sido crescente a percepção de que o uso desvirtuado da internet e das redes sociais, especialmente por meio da produção e da disseminação de conteúdos falsos, enganosos, odiosos e extremistas, pode representar grave ameaça à democracia e à legitimidade das eleições.

De fato, nas eleições, as campanhas de desinformação e de ódio são capazes de afetar a competência dos cidadãos de tomarem decisões de forma consciente, desequilibrar a disputa e corroer a confiança social na integridade do processo eleitoral e na própria democracia. A disseminação massiva de desinformação por meio da internet tem sido usada em contextos eleitorais para gerar diversos efeitos negativos: reduzir a participação política; gerar na população um sentimento de desconfiança em relação aos organismos responsáveis por conduzir as eleições e à legitimidade do processo eleitoral; potencializar a polarização social; prejudicar injustamente reputações de atores políticos e agentes públicos; marginalizar grupos minoritários; manipular eleitores; e estimular o extremismo e a violência.

Esses efeitos perniciosos têm se tornado ainda mais evidentes com a tendência mais recente de direcionamento das campanhas de desinformação não apenas contra atores políticos, candidatos e partidos, mas, também, contra a integridade das eleições. Em vários países do mundo, tem-se verificado crescentes ataques a organismos e a funcionários eleitorais e ao processo eleitoral, por meio de alegações infundadas de fraude e outras tentativas de deslegitimar as eleições, seus procedimentos e seus resultados. Esse fenômeno pode ser identificado, a título ilustrativo, nas eleições presidenciais estadunidenses de 2016 e 2020, nas eleições do Brasil em 2018 e 2020, nas eleições na Colômbia em 2018 e nas eleições legislativas do México em 2021.

No Brasil, nas eleições de 2018, a desinformação assumiu um protagonismo sem precedentes na disputa eleitoral. Naquele pleito, de forma inédita, o processo eleitoral, a Justiça Eleitoral e seus integrantes tornaram-se alvo preferencial de narrativas falsas e enganosas, que visavam abalar a confiança no sistema eletrônico de votação e nas instituições eleitorais. Desde então, a estratégia de uso da desinformação para deslegitimar o processo eleitoral tem sido constantemente empregada, dentro e fora de períodos de campanha.

Nesse contexto, em que o combate sistêmico à desinformação se torna essencial à garantia da legitimidade das eleições e da sobrevivência da democracia, o Tribunal Superior Eleitoral passou a adotar diversas medidas para o enfrentamento à desinformação, que serão sumariadas neste artigo.

## Breve histórico das iniciativas de enfrentamento à desinformação

### Iniciativas preliminares

Desde 2017, a Justiça Eleitoral vem promovendo estudos e ações voltados à compreensão do fenômeno da desinformação e ao enfrentamento de seus efeitos sobre o processo eleitoral. Em dezembro de 2017, o Tribunal Superior Eleitoral instituiu, por meio da Portaria TSE nº 949/2017, o Conselho Consultivo sobre Internet e Eleições, com o objetivo de desenvolver pesquisas sobre o tema e propor ações e metas voltadas ao aperfeiçoamento das normas. As atividades do Conselho Consultivo sobre Internet e Eleições permitiram iniciar a aproximação entre o Tribunal e especialistas, meios de comunicação, agências de checagem da informação e plataformas digitais.

Em 2018, em preparação às eleições, o TSE celebrou acordos de colaboração com partidos políticos, por meio do qual estes se comprometeram a manter um ambiente de higidez informacional, de modo a "reprovar qualquer prática ou expediente referente à utilização de conteúdo falso" no pleito e atuar como "colaboradores contra a proliferação de notícias falsas". Também foram firmadas parcerias com profissionais de marketing político-eleitoral, entidades representativas do setor de comunicação e algumas plataformas digitais, com o objetivo de obter apoio à prevenção da desinformação, às iniciativas de fomento à educação digital e à identificação e enfrentamento de conteúdos falsos.

Durante o pleito de 2018, a partir do (então inédito) direcionamento de notícias falsas e ataques contra a Justiça Eleitoral e o processo eleitoral, o TSE tomou medidas adicionais para enfrentar os desafios impostos pela disseminação de desinformação. Foi instituído um gabinete estratégico junto à Presidência do Tribunal, integrado por Ministros e representantes do Ministério Público, do Poder Executivo e do Conselho Federal da Ordem dos Advogados do Brasil, destinado ao acompanhamento e à formulação de respostas às questões que poderiam interferir na condução daquele pleito. A partir da formação desse gabinete estratégico, o TSE atuou em conjunto com a Polícia Federal e órgãos técnicos do Poder Executivo na busca por soluções que garantissem a segurança e a credibilidade do processo eleitoral. Foi também instituído grupo multidisciplinar, formado por servidores da Justiça Eleitoral, com o objetivo de mapear a propagação de notícias falsas contra o processo eleitoral nas plataformas digitais, bem como prestar esclarecimentos à sociedade. Para tanto, foi criada a página "Esclarecimento sobre

Informações Falsas Veiculadas nas Eleições de 2018", na qual foram publicadas as respostas preparadas pelo grupo multidisciplinar e *links* das matérias produzidas por instituições de checagem de fatos sobre os temas.

## Programa de enfrentamento à desinformação com foco nas eleições 2020

Considerando as experiências vivenciadas pela Justiça Eleitoral durante o processo eleitoral de 2018, em especial os riscos de danos provocados pela desinformação à imagem e à credibilidade institucionais, à execução das atividades incumbidas à Justiça Eleitoral e aos atores nelas envolvidos (partidos políticos, candidatos, eleitores, magistrados, servidores), o Tribunal Superior Eleitoral instituiu, em 30 de agosto de 2019, o Programa de Enfrentamento à Desinformação com Foco nas Eleições 2020.

O Programa de Enfrentamento à Desinformação com Foco nas Eleições 2020 foi estruturado em seis eixos: (i) organização interna; (ii) alfabetização midiática e informacional; (iii) contenção da desinformação; (iv) identificação e checagem de desinformação; (v) aperfeiçoamento do ordenamento jurídico; e (vi) aperfeiçoamento de recursos tecnológicos. Suas ações foram centradas em estratégias não regulatórias e multissetoriais, a partir de três pilares: (i) combater a desinformação com informação; (ii) combater a desinformação com capacitação; e (iii) combater a desinformação com foco em controle de comportamento e, excepcionalmente, com controle de conteúdo.

Em agosto de 2020, o TSE lançou um Plano Estratégico para o programa, com seus fundamentos, marcos normativos e referências teóricas, as informações sobre a gestão e a execução do programa, os critérios de seleção de instituições parceiras, além de um detalhado plano de trabalho, que estabeleceu ações e medidas a serem implementadas durante as eleições 2020.

Para a execução das ações detalhadas nesse plano, o TSE promoveu a aproximação com mais de 60 entidades e organizações, que se dispuseram a atuar de forma concreta para minimizar os impactos da desinformação no processo eleitoral, de acordo com a sua respectiva área de atuação institucional. Dentre essas parcerias, destacam-se aquelas realizadas com instituições de checagem, plataformas de mídia social, empresas de telefonia, instituições de pesquisa, organizações da sociedade civil, órgãos públicos e associações de mídia.

As principais iniciativas desenvolvidas para as eleições de 2020 foram as seguintes:

1. Criação da coalizão para checagem – eleições de 2020: rede formada por nove instituições de checagem para verificação de notícias falsas relacionadas ao processo eleitoral, que produziu 274 matérias;
2. Criação da página "Fato ou Boato", no *site* da Justiça Eleitoral, para centralizar as verificações de informações falsas publicadas durante as eleições, permitindo o acesso de todos os cidadãos aos conteúdos da página sem cobrança de tráfego de dados (*zero rating*) pelas operadoras de telefonia móvel. A página contou com mais de 13 milhões de visualizações;
3. Desenvolvimento de um *chatbot* no WhatsApp que permitia aos eleitores acessar as notícias checadas e tirar dúvidas sobre o processo eleitoral, com quase 20 milhões de mensagens trocadas;
4. Criação de uma central de notificações nos aplicativos da Justiça Eleitoral e-Título, Mesários e Pardal, permitindo comunicação direta entre a Justiça Eleitoral e os mais de 18 milhões de usuários desses aplicativos;
5. Formalização de parcerias com alguns dos principais provedores de aplicação de internet, por meio da celebração de acordos que previam medidas específicas para combater a desinformação e garantir um ambiente informacional mais saudável durante as eleições;

6. Criação de uma rede de difusores de conteúdos de qualidade sobre o processo eleitoral nas redes sociais, com o lançamento da campanha #EuVotoSemFake, que contou com a adesão de mais de 100 associações de mídia, entidades públicas e privadas e quaisquer cidadãos que desejassem participar; e das campanhas #NãoTransmitaFakeNews e #PartiuVotar, com a participação da Confederação Brasileira de Futebol (CBF) e de diversos clubes de futebol nacionais, que alcançaram mais de 30 milhões de pessoas;
7. Lançamento da campanha de mídia "Se For Fake News, não Transmita", para capacitar eleitores sobre o fenômeno da desinformação e perigos da disseminação de notícias falsas, veiculadas na TV, no rádio e nas redes sociais, com cerca de 130 milhões de brasileiros alcançados;
8. Criação de um canal extrajudicial de denúncias de disparo em massa de mensagens, em parceria com o WhatsApp, que permitiu análise do comportamento por parte da plataforma e o banimento de 1.042 contas que realizaram envio massivo de mensagens nas eleições;
9. Criação de uma rede de monitoramento de práticas de desinformação danosas ao processo eleitoral, que, com ferramentas de monitoramento de redes sociais e parceiros estratégicos, conseguiu identificar casos e práticas de desinformação contra o processo eleitoral e atuar, juntamente com as redes sociais, para enfrentar redes estruturadas de disseminação de desinformação e inibir comportamentos inautênticos e conteúdos desinformativos;
10. Criação do comitê de ciberinteligência para facilitar a rápida atuação e comunicação no caso de incidentes de cibersegurança nas eleições.

## O Programa Permanente

Após o encerramento das eleições municipais de 2020, tornou-se evidente que o esforço de combate à desinformação concentrado em períodos eleitorais não seria suficiente para lidar com esse fenômeno global, para o qual não há solução única, simples ou a curto prazo.

Em primeiro lugar, verificou-se que as campanhas de desinformação contra o processo eleitoral não se circunscrevem a períodos de campanha. Embora ganhem maior destaque nos anos de realização de pleitos, narrativas desinformativas que buscam afetar a confiança da população nas eleições são produzidas e disseminadas também em anos não eleitorais. Assim, torna-se necessária uma atuação contínua para responder às metanarrativas de fraude eleitoral, de modo a mitigar os efeitos negativos que possam produzir sobre a confiança social na lisura das eleições e nas instituições eleitorais.

Além disso, identificou-se nesse período novos desafios, diretamente relacionados ao fenômeno da desinformação contra o processo eleitoral, que aumentaram a complexidade do seu enfrentamento e passaram a exigir a ampliação do escopo da atuação do TSE. Em especial, as campanhas de desinformação passaram a se valer também de ameaças cibernéticas, discursos de ódio, incitação à violência política e extremismo para atacar a integridade eleitoral. Além disso, verificou-se a multiplicação de aplicativos de rede social e mensageria privada com controle reduzido ou inexistente, acompanhado de aumento significativo em suas bases de usuários.

Por esses motivos, tão logo concluído o ciclo eleitoral de 2020, em 4 de agosto de 2021, foi instituído o novo Programa Permanente de Enfrentamento à Desinformação no âmbito da Justiça Eleitoral, formalizado pela Portaria TSE nº 510/2021. As ações que compõem o Programa Permanente organizam-se em três eixos: (i) informar, direcionado à disseminação de informação oficial, confiável e de qualidade; (ii) capacitar, destinado à alfabetização midiática e à capacitação de toda a sociedade para compreender o fenômeno da desinformação e o funcionamento do processo eleitoral; e (iii) responder, relacionado à identificação de casos de desinformação e à adoção de estratégias, tanto preventivas quanto repressivas, para a contenção de seus efeitos negativos. Tal programa representa a consolidação e a ampliação de ações e estratégias para a compreensão e para o enfrentamento do fenômeno, que vêm sendo delineadas pelo TSE desde o fim de 2017.

## Conclusão

A desinformação impõe desafios à integridade das eleições e à própria democracia. Para lidar com esses desafios, o Tribunal Superior Eleitoral instituiu um inovador programa de enfrentamento à desinformação. O programa adota um modelo de organização e funcionamento "em rede", fundado na mobilização dos órgãos da Justiça Eleitoral e na formação de parcerias estratégicas com múltiplos atores, incluindo os mais diversos organismos governamentais, organizações de imprensa e de checagem de fatos, provedores de aplicação de internet, entidades da sociedade civil, academia e partidos políticos. Somente a partir da cooperação de toda a sociedade (*whole-of-society*) na execução coordenada de ações de curto, médio e longo prazos, sob a coordenação da Justiça Eleitoral, será possível mitigar os efeitos perniciosos da desinformação sobre o processo eleitoral.

Aline Osorio é secretária-geral do Tribunal Superior Eleitoral (TSE). Mestre em Direito Público pela UERJ e LL.M. pela Harvard Law School.

# PLANEJAMENTO E ESTRATÉGIA

# PLANEJAMENTO ESTRATÉGICO: PARA ONDE VOCÊ QUER IR?

*Darlan Campos*

*"Alice teve um sobressalto ao ver o Gato de Cheshire sentado no galho de uma árvore, a poucos metros de distância.*

*O gato apenas sorriu quando viu Alice. Ela o achou bem-humorado. Mas ele tinha garras bem longas e muitos dentes, e ela concluiu que ele devia ser tratado com respeito.*

*– Bichano de Cheshire – ela começou bem amigável, pois não sabia se ia gostar de ser chamado assim. Mas ele só abriu um sorriso um pouco largo.*

*"Bem, agora agradou", pensou Alice e continuou:*

*– Você me diria, por favor, para que lado eu devo ir a partir daqui?*

*– Isso depende bastante de para onde você quer ir – respondeu o Gato.*

*– Eu não me importo muito para onde – disse Alice.*

*– Então não importa para que lado você vai – considerou o Gato."*

**Lewis Caroll**

Um dos diálogos mais famosos da literatura mundial pode ajudar-nos no itinerário da compreensão em planejamento e estratégia. A cena é familiar na infância da maioria dos adultos e reflete bem a gênese de que a estratégia atua, mais importante ainda, do que o pensamento estratégico trata.

O Gato Cheshire – arquétipo do consultor em marketing político – faz exatamente a pergunta correta: "para onde você quer ir?". A personagem Alice não consegue responder, e o gato dá a orientação mais acertada possível: "Então não importa para que lado você vai".

Aí está a essência do pensamento estratégico: conhecer, decidir, escolher aonde você quer chegar e então elaborar o conjunto de decisões, planos e ações – a estratégia – necessário para chegar lá.

Tanto no campo político, como na área dos negócios, a estratégia começa com um claro sentido da finalidade, prossegue pela avaliação do que precisa ser feito para alcançar essa finalidade, e então desenvolve e executa os planos de ação. Mais exatamente, o planejamento estratégico, de que falamos, se refere ao processo global de escolher e alcançar conscientemente um futuro desejado, que de outro modo não ocorreria pelo fluxo natural dos eventos sem a nossa intervenção para isso.

O planejamento estratégico, portanto, é o processo pelo qual as organizações, empresas, políticos e partidos políticos realizam uma finalidade humana significativa dentro de uma realidade competitiva e com recursos restritos. O desafio é transformar a aspiração subjetiva *soft* (leve, abstrata) em uma realização objetiva *hard* (pesada, concreta).

## Então, por que o planejamento estratégico é tão importante?

Você pode se perguntar: para que todo esse barulho sobre planejamento estratégico? Se temos um grande candidato, uma equipe qualificada, uma marca respeitada, por que precisaríamos nos preocupar com planejamento estratégico? Por que não podemos apenas seguir em frente, fazendo aquilo que já estamos fazendo?

Na esmagadora maioria dos projetos político-eleitorais, no que tange à disponibilidade de recursos, há escassez. Entende-se como recursos não apenas o que é tangível (dinheiro, insumos, conhecimento, gente, tempo, espaço, pesquisa), mas também o que é intangível (compromisso, paixão, reputação, acesso). Todos esses elementos são essenciais para a criação e o sustento de uma organização eficaz, e todos são escassos, tanto absolutamente – existem apenas poucas horas no dia – como relativamente – podemos garantir apenas um pouco de determinado recurso.

A realidade da escassez, portanto, leva diretamente à competição na qual os competidores são definidos como aqueles que procuram aproveitar os mesmos recursos, ainda que possam usá-los para realizar diferentes finalidades. Dentro de uma campanha eleitoral, a disputa por uma vaga é intensa e exige atenção redobrada com os adversários. Considerados juntos, esses dois aspectos da realidade econômica (escassez e competição) definem a necessidade do planejamento estratégico na realização da finalidade.

## Mãos à obra

Antes de adentrar nas características que compõem um bom plano estratégico de marketing político, é importante salientar que o esforço aqui é pensar num modelo geral, que sirva para qualquer tipo de campanha. A depender do pleito (eleição geral ou municipal, proporcional ou majoritária), dos recursos disponíveis, da abrangência da campanha e da mão de obra disponível, a estrutura pode e deve ser atualizada, inclusive à sua realidade local. Ter em mente a organização base ou ideal de uma campanha vai te ajudar a projetar o que cabe ou não à sua realidade político-eleitoral. Dito isso, mãos à obra!

## Como construir um planejamento estratégico de marketing político

A organização de uma campanha eleitoral é uma tarefa de primeira grandeza. Sabemos que a realidade é mutável e, na política, a velocidade das coisas é ainda mais surpreendente. Por isso, o plano deve ser vivo e atualizado com frequência. Mas é fundamental ter um marco zero, com dados e informações que possibilitem as primeiras tomadas de decisão e a estruturação do trabalho.

### a. Diagnóstico e levantamento de dados

Antes de começar a planejar qualquer tipo de comunicação, é necessário ter um diagnóstico da situação baseado na coleta, análise e avaliação de informações obtidas cientificamente sobre uma série de variáveis relevantes. Deve-se levar em consideração as mudanças econômicas, a percepção que os cidadãos têm do governo e os principais problemas do país, e o estado de espírito da população (por exemplo, sentimentos coletivos de insegurança ou mal-estar sobre determinados assuntos). Em seguida, é necessário refletir sobre os pontos fortes e fracos do agente político, do governo em geral, dos principais dirigentes, do partido no poder etc. O mesmo vale para os outros partidos da oposição, movimentos políticos, movimentos sociais, grupos de pressão ou outros poderes do estado. Neste último caso, também é necessário analisar qual é a posição de cada um deles perante o governo e que tipo de relação o governo gostaria de ter com eles.

A investigação do candidato e dos adversários deve ser realizada de forma minuciosa, especialmente se já teve mandato. Nas áreas econômica, financeira, contábil e jurídica, importante atentar-se para os relatórios dos Tribunais de Contas, análise da execução orçamentária, relatórios de CPIs instauradas pelo Legislativo, processos judiciais movidos contra o candidato ou sua administração. No âmbito da política, imprescindível dar atenção para o confronto entre realizações e promessas, além do comportamento ou declarações contraditórios produzidos ao longo dos mandatos. Além disso, levante todo o histórico político-eleitoral dos atores envolvidos no processo.

Quanto ao aspecto administrativo, deve-se ficar atento ao funcionamento dos serviços públicos, execução das obras, índices de desempenho na área social e em segurança, além de contratos e licitações para obras e serviços. Algumas condutas no exercício do poder merecem atenção, como as despesas de gabinete, uso de veículos, viagens, aumentos salariais, uso de bens públicos para fins privados ou político-partidários. Sobre a conduta pessoal, fique atento ao padrão de vida incompatível com os vencimentos e patrimônio declarado, envolvimento em escândalos e comportamento social inadequado ao cargo.

No digital, o desafio é compreender a extensão da presença digital do candidato e seus adversários e o que se fala dele nesses ambientes. Faça um diagnóstico geral das principais redes sociais (Instagram, Facebook, TikTok,

LinkedIn, Twitter, entre outras), dos conteúdos indexados nos mecanismos de busca (Google e YouTube) e do perfil do Wikipédia. Construa um mapa de influenciadores, por área ou tema, quem são as principais personalidades da região e em qual rede social atua (Instagram, Facebook, TikTok, LinkedIn, Twitter, YouTube). Lembre-se que a presença digital não é uma corrida de 100 metros, é uma maratona. Você precisa de tempo, constância, foco, conteúdo e estratégia. Comece o quanto antes!

Faça um levantamento a respeito da imprensa local, quais os veículos com maior credibilidade por parte da população, quem são as referências do lugar, os programas mais badalados, os sites/blogs mais lidos, a periodicidade e amplitude do impresso (jornais/revistas) na região.

### b. Estratégia

Uma frase atribuída ao consultor Joseph Napolitan dá um pouco a extensão da centralidade de uma estratégia na campanha eleitoral: "Uma estratégia correta pode sobreviver a uma campanha medíocre, mas mesmo uma campanha brilhante pode falhar se a estratégia estiver errada". A estratégia é o coração da campanha eleitoral e deve ter toda a atenção possível.

A partir do diagnóstico e do levantamento de dados, entram em campo as pesquisas qualitativas e quantitativas (*benchamark poll*). É o marco zero da campanha e que fornecerá as informações vitais para definir o posicionamento da candidatura, seu foco e sua estratégia. A pesquisa funciona ainda como marco de referência para comparações com as pesquisas posteriores. Em geral, ela tem um plano amostral mais robusto. Durante a campanha, é importante fazer a "pesquisa de tendências" destinada a aprofundar as descobertas da pesquisa de diagnóstico. Com questionários menores, objetivam permitir o "ajuste fino" do foco da candidatura e avaliar os resultados da campanha até o momento. Na reta final é o momento da "pesquisa de *tracking*", com periodicidade curta (diária ou semanal). Este instrumento é dotado de alta sensibilidade para medir as flutuações de curto prazo da opinião pública.

Fique atento à sua estratégia de diferenciação dos adversários. No fundo, a estratégia é o contraste. O contraste é entendido como diferenciação e não como ataque. É preciso se diferenciar na forma, na substância, nos símbolos, nas imagens, nas ideias e propostas. Diferencie-se de todos os adversários e até dos seus antecessores ou colegas de partido. Veja três alternativas para a construção de diferenciação:

A narrativa: permite diferenciar o candidato e sua estratégia quando, em vez de falar do problema, definimos as verdadeiras causas que devemos atacar, quando falamos da "raiz". Para fazer isso com eficácia, precisamos de uma narrativa que conte uma história com uma ameaça, uma oportunidade, vítimas, vilões, soluções e um herói. A definição do oponente: definir o adversário não significa apenas "rotulá-lo", devemos primeiro definir quem é o adversário. Em uma campanha, quem define o adversário correto vence, procure defini-lo de forma contundente e simples. O posicionamento: a estratégia em uma campanha envolve garantir que os cidadãos nos percebam como diferentes em torno de um eixo de debate público que nos é favorável. Não se trata apenas de nos identificarem à margem dos demais candidatos. Nosso posicionamento deve fazer com que nos vejam como parte da solução do problema que vivemos, e nossos adversários como parte do problema. Atenção ao foco da candidatura, que é, em última análise, a razão mais forte e convincente pela qual os eleitores devem votar naquele candidato e não nos outros.

Sendo assim, a construção do conceito da campanha passa por alguns filtros, a saber: resultados da pesquisa, nos quais se inserem o cenário eleitoral, a motivação do voto, as bases racional e emocional. Construção da identidade e da imagem, amálgama de ações, compromissos e ideias em sintonia com o clima ambiental.

### c. Comunicação e publicidade

Vencida a etapa da construção da mensagem central da campanha, a pergunta que fica é: que canais podemos utilizar para transmitir as mensagens?

Os materiais de propaganda devem estar prontos antes de começar a campanha para distribuição no dia de lançamento da candidatura. Os materiais impressos ainda ocupam um papel importante, especialmente para diálogo com o eleitorado das classes D/E. O planejamento de material de propaganda deve observar os padrões e a cultura local, além de ser segmentado. Na comunicação, é importante trabalhar com os canais jornalísticos locais ou regionais (jornais, rádio, televisão, pequenas revistas etc.) A regra é a seguinte: quanto mais espaço conquistar nesses meios de comunicação, mais o candidato poderá estreitar o relacionamento com o eleitor. A assessoria de imprensa bem-feita abre espaços ao candidato. Com o fenômeno da internet, das redes, também os recursos digitais começaram a ser considerados estratégicos no planejamento de comunicação de uma campanha. Além disso, o público também passou a utilizar a rede para estabelecer uma relação direta com os canais de compartilhamentos de informação.

A TV e o rádio também merecem destaque. São plataformas que contribuem para a construção da imagem do candidato. A contar nas eleições presidenciais, desde a redemocratização, apenas dois candidatos com os maiores tempos de TV não chegaram ao segundo turno das eleições: Ulisses Guimarães (1989) e Geraldo Alckmin (2018). Não despreze o papel da narrativa televisiva na vida de uma candidatura.

A regra básica da comunicação quanto à linguagem é: usar a expressão que o eleitor entende. Não adianta falar difícil para um cidadão que não vai compreender determinado repertório. Também não adianta querer ser populista, rebaixar a linguagem caso o candidato tenha alta bagagem intelectual. Um bom parâmetro é a linguagem publicitária, de síntese, de apelo, conativa, usada nos materiais de propaganda. São textos concisos, objetivos, precisos, rápidos. Nos comícios, a linguagem deve ser expressiva, emotiva, entusiasmada.

Caminha-se para um cenário em que o maior desafio das campanhas, no que tange as estratégias de comunicação e publicidade, será a de conectar todos os meios na mesma mensagem. Cada um com sua linguagem específica, suas características e peculiaridades, mas todos na mesma mensagem central. A integração dos meios é uma necessidade urgente.

### d. Articulação

No processo de marketing, é fundamental a interação e maior aproximação entre candidatos e eleitores. Esse processo ocorre não apenas por meio da comunicação, mas também da articulação com a sociedade organizada, esforço que se faz por meio de linhas de apoio e criação de laços de simpatia. A segmentação se torna cada vez mais importante em torno de uma miríade de entidades: sindicatos, federações, clubes, associações de bairro, grêmios, movimentos sociais, núcleos diversos etc. Ou ainda por meio de grupamentos especializados: o industrial, o comercial, a dona de casa, médicos, engenheiros, advogados, taxistas, professores, conservadores, liberais, progressistas, militares, estudantes etc. Então, um planejamento de marketing diferenciado objetiva estabelecer uma ligação do candidato com os públicos eleitorais especializados.

Além disso, a articulação com outros grupos políticos é fundamental. Há eleições em que se vence antes do jogo começar.

### e. Mobilização

A mobilização é responsável pela energia da campanha, ela comporta eventos, agenda, circulação do candidato pelos espaços regionais e junto às categorias de eleitores. Portanto, trata-se, agora, de mobilizar o eleitorado. Que tipo de evento se deve planejar? São os modelos voltados para o marketing massivo: passeatas, carreatas, caminhada de rua, comícios, reuniões setoriais, ida às casas de apoiadores, porta a porta; além de eventos com grande número de eleitores, médias audiências e miniencontros com líderes locais – reuniões com cerca de 20/40 pessoas –, na casa de uma liderança ou bairro, onde o candidato possa expor seu programa de maneira didática e solicitar que esse discurso chegue ao conjunto da comunidade.

### f. Administração, estrutura, jurídico e finanças

Existem outros elementos que devem ser levados em conta na construção de uma campanha vitoriosa, como uma estrutura profissional jurídica e contábil de confiança. A eleição não termina com o fechamento das urnas, muitas continuam com as batalhas na justiça, órgãos de controle e prestação de contas.

Além disso, fique atento ao gerenciamento de estoque de materiais, alimentação da equipe de trabalho, segurança do candidato e da equipe, estrutura de comitês, as ações de arrecadação. Existe uma equipe de bastidor que precisa atuar bem para que o show aconteça.

## Conclusão

O caminho do sucesso de um projeto político passa pela construção de um plano efetivo de trabalho que dê conta de interpretar a realidade e apontar caminhos para superação dos desafios. Aposte em um bom planejamento e veja o resultado efetivo em sua próxima campanha! Como uma ferramenta de apoio, disponibilizo aqui um mapa geral para você construir sua "corrida eleitoral" vitoriosa. Não se esqueça de adaptá-lo à sua realidade de disputa.

<table>
<tr><th colspan="4">ORGANIZAÇÃO DA CAMPANHA ELEITORAL*</th></tr>
<tr><td rowspan="19">Diagnóstico e levantamento de dados</td><td rowspan="8">Candidatura</td><td rowspan="5">Candidato</td><td>Histórico político-eleitoral</td></tr>
<tr><td>Entrevista pessoal e análise SWOT</td></tr>
<tr><td>Linha do tempo</td></tr>
<tr><td>Acervo pessoal</td></tr>
<tr><td>Resultados de busca e Wikipédia</td></tr>
<tr><td rowspan="3">Agentes Políticos</td><td>Aliados</td></tr>
<tr><td>Partidos</td></tr>
<tr><td>Adversários</td></tr>
<tr><td rowspan="5">Investigação do adversário</td><td>Área econômica, financeira, contábil e jurídica</td><td>Relatórios dos Tribunais de Contas; Análise da execução orçamentária; Relatórios de CPIs instauradas pelo Legislativo; Processos Judiciais movidos contra o candidato ou contra a administração a que pertence</td></tr>
<tr><td>Área política</td><td>Confronto entre realizações e promessas; Comportamento e declarações contraditórios</td></tr>
<tr><td>Área administrativa</td><td>Funcionamento dos serviços públicos; Execução de obras públicas; Índices de desempenho na área social e segurança; Contratos e licitações para obras e serviços</td></tr>
<tr><td>Condutas no exercício do poder</td><td>Despesas de gabinete; Uso de veículos; Viagens; Aumentos salariais; Uso de bens públicos para fins privados ou político-partidários</td></tr>
<tr><td>Conduta pessoal</td><td>Padrão de vida incompatível com vencimentos e com o patrimônio declarado; Envolvimento com escândalos; Comportamento social incompatível com o cargo</td></tr>
<tr><td rowspan="2">Agentes de comunicação</td><td colspan="2">Influenciadores digitais</td></tr>
<tr><td colspan="2">Mídia</td></tr>
<tr><td>Conteúdo</td><td colspan="2">Palavras-chave (Google)</td></tr>
<tr><td rowspan="2">Dados secundários</td><td colspan="2">Políticas públicas (saúde, educação, finanças, emprego, segurança pública, meio ambiente etc.)</td></tr>
<tr><td colspan="2">Ambiente econômico (desemprego, confiança, setores etc.)</td></tr>
<tr><td colspan="3">Análise de conjuntura</td></tr>
<tr><td rowspan="9">Estratégia</td><td>Conceito</td><td colspan="2">Ideia central (mote) defendida pela candidatura (é sempre conjuntural)</td></tr>
<tr><td rowspan="3">Posicionamento</td><td>Foco</td><td>O foco de uma candidatura é, em última análise, a razão mais forte e convincente pela qual os eleitores devem votar naquele candidato e não nos outros.</td></tr>
<tr><td>Imagem</td><td>A imagem do candidato, portanto, é um dos elementos-chave no posicionamento da sua candidatura. A primeira exigência que a imagem deve atender é possuir um alto grau de coerência com o foco da campanha e com suas propostas</td></tr>
<tr><td>Propostas</td><td>A proposta de um candidato (majoritário ou proporcional) deve condizer com o foco e a imagem da candidatura</td></tr>
<tr><td rowspan="2">Discurso</td><td colspan="2">Conteúdo - Propostas, Plano de Governo e temas centrais</td></tr>
<tr><td colspan="2">Forma - Oratória, estilo e aspectos não verbais</td></tr>
<tr><td rowspan="3">Pesquisa de opinião</td><td colspan="2">Pesquisas de diagnóstico político (benchmark poll) - Qualitativa e Quantitativa. É o marco zero da campanha e que fornecerá as informações vitais para definir o posicionamento da candidatura, seu foco e sua estratégia. A pesquisa funciona ainda como marco de referência para comparações com as pesquisas posteriores</td></tr>
<tr><td colspan="2">Pesquisa de tendências - destinadas a aprofundar as descobertas da pesquisa de diagnóstico. Com questionários menores, objetivam: 1) permitir o "ajuste fino" do foco da candidatura; 2) avaliar os resultados da campanha até o momento</td></tr>
<tr><td colspan="2">Pesquisa de tracking - utilizada na fase final da campanha, com periodicidade curta (diária ou semanal). Este instrumento é dotado de alta sensibilidade para medir as flutuações de curto prazo da opinião pública</td></tr>
</table>

| Área | Setor | Atividade |
|---|---|---|
| Comunicação/ Publicidade | TV | Pesquisa e produção (pré-produção) |
| | | Gravação |
| | | Edição (pós-produção) |
| | Rádio | Pesquisa e produção (pré-produção) |
| | | Gravação |
| | | Edição (pós-produção) |
| | Digital | Redator |
| | | Criação (designer, foto, vídeo, animação etc.) |
| | | Relacionamento e gestão de resposta |
| | | Monitoramento digital |
| | | Performance |
| | | Arrecadação on-line |
| | | Ativação de banco de dados |
| | | Mobilização digital |
| | Impresso | Pesquisa e redação |
| | | Criação publicitária |
| | Assessoria de Imprensa | *Clipping* e acompanhamento da imprensa, preparação para debates e entrevistas |
| | Contrainformação | Ações de combate a *fake news* |
| Articulação Política | Partidos políticos | Dialogar com outros dirigentes partidários e manter os partidos aliados dentro do projeto |
| | Dobradas | Cuidar dos candidatos proporcionais ou das dobradas que o candidato fará |
| | Sindicatos, associações de classe e lideranças em geral | Aproximar o candidato de lideranças institucionalizadas |
| Mobilização | | Eventos - Comícios, encontros temáticos, reuniões etc. |
| | | Ações de rua - Panfletagem, bandeiraço, carreata, caminhada, visita a casas etc. |
| | | Mobilização digital |
| Administração e Finanças | | Arrecadação - Eventos, *crowdfunding* etc. |
| | | Contabilidade e prestação de contas |
| | | Contratações e contratos |
| Jurídico | | Prevenção |
| | | Defesa |
| | | Ataque |
| Estrutura | | Comitês e escritório |
| | | Estoque e materiais |
| | | Logística - Distribuição de materiais, equipe e transporte |
| | | Alimentação |
| | | Segurança do candidato e equipe |

*Elaborado por Darlan Campos

Darlan Campos é consultor em marketing político, escritor e professor. Autor dos livros: "Nas ruas e nas redes – estratégias de marketing político", publicado pela editora Soares/SP, lançado em 2017 e "Marketing Político – construção de candidaturas vitoriosas", lançado pela editora Lexia/SP, em 2020. Diretor-executivo da República Marketing Político e membro fundador do CAMP.

# ANÁLISE DE CONJUNTURA (DIAGNÓSTICO ELEITORAL)

*Augusto Fonseca*

Uma boa análise de conjuntura é capaz de detectar o humor do eleitorado e o tamanho da onda que está a caminho. No Brasil, fomos mais atingidos por tsunamis que marolas. Desde a nossa redemocratização, tivemos dois presidentes eleitos pelas urnas que foram depostos pelo Congresso Nacional e pelo Supremo Tribunal Federal. De 1989 a 2018, dez presidentes ocuparam o Palácio do Planalto. Dois deles sofreram processos de *impeachment*. Para substituí-los, assumiram respectivamente Itamar Franco, em 1992, e Michel Temer, em 2016. Apenas dois presidentes chegaram até o fim de seus mandatos conquistados nas urnas.

Nossa tarefa não é escrever sobre a história recente do Brasil. O que pretendo é que olhem e leiam o parágrafo acima para entender que não é nada fácil acertar uma análise conjuntural. Nossa democracia demonstrou força capaz para segurar o tranco de derrubar dois presidentes sem grandes abalos institucionais. Nossos partidos não são fortes e são controlados, na maioria das vezes, pelo "toma-lá-dá-cá". A legislação eleitoral é reformada a cada dois anos. Em cada mexida, absorve penduricalhos. Parece a história de que Deus criou todos os animais, mas pediu a opinião e ajuda dos humanos para criar o último animal. Sugeriram que tivesse a cara de um cachorrinho;

que instalasse reservatórios de água, patas de girafas e, por último, um assento especial para apoiar as costas, as corcovas. Foi assim que nasceu o camelo.

Analisar a conjuntura no Brasil faz lembrar o padre António Vieira no seu Sermão da Quinta Dominga da Quaresma, quando o religioso disse: "No Maranhão, até o sol e os céus mentem. Amanhece o sol muito claro, prometendo um formoso dia, e dentro em uma hora tolda o céu de nuvens, e começa a chover como no mais entranhado inverno". E ele falava a mesma coisa em relação à Bahia.

O competente jornalista Ricardo Noblat uma vez disse que os jornais levam meses e meses especulando o que vai acontecer no futuro e depois levam outros muitos meses para explicar por que não aconteceu aquilo que previam.

Minha origem é do jornalismo. Fiz muitas previsões que pareciam lógicas e bem embasadas. Errei quase todas, principalmente quando o assunto é eleição. Aprendi que o ânimo do eleitorado não aceita previsão. É imediatista. O eleitor tem pressa de ter emprego, comida e dinheiro no bolso. Muitas vezes as análises de conjuntura têm viés político e esquecem do ator principal de uma eleição: o eleitor. Ele, o povo, não sabe, mas é dele o poder de mandar e desmandar no período eleitoral. Quem captar o espírito do eleitor tem a maior chance de vencer uma eleição. Para isso, é preciso muita pesquisa. Principalmente qualitativas.

As previsões jornalísticas, na maioria das vezes, erram porque as fontes da informação entendem de política, de Congresso e de Judiciário. Mas eleição é comunicação. Uma análise de conjuntura precisa ser equilibrada e plural. Tem que levar em conta as opiniões dos ricos, da classe média, do pobre. E num país onde existem mais pobres e remediados, a lógica é que esse público é que vai decidir a eleição.

O marketing político carece de conteúdo acadêmico em língua portuguesa. Não temos uma escola bem estruturada de marketing político, espaço que na minha opinião poderia ser ocupado pelo CAMP. As informações sobre o nosso mercado são feitas da memória dos pioneiros e contemporâneos mais experientes. Como se fosse uma história de pai para filho desde 1894, ano da primeira eleição presidencial do nosso país, vencida por Prudente de Morais. Naquela época, a análise de conjuntura era o humor dos poderosos.

As pesquisas qualitativas eram utilizadas amplamente no mercado publicitário aqui no Brasil, mas só foram adotadas no marketing político em 1986, pelas mãos e mentes de Duda Mendonça e do professor Marcos Coimbra. Antes disso, a análise de conjuntura era feita com base no noticiário de jornais, revistas e artigos de analistas políticos. Entraram em campo os grupos de qualitativas, que inverteram o foco da fonte de informações. Houve uma grande subversão: a opinião do eleitor passou a ser mais importante do que a do político. Passamos do palpite para a ciência. A pesquisa quantitativa já nos dava tendências, mas não entregava a alma do eleitor. O primeiro grupo de qualitativa a gente nunca esquece.

É claro que a abordagem qualitativa não resolve tudo. Mas ela é um ponto de partida fundamental para entender o eleitorado, seus sentimentos, necessidades e preocupações. A qualitativa não é uma ciência exata, é uma ciência psicológica. E, por isso, permite que os participantes abram seus corações.

Para uma análise de conjuntura eficiente é fundamental aplicar *Focus Groups*, entrevistas em profundidade com "formadores de opinião" e, ao fim dessas ferramentas, aplicar pesquisas quantitativas para medir o tamanho e a importância daquilo que chamou atenção nos grupos e nas entrevistas. É muito importante assistir aos grupos atrás do espelho falso. Uma expressão, um sorriso, um braço cruzado, uma cabeça balançando, concordando ou discordando valem mais que mil relatórios. Isso não significa que eu esteja desqualificando o trabalho dos moderadores. Ao contrário. O trabalho deles (geralmente delas) é essencial para tirar o máximo dos participantes, e seus relatórios analíticos sempre trazem novidades.

É essencial ter uma equipe de pesquisa de jornalismo experiente e competente. Antes de aplicar as pesquisas, é fundamental conhecer o banco de dados com as informações da cidade, estado ou país para o qual estaremos trabalhando. Orçamento, qualidade da educação, da área de saúde, enfim, todas as informações políticas e socioeconômicas. É preciso levantar todo o passivo de mídia do candidato e dos adversários. Essas informações vão permitir que as equipes façam reportagens sobre aspectos relevantes para a campanha.

Também antes das pesquisas é a hora de fazer uma entrevista com o candidato sobre a sua vida. Aspectos positivos e negativos. É uma longa conversa filmada, que aproxima muito a equipe do candidato. A gravação pode ser longa. Mas os melhores momentos, e os mais críticos também, serão transformados numa entrevista de cinco a sete minutos para ser avaliada por grupos de pesquisa qualitativa. Essa redução da entrevista ficou conhecida no mercado por "diamante", nome criado por Duda Mendonça por causa da lapidação do conteúdo até chegar ao ideal.

Para explicar resumidamente, de forma esquemática, o passo a passo da análise de conjuntura:

1. Pesquisa jornalística para banco de dados com informações da cidade, estado ou país onde será a eleição;
2. Passivo de mídia de candidato e adversário;
3. Gravação da entrevista com o candidato – "Diamante";
4. Entrevistas em profundidade;
5. Grupos focais de qualitativa;
6. Pesquisa quantitativa;
7. Relatório do resultado da análise de todas as informações acima;
8. Apresentação do documento de viabilidade eleitoral do candidato, com as suas forças e fortalezas, assim como dos adversários, orientando estratégias e caminhos criativos e de argumentação;
9. Planejamento da campanha.

A montagem de uma agência/produtora para campanha eleitoral pode se transformar num caos se não houver tudo muito bem planejado. Ao concluir o diagnóstico eleitoral, a primeira tarefa é desenhar a sua equipe: em que espaço físico a equipe vai trabalhar? Quais as funções de cada um? É a hora de definir as equipes de estratégia e pesquisa, de criação, de arte, de atendimento, de redes sociais, de jornalismo, editores, ilhas de edição e finalização, música e trilhas, quantidade de equipes de filmagem, tipo de equipamentos, coordenação de mídia, diretor de produção e equipe, transportes, alimentação e financeiro. Enfim, todos os profissionais necessários, mas só os essenciais.

Numa campanha presidencial, as produtoras chegam a ter 150 ou mais pessoas trabalhando durante o período de planejamento e do horário eleitoral. Dia e noite, noite e dia. É preciso trabalhar com pessoas de confiança porque qualquer informação que saia de controle pode revelar o segredo de uma estratégia. A nossa intenção não é fazer um passo a passo de planejamento, porque cada um tem um método de trabalho e é difícil replicar um modelo para todos. O importante é ter uma equipe comprometida com o seu trabalho. Seja pelo ganha-pão que vai receber ou pela adrenalina de uma campanha. Numa jornada um tanto cansativa de uma campanha, em que você precisa conviver todos os dias com as mesmas pessoas, dou um conselho: no seu planejamento, contrate bons profissionais, mas, acima de tudo, profissionais com bom caráter. Isso faz a diferença.

## Planejamento estratégico

O planejamento estratégico é consequência direta do diagnóstico eleitoral. Se esta etapa está bem-feita, a estratégia geralmente será acertada. Sei que já são muito citados os ensinamentos do estrategista chinês Sun Tzu, mas "A arte da guerra" continua sendo o melhor livro de marketing político do mundo. Fala, por exemplo, de planejamento: "Os guerreiros vitoriosos vencem em primeiro lugar e, em seguida, vão à guerra, enquanto os guerreiros derrotados entram em guerra em primeiro lugar e, em seguida, procuram ganhar". Ou quando fala de oportunidades: "Para ser vitorioso, você precisa ver o que não está visível". Porém, é fundamental entender que uma estratégia eleitoral não é uma peça estanque. Estratégia eleitoral é uma arte viva, que leva em conta os *inputs* científicos, misturados com a leitura dos movimentos e de muito *feeling*. Por mais que esteja desgastado por utilização equivocada, o método de análise SWOT é muito adequado para uma campanha. O diagnóstico tem como função fazer uma análise do ambiente da campanha do seu cliente e dos seus adversários, traduzida em quatro respostas: *Strengths* (Forças), *Weaknesses* (Fraquezas), *Opportunities* (Oportunidades) e *Threats* (Ameaças). O método foi criado nas décadas de 1960 e 1970 por Albert Humphrey, professor da Universidade de Stanford, na Califórnia.

Uma das tarefas mais importantes de uma campanha é saber o que quer e onde vai chegar. O candidato deve ter conteúdo. Candidato tem que ter um Programa de Governo com propostas factíveis e que tenham potencial para melhorar a vida das pessoas. Com início, meio e fim. Não se esqueçam, a maior parte do eleitorado brasileiro é de baixa renda e escolaridade. Ele precisa que os serviços funcionem, que as escolas ensinem, que os postos de saúde e hospitais públicos atendam dignamente a população. Se o candidato tem apenas uma ou duas fortes propostas, bem avaliadas em grupos e pesquisas, mais chances de suas ideias chegarem mais longe e alcançarem mais pessoas. Em 2002, por exemplo, a grande proposta martelada todos os dias na campanha do presidente Lula era a geração de 10 milhões de empregos.

a. **Forças do candidato:** suas características pessoais bem avaliadas pelos eleitores transformam-se em argumentos favoráveis. Seja porque é preparado, experiente ou capaz de realizar o que promete. Todas essas forças precisam ser anabolizadas e potencializadas sem exageros. A melhor informação é a verdade nua e crua.

b. **Fraquezas do candidato:** se seu cliente tem problemas de imagem é preciso reposicioná-lo. Às vezes, sua imagem pode estar abalada por um episódio que não teve a devida atenção e falta uma explicação mais didática. O melhor caminho para amenizar problemas de imagem é fazer muitos testes em pesquisas qualitativas. Pode ser que a campanha não encontre um antídoto, mas certamente encontrará vacinas que evitem a contaminação.

Assim como identificamos as forças e fraquezas do candidato para quem trabalhamos, também precisamos conhecer e encontrar as forças e fraquezas dos adversários. Voltando a Sun Tzu: "Se você conhece o inimigo e a si mesmo, não precisa temer o resultado de cem batalhas".

c. **Oportunidades:** muitas vezes uma campanha eleitoral é vencida por um candidato azarão. Na maioria das vezes, isso acontece por erros de adversários favoritos. Ou por aproveitar bem uma oportunidade, conforme o pensamento de Sun Tzu: "Se o inimigo deixa uma porta aberta, precipitemo-nos por ela". Na primeira eleição para governos de estados depois da redemocratização do país, em 1982, houve duas reviravoltas geradas pelo aproveitamento de oportunidades. Os principais candidatos eram Miro Teixeira e Sandra Cavalcanti. Toda a imprensa e pesquisas apontavam uma disputa renhida entre os dois. Até que a campanha de Moreira Franco lançou um slogan de guerra: "Nem Miro, nem Sandra. Pra seu governo, Moreira Franco". Isso acendeu a disputa. Ao mesmo tempo, o desempenho de Brizola nos debates catapultou o "gaúcho carioca" com o slogan "Brizola na cabeça".

d. **Ameaças:** uma campanha tem que identificar imediatamente quem são seus adversários e saber exatamente se as fraquezas do seu candidato são vulneráveis aos argumentos do seu contendor. Não há tempo e espaço para cometer erros. O candidato tem que conhecer seu país, seu estado, sua cidade. É preciso gastar sola de sapato. O candidato precisa estudar para não morrer pela língua. O candidato necessita ter tempo para discutir com sua equipe de marketing os assuntos dos programas e inserções, se não tiver intimidade com o teleprompter ou com a câmera é urgente treinar. Mais do que um treinamento, ele estará se preparando para entrevistas em TV, rádio e internet.

Por fim, candidato não é produto nem manequim de vitrine. Candidato pensa, fala, escuta e toma decisões. É um ser humano que tem acertos e erros. Quanto mais normal, mais empatia terá com o eleitor. Mas se ele for sisudo, não tente mudar seus óculos, tirar o terno e vesti-lo com camisa polo e bermuda. Neste caso, apresente-o como uma pessoa sóbria, que leva seu trabalho muito a sério. Aproveite seu estilo e faça do limão uma limonada.

Augusto Fonseca é jornalista, vencedor de Prêmio Esso de Reportagem, de 1992. Desde 1994, está no marketing político, tendo trabalhado com profissionais como Duda Mendonça e João Santana. Já coordenou campanhas para prefeito, governador, senador e presidente no Brasil, Argentina, Colômbia e República Dominicana. Sócio da MPB Estratégia & Criação.

# ARTICULAÇÃO POLÍTICO-ELEITORAL: O "TRI PÉ" DO SUCESSO

*Leurinbergue Lima*

Ao longo de 20 anos imerso no universo da política e tendo feito de tudo um pouco atuando em diversas funções (fui secretário, assessor de comunicação, chefe de gabinete e assessor político), vi que o sucesso de qualquer empreitada política e/ou eleitoral passa pela soma de vários fatores. Fiz um resumo desses fatores em três partes. Um "tri pé". Sim, "tri pé", porque num "tripé" os três pés possuem equivalência de importância. Então, podemos afirmar que política se faz com:

a. *política* (articulação),
b. *gestão* (bandeiras, resultados) e
c. *comunicação* (mensagem clara, bom marketing).

É o tripé para o sucesso de qualquer mandato e que muito provavelmente também resultará em sucesso eleitoral.

Já vi bons gestores perderem o mandato e principalmente as eleições porque não faziam política. Como também já vi maus gestores, mas que eram ótimos políticos, vencerem o pleito.

## A arte e a importância da articulação política

O processo de articulação política é uma verdadeira arte. Quando bem conduzida, ela faz a diferença, seja numa campanha, seja num mandato. A ex-presidente Dilma Rousseff (PT) caiu e não foi por causa das chamadas pedaladas fiscais, mas sim por falta de apoio no Congresso Nacional (articulação política).

Durante 13 anos, o PT não foi capaz de construir uma base de apoio sólida e comprometida com seu projeto. Faltou estratégia nesse sentido? Nunca os partidos mais alinhados ao seu campo (PSB, PDT, PC do B) tiveram juntos com o próprio PT nem perto de 200 membros no Congresso. Se tivessem ao menos esse número, o *impeachment* provavelmente não teria acontecido.

O presidente Jair Bolsonaro (hoje, ao escrever este artigo, o presidente se encontra no Partido Liberal), mesmo tendo passado por vários momentos difíceis no decorrer do seu mandato, resistindo graças ao grande apoio que tem de um grupo de partidos que forma o chamado "centrão", entre os quais podemos destacar: Progressistas, PL, Republicanos, entre outros. Só esses três partidos citados possuem algo em torno de 110 deputados. Por isso mesmo, passando por várias situações delicadas, o governo se segura na política. Já são mais de 100 pedidos de *impeachment* e nada prossegue.

Mas nem sempre foi assim. No começo da gestão Bolsonaro, a articulação chegou a ser conduzida pela área militar do governo. Como enfrentou muitas dificuldades, a articulação política passou por vários ajustes no decorrer do mandato a ponto de hoje, fim do terceiro ano, ser toda guiada por gente da própria política. O resultado é que, ao menos na Câmara dos Deputados, o governo tem sobrevivido bem. O presidente da Casa é seu fiel aliado e isso ajuda muito.

Mas nesse texto, vamos nos prender à política/articulação. De nada adianta fazer uma boa gestão, comunicar bem, se você não tem "paz" nas Câmaras de Vereadores, nas Assembleias Legislativas, na Câmara ou Senado Federal.

Tenho encontrado muitos novos políticos que possuem uma enorme dificuldade de relacionamento com as casas legislativas. Muitos deles até fazem boas gestões, mas não conseguem ter tranquilidade para trabalhar melhor.

Aprovação de projetos, fiscalização mais dura, pedidos de CPIs (Comissões Parlamentares de Inquérito) são apenas alguns exemplos de situações que os gestores enfrentam quando o "pé" política está quebrado ou quase quebrado.

Um bom líder de governo, um bom secretário de articulação institucional/política faz a diferença nesse jogo. Muita gente envolvida no marketing político ainda entende pouco isso e assim não é capaz de ajudar nesse processo.

Não que o profissional de comunicação/marketing político vá dirigir essa área, mas é preciso entender que elas estão intrinsecamente ligadas. Muita gente acredita que só fazer uma boa comunicação já é o suficiente, mas não é.

Você já deve ter visto nas séries ou filmes americanos, por exemplo, que os consultores são profissionais de múltiplos conhecimentos: jornalismo, publicidade, ciência política...

O profissional de hoje não pode "tocar apenas" um instrumento, tem que ser maestro. Tem que ter capacidade de entender para poder orientar bem o cliente. Capacidade de dialogar com os atores envolvidos nesse processo, tipo líder de governo, secretário de articulação, secretário da Casa Civil etc.

A bagunça que a falta de articulação política faz é facilmente percebida na comunicação. Afinal, o mandatário será muito provavelmente destaque negativo nos noticiários e nas redes sociais. Aí você já sabe pra quem vai sobrar a arrumação da bagunça, né?

## E a articulação eleitoral, como fica?

Claro que política se faz todo dia. Mas eleição não. No período eleitoral, costuma-se colher os frutos do que foi feito anteriormente. E por que é tão importante a articulação eleitoral? Vamos listar então alguns efeitos práticos da articulação político/eleitoral.

1. É importante porque graças a ela existem as coligações majoritárias (prefeitos, governadores, presidentes).
2. Graças a essas coligações é que os candidatos conseguem bons tempos para a propaganda de TV e rádio.

3. Com a formação de "exército de candidatos proporcionais" (vereadores e deputados), o candidato pode crescer ou ficar pequeno, de acordo com as alianças que forem feitas.
4. Se a aliança for bem-feita, ela gera gente nas ruas, nos eventos, nas redes sociais falando bem, gente nas redes sociais falando do adversário. Isso só para citar esses casos.

Vou citar um caso bem interessante das eleições de 2020. O cenário é uma cidade de aproximadamente 80 mil habitantes no interior do Nordeste. O então pré-candidato nos procurou em setembro de 2019. Empresário, nunca tinha sido candidato a nada.

Fizemos o diagnóstico inicial e vimos que existia uma possibilidade de se traçar um caminho para a vitória.

Quais eram os problemas:

1. Candidato desconhecido;
2. Sem articulação política;
3. Sem partido e sem apoiadores internos e externos fortes.

Quem já fez ou ajudou de alguma forma nos pleitos eleitorais no Nordeste sabe quanto é difícil fazer campanha sem esses pré-requisitos por aqui. Ainda mais no interior.

A solução foi trabalhar nas duas frentes, montando uma estratégia política e eleitoral. Em que precisávamos de:

1. Tornar o candidato mais conhecido. Para isso, definimos os públicos iniciais dele. Assim, foram feitas agendas de reuniões, palestras, visitas. Tudo isso virou conteúdo para a comunicação.
2. Com posicionamento, agenda e uma boa equipe de comunicação e marketing, as redes sociais começaram a fluir bem, a assessoria de imprensa também fez sua parte com entrevistas em rádios da cidade e da região, artigos em blogs, jornais etc.

3. Definimos que precisaríamos da adesão de ao menos 4 dos 15 vereadores da cidade ao seu projeto. Também era necessário formar novos líderes para a disputa. Jovens, religiosos, empresários.

O resultado não poderia ter sido melhor. O fluxo virou a nosso favor à medida que os números melhoravam nas pesquisas. Conseguimos um bom partido, os candidatos novos apareceram em número razoável. Formamos uma boa coligação que nos proporcionou o maior tempo de propaganda. A meta da vinda de quatro vereadores foi cumprida.

Com tudo isso, o resultado não poderia ter sido outro: uma vitória retumbante com mais de 60% dos votos válidos. Das 15 vagas de vereadores da Câmara, nossa coligação preencheu sete.

Um candidato que era um mero desconhecido venceu dois grupos consolidados. O formato da campanha, com bom planejamento, novas ideias e mensagem clara foi percebido em toda a região.

O bom resultado político/eleitoral depende de muito trabalho, planejamento e, sem dúvida alguma, do "tri pé": política, gestão e comunicação.

Em muitos países, vivemos um momento de vários ataques a um bem inestimável que é a democracia. Não existe comunicação política que não seja em ambiente democrático. A comunicação política, além de ser uma obrigação constitucional, também é uma necessidade.

No mundo da rapidez, da comunicação, das redes sociais, estar em comunicação constante, com bandeiras e mensagens claras, é uma questão que se tornou essencial na visão do eleitor.

Leurinbergue Lima é historiador e jornalista. Pós-graduado em Comunicação e Marketing pela Universidade Castelo Branco (UCB-RJ). É membro fundador do CAMP e sócio-proprietário da MSL Comunicação e Estratégia.

# EIXO ESTRATÉGICO: UMA JORNADA DE DUZENTOS QUILÔMETROS COMEÇA COM UM SIMPLES PASSO

*Claudio Barretto*

As ideias que a seguir apresento resultam da minha experiência como coordenador de comunicação de várias campanhas eleitorais que participei. Campanhas realizadas em vários estados do país, envolvendo candidatos/candidatas a diferentes pleitos que obtiveram vitórias importantes nos seus cenários.

Não é um Manual do Usuário sobre o funcionamento operacional da campanha eleitoral. Trata-se apenas da organização de um conjunto de objetivos, etapas e atividades que orienta as ações de comunicação da campanha eleitoral, desde os seus primeiros passos até a sua finalização.

A esse conjunto de etapas e atividades definidas e organizadas no tempo em que se realiza o processo eleitoral, chamo de Mapa do Caminho do Marketing Político (MP), expressão que adotei para definir os objetivos e limites do que pretendo demonstrar. Algumas observações iniciais são necessárias para delimitar o alcance espacial e temporal do Mapa do Caminho MP. Apenas como ilustração, cito as pesquisas de opinião e as atividades de levantamento de dados e informações relacionadas ao candidato, aos partidos, às alianças e aos potenciais adversários. Sem essas informações, não será possível realizar um bom diagnóstico da realidade político-eleitoral, tampouco traçar os possíveis cenários com que a candidatura irá se defrontar.

A depender do objetivo da candidatura, as atividades associadas a cada etapa devem ser adaptadas. Uma candidatura a um cargo Executivo é qualitativamente diferente de uma candidatura a um cargo para o Legislativo. No entanto, qualquer que seja o pleito, a montagem da campanha e o seu desenvolvimento requerem que sejam observadas as principais regras no que diz respeito aos conteúdos, planejamento, estratégia, calendário eleitoral, identificação dos adversários, vulnerabilidades da candidatura, da chapa ou da coligação e recursos não financeiros que podem ser mobilizados. Pressupõe-se que os recursos financeiros para a campanha estejam garantidos.

Por último, a proposta do Mapa do Caminho MP é apenas uma entre várias outras formas desenvolvidas para colocar em marcha e fazer acontecer uma campanha de comunicação eleitoral. Como assinalei logo no início, esta proposta é fruto da minha experiência e da contribuição de muitos outros publicitários que compartilharam comigo diversas e incríveis jornadas eleitorais.

## Relato de uma campanha inspiradora

Quando fiz a campanha política-eleitoral de Waldir Pires, em 1986, ainda estava em curso o processo de redemocratização do país. A eleição para presidente era indireta. Estávamos diante de uma nova realidade cujo enfrentamento demandava a formulação de uma estratégia de transição política capaz de responder aos anseios de mudança que os brasileiros e os baianos desejavam. Na Bahia, fizemos um verdadeiro *strike* eleitoral, elegemos o governador, dois senadores e dezenas de deputados federais constituintes.

Convidado para coordenar a comunicação da campanha, integrei um grupo de publicitários, jornalistas, intelectuais e políticos apoiadores da candidatura. Esse grupo tinha grande vontade de aprender e ganhar.

A campanha de Waldir Pires tornou-se uma referência reconhecida em todo o Brasil ao receber o Prêmio Colunista de Melhor Campanha do Ano de 1986, na categoria Grandes Prêmios, concorrendo com anunciantes como Kibon e Coca-Cola.

O candidato, um grande político, tinha uma estratégia clara: "Vamos mudar a Bahia". Eu e os publicitários responsáveis pela criação, Geraldo Walter, Carlos Sarno, Galeno de Freitas e Sérgio Amado demos um novo rumo afirmativo e publicitário: A Bahia Vai Mudar. Desenvolvemos, a partir de uma sugestão feita por Sydney Rezende, um gestual impactante, com dois dedos de cada mão em V da vitória se encontrando e formando um W de Waldir. Resultado: ganhamos a eleição com mais de 1 milhão de votos à frente. Uma das maiores vitórias do Brasil.

Junto com esse grupo e os criativos José Roberto Berni, Vicente Cecim, Césio Oliveira, Marco Gavazza e Guga Dias, desenhamos um jeito de fazer e participar deste momento. Criamos uma espécie de manual de como fazer, planejar, montar uma estratégia e operar uma campanha na área da comunicação. Todo candidato já tem sua meta e suas ideias. Cabe a nós da área de comunicação e marketing adaptar a linguagem ao objetivo. Nós criamos um Mapa do Caminho MP. É isto que você vai conhecer a seguir.

## Estratégia da campanha eleitoral

### Fase 1: levantamento de dados/informações/construção dos cenários

É o primeiro momento da campanha. Uma fase caracterizada pelas atividades de obtenção e tratamento dos dados e informações que darão suporte às demais fases. Todas as informações disponíveis e confiáveis devem ser consideradas e analisadas para entender a realidade. As pesquisas oferecem os melhores e mais importantes subsídios para situar a candidatura e montar os cenários. Também nessa fase devem ser definidos os principais concorrentes e o objetivo da candidatura e o pleito do candidato. Não menos importante, é fazer a contrapesquisa, ou seja, levantar todos os possíveis problemas que a candidatura enfrentará de natureza pessoal ou partidária.

**Fase 2: montagem da equipe/elaboração do discurso/preparação do programa/proposta do candidato(a)**

O discurso deve ser claro, agregador e rapidamente testado. Nesse momento, a equipe de profissionais precisa estar montada, a função de cada participante definida e toda a equipe alinhada com o objetivo do candidato, que define o partido, escolhe os aliados e o conceito da canditadura. Uma equipe de formuladores da campanha deve elaborar uma primeira versão do programa de governo ou proposta do candidato. Se o pleito do candidato for para um cargo executivo, elabora-se um programa de governo. Para candidato a um cargo legislativo, é suficiente uma proposta que defina porque é candidato, justifique o que pretende defender e como vai atuar se for eleito. Caberá à equipe de criação da campanha traduzir esses conteúdos para a linguagem da comunicação política.

**Fase 3: criação do slogan/tema da campanha**

O desafio é transformar todas essas partes numa frase que sintetize o diagnóstico, o discurso, o conceito e as alianças da candidatura. Trata-se de criar o slogan, o "tema" da campanha. Ele dará a força e o norte à campanha. É hora também de criar o jingle, que deve conter o slogan e o tema da campanha. É uma peça muito importante porque é a melhor forma de emocionar e fixar a mensagem. Na sequência, é necessário criar a marca da campanha que deve contemplar nome, partido, cargo, foto oficial e o número do candidato. Este último elemento é fundamental para o processo de votação por meio das urnas eletrônicas. Afinal, votamos no número do candidato. A peça que melhor demonstra a eficácia de uma marca na campanha é o adesivo para carros: ele deve ser visto e legível a distância e com o veículo em movimento.

### Fase 4: o teste das ruas

Tendo agora o discurso, a estratégia, o slogan/tema e todas as demais peças definidas, está na hora de fazer o teste das ruas. É tempo de colocar no ar a mensagem, a hora de fazer uma exposição forte, mas controlada da mídia. Hora de tomar iniciativas e consolidar os argumentos. Hora também de fazer as revisões e redefinir rumos, caso os testes da rua indiquem essa necessidade. A partir desse momento, qualquer mudança na linha estratégica da abordagem assumida pela campanha vai se tornando cada dia mais difícil. É preciso ter coragem para fazer essa operação acontecer. Preservar e acentuar o que deu certo e mudar o que não colou.

### Fase 5: calendário eleitoral – maximizar a utilização dos meios de comunicação

O processo eleitoral tem o seu próprio calendário que define datas e meios que podem ser utilizados. Um bom planejamento de campanha consiste em maximizar a utilização dos meios disponíveis, principalmente os digitais que estão em todas as mãos, todos os dias, todas as horas. Nenhum minuto para a campanha acontecer pode ser desprezado. Com a campanha na rua, é necessário ter muito cuidado com a imagem do candidato.

### Fase 6: o meio da campanha. O que fazer?

Nessa fase, normalmente a audiência política cai. É um momento em que no tabuleiro eleitoral todas as peças já se encontram em movimento e todos os lances a seguir serão decisivos. A campanha alcançou o ponto de não retorno e a equipe costuma apresentar sinais de cansaço ou de acomodação. É necessário garantir a sustentabilidade da campanha. Então, o que fazer?

Criar fatos novos. Fazer uma exposição mais racional da proposta, reforçar os argumentos, buscar e acentuar o diferencial da candidatura. A proposta da candidatura precisa estar pronta e embalada para ser consumida.

Precisa ter credibilidade para se tornar um argumento a favor. Costuma-se dizer, no jargão publicitário, que a campanha alcançou nível potencial adequado de aceitação entre os eleitores quando a candidatura reuniu pelo menos três argumentos a seu favor.

### Fase 7: a reta final - emoção, muita emoção

Chegamos enfim aos últimos 15 dias da campanha. Eles são decisivos. Nesse momento, ganha-se ou perde-se uma eleição. Nessa hora da chegada, precisamos emocionar, tocar a sensibilidade do eleitor. A proposta política da candidatura precisa motivar e convencer as pessoas. Colocar-se de forma verdadeira e com emoção. Este é o momento em que os eleitores iniciam de fato o processo de definição do seu voto. A audiência da política volta a ser grande, vira conversa de esquina em que as pessoas discutem, debatem, comparam os candidatos e se preparam para votar. Agora quanto mais emoção e confiança, maior será a capacidade de conquistar o voto. É a hora do coração pulsar.

## Ferramentas para operar a campanha política

Até agora, minha visão de campanha ficou restrita em mostrar a organização cronológica das etapas e as atividades a serem desenvolvidas em cada uma delas. Na prática, a campanha nunca se desenvolve exatamente como foi planejada. Novos acontecimentos alteram sempre as condições iniciais. Daí a importância da elaboração do planejamento e do eixo estratégico. O cenário de partida é neutro. À medida que a campanha avança é muito importante observar qual cenário está se mostrando mais realista e a campanha precisa então adaptar-se e, rapidamente, fazer as correções necessárias.

Algumas ferramentas podem e devem ser utilizadas para neutralizar ou defender a candidatura ou para atacar o adversário. São elas:

Vacina: recurso utilizado para prevenir eventuais ataques do adversário(a) em relação a aspectos pessoais ou de um episódio que pode acontecer sem o controle da candidatura. A vacina, apesar de ser um recurso de difícil aplicação, é muito necessária.

Pedágio político: é um recurso associado às escolhas que a candidatura precisa fazer para ganhar um bom aliado, um partido ou mesmo grupos da sociedade civil. A utilização desse recurso precisa ser dosada e considerar o momento para a sua efetivação.

Porrada: a crítica ao adversário faz parte do jogo e deve ser feita para estabelecer as diferenças e o posicionamento do candidato. As candidaturas podem até ter características semelhantes, mas não são iguais. Costuma-se chamar de porrada uma crítica sem argumento. Por essa razão, é muito comum afirmar-se que porrada não dá voto. Mas a crítica bem-feita, com argumentos, no momento e na direção corretos serve para alinhar a candidatura e o público interno.

## O pensamento estratégico

Um projeto sem uma estratégia é apenas um sonho. Pensar estrategicamente significa ter clareza sobre o momento de propor e defender a candidatura, atacar e responder ao adversário. O diagrama a seguir sintetiza os espaços que uma campanha eleitoral ocupa e pelos quais ela se movimenta.

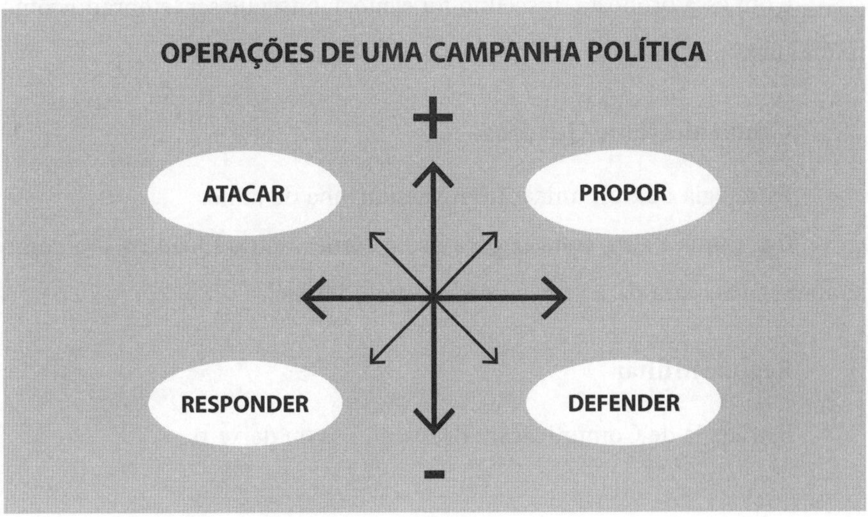

Uma candidatura está equilibrada quando a comunicação da campanha consegue ocupar todos os quadrantes na dose certa. Se a candidatura só ataca ou só propõe, ela, muito provavelmente, não é relevante no conjunto. Uma campanha que não mobiliza o adversário indica que não tem expressividade eleitoral, pois se tivesse importância estaria também sendo combatida e deveria ocupar os espaços de defesa e resposta. Se a candidatura se limita, na maior parte do seu tempo, a se defender e responder aos ataques, significa que não conseguirá conquistar o eleitor. Propor e combater são condições necessárias para que o eleitor se identifique com o candidato e consolide os argumentos.

## Exemplos de estratégias de campanha

Alguns exemplos de campanhas eleitorais que desenvolveram e empregaram estratégias de comunicação bem-sucedidas. Elas nos ajudam a entender como uma estratégia política bem encaixada é mobilizadora, produz rápidos resultados e ajuda a ganhar.

**Campanha Juscelino Kubitschek**

Estratégia de Comunicação: 50 anos em 5.

Com essa proposta, Juscelino foi eleito. Consegue ser lembrado como um homem progressista. Um homem com o olhar no futuro.

**Campanha Jânio Quadros**

Estratégia de Comunicação: A vassourinha de Jânio.

Com uma pauta voltada para os costumes, Jânio Quadros usa como símbolo a vassoura para varrer a corrupção no Brasil.

**Regime Militar**

Estratégia de Comunicação: Brasil, ame-o ou deixe-o.

Em meio à confusa e radicalizada cena política brasileira, o governo militar encontra nessa afirmação "Brasil, ame-o ou deixe-o", a expressão mais representativa dessa cisão social, além de reforçar a situação de poder total: se não está satisfeito, vá embora.

### Campanha Fernando Collor

Estratégia de Comunicação: O caçador de marajás.

Político sem nenhuma expressão nacional, Collor capitaliza por meio dessa estratégia de comunicação um sentimento generalizado na opinião pública nacional de que grande parte do alto funcionalismo público era formada verdadeiros marajás.

### Campanha FHC (eleição e reeleição)

Estratégia de Comunicação: O Plano Real/Avança Brasil.

Com enorme aceitação popular, o Plano Real, único plano de combate à inflação que deu certo, transformou-se no grande eleitor de FHC. A campanha de comunicação percebeu esse fato e com grande habilidade colou o sucesso do plano ao seu nome.

### Campanha Lula

Estratégia de Comunicação: Carta aos brasileiros.

A estratégia da campanha, acompanhando a mudança na abordagem política do candidato Lula, adaptou-se a essa nova realidade. Lula é apresentado à sociedade como um político maduro, equilibrado e capaz de conduzir o país, garantindo a manutenção da estabilidade econômica, política e social.

### Campanha Barack Obama

Estratégia de Comunicação: Sim, nós podemos / *Yes We Can.*

A comunicação acerta em cheio. Com grande apelo emocional, a estratégia da campanha explorou o sentimento da necessidade de inclusão e mudança. O slogan "Sim, nós podemos" assegurava aos milhões de eleitores que mudar era possível. Barack Obama inaugura a forte presença da comunicação digital na campanha.

## E a próxima campanha?

Sempre será um novo desafio, um novo mergulho em características e cenários diferentes, porém com uma constante que valida o uso do Mapa do Caminho MP: a esperança do eleitor por um nome que lhe garanta uma vida melhor.

Claudio Barretto é publicitário e consultor de marketing político, participou de campanhas a presidente de Ulysses e FHC. Coordenou campanhas para governadores e prefeitos. Sócio-fundador do CAMP, é diretor-executivo da CIA-BP, com escritórios no Rio e São Paulo.

# O MENSAGEIRO É A MENSAGEM

*Alejandro Alvaro e Karina Terso*

Em uma aula on-line em tempos de pandemia de covid-19, nosso filho Mingo, de 5 anos, contou sobre seu fim de semana:

– Pró, ganhei um presente que o presidente não vai gostar.

– O quê?

– Uma máscara infantil!

A pró tentou inutilmente segurar o riso. Todos riram e, no fundo, sabiam, até mesmo as outras crianças que não têm pais que trabalham com comunicação política, que aquele simples comentário significava toda a posição do presidente diante da pandemia.

Crianças de cinco anos ainda não leem, não assistem a telejornais (pelo menos não deveriam) e talvez não reflitam sobre a politização da pandemia pela extrema-direita de forma mais aprofundada, mas essa é a mensagem do presidente que chega para elas. Uma mensagem construída de forma eficaz: simples o bastante para que todos entendam, forte o bastante para que chegue a todos.

Para o presidente, usar a máscara, símbolo mundial da proteção contra o coronavírus, é esconder o histórico de atleta, a coragem de não ceder a pressões, a liberdade de seguir as próprias convicções, entre outros atributos que ele quer escancarar. Quem usa máscara está do lado da ciência, do pacto coletivo pela proteção, não minimiza a maior crise sanitária da história. E está contra a visão de mundo e os valores que o presidente prega. Até uma criança sabe disso.

Nesse capítulo, vamos descrever, com um pouco de teoria e um pouco de prática, como desenvolvemos mensagens na comunicação política, explorando a sua definição mais completa. Mensagem não é somente o que se diz, o que se ouve, o que se entende. É, sobretudo, aquilo que os políticos são ou não, fazem ou não, vestem ou não (como o exemplo da máscara) e também aquilo que é silenciado.

No entanto, é no discurso político que a mensagem ganha vida por meio da argumentação, da persuasão, da sedução. É no discurso político que ela é legitimada pela história de um candidato, pelo seu trabalho e por sua conexão com os anseios da população. É ali que a política acontece.

O teórico político argentino Ernesto Laclau, em seu livro "La Razón Populista", diz que a única possibilidade de estruturação do fenômeno político é por meio do discurso. E, simplificando a sua densa obra, é no discurso político que deve se articular uma série de demandas não satisfeitas da sociedade em torno de uma demanda central.

Essa demanda central compartilha parte do seu significado com a série de demandas insatisfeitas e completa seus interesses. Vimos isso nas manifestações de 2013 no Brasil, quando a população foi às ruas cobrar hospitais e escolas padrão Fifa, mais empregos, mais investimentos na infraestrutura das cidades e inúmeras insatisfações que não couberam em um cartaz. Todas essas demandas foram concentradas em uma demanda central que foi o combate à corrupção.

Essa demanda central foi intencionalmente canalizada contra uma suposta força antagônica que impedia a sua satisfação, no caso, o PT. Foi esse fator que possibilitou a direita criar o consenso para o *impeachment* de Dilma em 2016 e pavimentar para Bolsonaro a vitória contra Haddad em 2018. A construção de uma hegemonia, a partir do discurso político, começa justamente com a identificação da demanda central, que aglutina diversas demandas da sociedade, e de uma força (antagônica) que impede a sua satisfação.

Na teoria de Laclau, o populismo, como estratégia de construção de hegemonias, tem um mecanismo que explica toda a construção do discurso político nos últimos anos, tanto por forças progressistas como conservadoras, ou de esquerda e direita ou extrema-direita, na América Latina e em boa parte do mundo ocidental:

- a identificação e a enunciação de uma demanda central insatisfeita que lidera todas as demandas da sociedade;
- a busca de um antagonista que impede essa satisfação, base para a construção da dicotomia "nós contra eles";
- e a conseguinte construção de uma hegemonia (ou maioria eleitoral) com base nessa estratégia (certamente populista, segundo Laclau).

É bom que se esclareça que Laclau dá ao populismo um significado completamente diferente da maioria. Na sua teoria, o populismo não é um tipo de governo demagógico, assistencialista, que se baseia em uma relação apaixonada das massas com líderes carismáticos. É, sim, uma forma de construção da política que aglutina a população em torno de demandas não atendidas, às quais se opõe uma força antagônica. Para Laclau, o populismo tem sido um meio, de certa forma benéfico, de assegurar a participação popular nas decisões de alguns países, principalmente na América Latina.

Vamos a um outro exemplo brasileiro: a demanda pelo combate à pobreza e à fome, que dominava a opinião pública no começo do século XXI, depois das crises econômicas dos emergentes que eclodiram nos últimos anos do século XX e deixaram a população empobrecida. Nesse caldeirão, foi criado o "Fome Zero", que marcou o discurso com o qual Lula se elegeu em 2002 e se reelegeu em 2006, incorporando o antagonismo das elites opositoras à igualdade social, nós contra eles, para completar o modelo do discurso populista identificado por Laclau.

A demanda central é o eixo de uma campanha eleitoral. Com o objetivo de que ela fique clara e forte, todas as peças de uma campanha devem se encaixar em torno dela. É para resolvê-la que uma pessoa se candidata a um cargo eletivo. É para dar uma solução à demanda central que a mensagem principal de um discurso político é construída.

Como, então, identificar e definir essa demanda central? Considerando a construção de mensagens para campanhas eleitorais, essa deveria ser sempre a primeira pergunta. A resposta é complexa, pois muitas vezes não há tanto consenso sobre demandas centrais insatisfeitas capazes de aglutinar outras demandas sociais. Seja nas esferas estaduais, municipais ou até na esfera nacional, pode não estar tão claramente definido um tema, um assunto, uma demanda que prevaleça sobre as outras, ou um antagonista claro a essas demandas.

As pesquisas de opinião, sejam estas qualitativas ou quantitativas, são, sem dúvida, as ferramentas principais para identificar demandas que possam ser utilizadas de forma estratégica na construção de mensagens que configurem um discurso político em tempos de campanha eleitoral ou de governança. No entanto, a definição da demanda central não depende somente de pesquisas.

Em um cenário ideal, com recursos para a utilização de todas as ferramentas disponíveis, acompanhamos uma sequência para chegarmos à demanda central. Primeiro, realizamos rodadas de pesquisas qualitativas (*Focus Group*) para identificar, na opinião da população, uma série de demandas insatisfeitas e assuntos de campanha. Essas demandas, junto com modelos de avaliação de serviços prestados pelos governos, são elencadas em questionários de pesquisa quantitativa (*Survey)*, que serão utilizados em entrevistas com eleitores, em um número representativo (amostra) do universo eleitoral a ser trabalhado.

Depois, seguimos um método estatístico preditivo. Com os resultados dessas entrevistas tabulados, são realizados cálculos (regressões), tendo a intenção de voto como variável dependente dessas avaliações de satisfação ou insatisfação de assuntos de governos (saúde, educação, geração de emprego) ou opiniões dos entrevistados sobre outros assuntos diversos (corrupção, migração, legalização do aborto, descriminalização de drogas, defesa de minorias, questões de gênero etc.).

Esses assuntos são considerados variáveis independentes, que explicam, em maior ou menor grau, através de coeficientes numéricos obtidos a partir dos cálculos de regressões, o movimento da variável dependente, neste caso, a intenção de voto. A partir da identificação das variáveis independentes que têm maior poder de movimentar o voto, encontramos as demandas da população que realmente impactam na eleição.

As pesquisas nos dizem muito, porém a demanda central só pode ser definida depois de uma leitura do contexto social de uma eleição. É preciso, além da experiência política, sensibilidade para dar um contorno a essas demandas e definir a demanda central.

Se as pesquisas apontam que o voto se movimenta a favor de quem defende minorias e se há um contexto de aparente prevalência do conservadorismo, por exemplo, podemos chegar à conclusão de que há um sentimento de mudança desse *status quo* e a ampliação de direitos das minorias é a demanda central. Assim, podemos elaborar as mensagens de campanha que têm a demanda central "a mudança para ampliação de direitos" como eixo do discurso.

Mas não é só isso. A mensagem precisa ser delineada também pelo candidato e não somente pela demanda central. É a história do candidato, sua personalidade e sua capacidade de resolver a demanda central que o define e o fortalece. Parafraseando Marshall McLuhan, "o mensageiro tem que ser a mensagem".

A mensagem, proferida de uma forma que atraia a atenção do eleitor, leva até seus ouvidos assuntos do seu interesse. Esses assuntos, que geralmente coincidem com suas ideias preconcebidas, devem convencê-lo da capacidade do candidato de atender às demandas insatisfeitas, de resolver a demanda central, de mudar uma realidade.

Entretanto, essa mensagem, como um emaranhado de palavras, por si só não quer dizer muito coisa. É preciso que o mensageiro viva, seja essa mensagem, para se mostrar apto a resolver a demanda central. Assim como um corrupto não pode liderar o combate à corrupção, um negacionista não pode liderar os esforços para o fim da pandemia e um comandante de guerra dificilmente vai liderar em tempos de paz. Não é preciso que o candidato seja perfeito, é preciso que ele seja, naquele contexto, naquele tempo, a pessoa que se mostra capaz de resolver a demanda central. É sobre isso a mensagem.

A mensagem mais poderosa é aquela que conecta a verdade de um candidato (seu perfil, sua história, seu trabalho) com as demandas da população aglutinadas em uma demanda central. Só assim ele pode se posicionar como o mais forte, não somente para vencer os antagonistas a essas demandas, mas para resolvê-las.

Portanto, o discurso deve convergir sempre na mesma direção:

1. A identificação das demandas insatisfeitas da sociedade;
2. Definição da demanda central que alinhava as outras demandas;
3. A identificação dos antagonistas à satisfação dessa demanda central (e das outras demandas secundárias insatisfeitas);
4. O posicionamento do candidato como o mais forte para enfrentar os antagonistas, vencê-los e, assim, poder satisfazer as demandas da sociedade (ou de parte da sociedade que o elegeu).

A partir daí, como então transformar a mensagem, além da mera enunciação de assuntos de interesse do eleitor em peças de impacto? Como fazer com que essas peças tenham o efeito desejado do ponto de vista eleitoral, que é o de movimentar o voto na direção do emissor dessas mensagens?

Existem algumas técnicas para isso. Basicamente, as mensagens devem estar compostas da descrição dos problemas (demandas), de dados que ilustrem a importância ou a gravidade desses problemas, da solução ou soluções para eles e de provas de que o candidato é o melhor para resolvê-los. E existe também a criatividade, que vai dar cor, som, emoção a tudo isso, de forma que as mensagens se tornem memoráveis.

As mensagens devem ser consistentes, curtas, claras e atrativas. Por consistentes, entendemos a repetição, a frequência. Uma frequência alta garante que as mensagens cheguem aos eleitores, sejam compreendidas, apreendidas e, principalmente, formem a imagem do candidato na cabeça – ou no coração – do eleitor.

É importante que o candidato tenha seu repertório de palavras e expressões que marquem suas falas, delineiem a sua personalidade e que sejam únicas para dar corpo à sua mensagem principal. Não são frases de efeito vazias, são frases que geram impacto e que devem construir uma mensagem exclusiva para um determinado candidato e marcante para a população.

Algumas delas podem se tornar o slogan da campanha, como o "*Yes, you can*" de Obama, ou o "*Make America great again*" de Trump; ou não, como o "Nunca na história desse país" de Lula, ou o "Tem que mudar isso aí, talquei?" de Bolsonaro. São expressões que estabelecem uma imediata identificação e ajudam a construir a imagem de um político.

A mensagem, além de ter ressonância com o eleitorado e estar formatada para maximizar o impacto, não pode estar dissociada do emissor. O candidato vai impregnar o que está sendo dito com uma força proporcional ao conhecimento e posicionamento que ele tem no eleitorado. Cassandra é uma personagem mitológica que representa o fascinante paradoxo de ter conhecimento de informações que beneficiam quem as ouve e para as quais, no entanto, ninguém presta a mínima atenção.

No livro "Mensageiros: a quem ouvimos, quem não ouvimos e o porquê", Stephen Martin e Joseph Marks abordam esse assunto tão relevante no nosso tempo. *Tweets* emitidos por um anônimo não engajam ninguém; por um famoso, viralizam. A mensagem não é suficiente para ser escutada, precisa ser emitida por alguém importante para que seja.

Martin e Marks categorizam os emissores de mensagens em dois grandes grupos: mensageiros duros e brandos. Os duros são 4: os que têm posição econômica, fortuna e fama; os que têm *expertise*, experiência e competência na sua área; os que têm poder dominante e superioridade; e as pessoas excepcionalmente atrativas e belas. Já os mensageiros brandos são os líderes amáveis e amados; as vítimas e os que confessam suas vulnerabilidades; as pessoas muito confiáveis, com sólidos princípios; e os visionários carismáticos, emergentes e com personalidade magnética.

É importante identificar o tipo de atrativo que o emissor das mensagens tem para que as mensagens sejam construídas levando em consideração o perfil do emissor. E assim potencializar o alcance dessas mensagens, maximizando o impacto a partir da concordância entre o assunto, a informação, o componente criativo e o emissor.

Podemos ver como, para alguns políticos, isso acontece de forma natural, espontânea e intuitiva. Porém, são poucos os que conseguem resolver o enigma de emitir mensagens impactantes em total consonância com quem são. A maioria precisa, sobretudo na hora da campanha eleitoral, quando todas as atenções estão direcionadas aos candidatos e candidatas, de uma assessoria, de uma equipe trabalhando para elaborar as mensagens que cristalizarão a estratégia de comunicação escolhida para alcançar o objetivo eleitoral.

Esse trabalho, quando orientado pela teoria, pelas técnicas de comunicação e pela criatividade, tem maior probabilidade de sucesso do que quando é encarado de forma apenas intuitiva e empírica. Existem muitos fatores que se relacionam entre si dentro da opinião pública que escapam desse olhar geralmente parcial que um político ou um grupo político pode ter.

Isso é tão importante que, ao longo das carreiras políticas, são emitidas inúmeras mensagens, mas no final restam poucas palavras que definem cada político: roubou mas fez, estadista, honesto, incompetente, pai dos pobres, inútil etc. Nesse sentido, a maior recomendação que podemos dar é "seja a mensagem". Leia o contexto, pesquise as demandas, defina a demanda central e o antagonista, elabore sua mensagem com base na sua história e seu trabalho, conecte-se emocionalmente com o eleitor, busque sua atenção, mas sobretudo seja a sua mensagem.

No exemplo com que iniciamos esse capítulo, encontramos a síntese da mensagem do presidente: uma máscara, ou melhor, a "não máscara". Ao não vesti-la, em plena pandemia, o presidente constrói uma mensagem opositora em si mesma, porque, no Brasil de meados de 2021, todas as pesquisas apontam que a demanda central a ser resolvida é o fim da pandemia. É em torno dela que todas as outras demandas da população (empregos, crescimento da economia, vacinação, saúde pública, educação de qualidade) giram.

O que vemos até aqui é que o presidente está se constituindo em um grande antagonista à solução da demanda central da atualidade. A demanda central pode mudar? Pode. Mas, isso é uma discussão para um outro capítulo.

Alejandro Alvaro é consultor de comunicação e sócio da 8MKT. Participou de 13 campanhas eleitorais no Brasil e na Argentina. Foi diretor de arte e diretor de criação em agências de publicidade e diretor de cena com especialização na New York Film Academy.

Karina Terso é consultora de comunicação e sócia da 8MKT. Participou de 24 campanhas eleitorais no Brasil e na Argentina. Tem mestrado em Comunicação Política (GWU) e foi planejamento, diretora de criação, redatora de agências de publicidade e repórter de TV.

# O QUE IMPORTA É A MENSAGEM

*Leandro Grôppo*

O documentário "*The War Room*" trouxe cenas reveladoras sobre a campanha presidencial de 1992 nos Estados Unidos. Além do título do filme ter virado jargão no meio da consultoria política para descrever o centro operacional de campanhas eleitorais, uma frase dita pelo consultor estrategista do então candidato a presidente, Bill Clinton, ficou ainda mais famosa e perdura até os dias atuais. Tenho certeza que você, leitor, também já ouviu a tradução literal: "É a economia, estúpido!".

A frase de James Carville, consultor estrategista de Clinton, se tornou célebre ao afirmar que o tema daquela campanha girava em torno do poder de compra dos eleitores norte-americanos. Desde então, variações foram realizadas para explicar a conjuntura de diferentes eleições pelo mundo. E também utilizada inúmeras vezes na tentativa de esclarecer o resultado de disputas eleitorais no Brasil, especialmente à presidência.

Em 2018, contudo, a eleição brasileira ocorreu em um cenário diferente – mesmo para os analistas mais experientes – onde o tempo de propaganda na televisão e rádio, concorrido a custas de acordos partidários, mostrou-se com baixa importância. A força dos grupos, políticos e econômicos, pouco impactou em vários resultados país afora. E onde candidatos até então praticamente desconhecidos superaram ocupantes de cargos com níveis de conhecimento muito mais elevados.

Um dos casos de maior repercussão, pelo resultado final alcançado, foi a eleição de Romeu Zema, do Partido Novo, ao governo do segundo maior estado em eleitorado do país: Minas Gerais. Ao sair de 2% de intenções e alcançar 72% de votos, deixou para trás no primeiro turno o então governador, do PT, e no segundo, um ex-governador, do PSDB. Ambos com fortes e tradicionais grupos políticos, muito maior tempo de propaganda e exposição em todos os veículos de comunicação e debates do primeiro turno nos canais de televisão.

Daquele mesmo ano, evidentemente, muito também se falou e ainda se fala da eleição de Jair Bolsonaro, que ainda enquanto deputado federal, há algum tempo, já percorria o país em clara campanha à presidência. Acumulando conhecimento e estimulando a mobilização a seu favor, em grande medida, realizada pelas redes sociais. Mas o que, além da conjuntura, favoreceu esse "fenômeno"? Foi esta, finalmente, "a eleição da internet" ou "do WhatsApp", como a mídia insiste proclamar?

A resposta é não. Não foi a eleição das redes sociais. Não foi a eleição da internet, nem do celular ou da TV. Esta foi, mais uma vez, a eleição da mensagem correta. A mensagem que maior empatia angariou apoio junto à maioria do eleitorado que correspondeu em votos de confiança àquele, ou àquela, que ofertou o que era então demandado. A mensagem que produziu a narrativa que o eleitor buscava para a conjuntura do momento e que, também por isso, foi vitoriosa independentemente, em grande parcela, da força do grupo político, econômico e dos espaços de propaganda.

Para comprovar a afirmação, vale analisar o exemplo da campanha de Geraldo Alckmin à presidência no mesmo ano. O candidato do PSDB, partido que nas seis eleições presidenciais anteriores alcançou o segundo turno da disputa, fez de tudo para ter a maior coligação a fim de obter o maior tempo de exposição no rádio e na TV. Mas não vingou. Por quê? Porque a mensagem emitida pela candidatura não era a que o eleitor brasileiro desejava. Ao menos para os 95,2% dos eleitores que não votaram nele. Com 10 partidos coligados e 44,4% do tempo total da propaganda gratuita, Alckmin obteve apenas 4,7% dos votos válidos.

Voltando ao caso de Minas Gerais, a campanha de Antônio Anastasia ao governo, com seus mais de 400 comerciais no primeiro turno, enquanto Romeu Zema teve somente 10 ao longo de todo o período, também de nada adiantou. Por que era um candidato ruim? As pesquisas qualitativas indicavam que não. Mas também mostraram que sua mensagem não era a ideal para o eleitor. Ao menos não para os 70,9% no primeiro turno e 71,8% no segundo que não votaram nele. Sim, Anastasia conseguiu ter menos votos no segundo turno do que no primeiro.

Por onde passa a explicação desses resultados e de muitas outras eleições? Pela mensagem. Toda a máquina partidária e de propaganda, no fim, não serve de nada sem se ter (e ser) uma mensagem que motive os eleitores. A mensagem é o eixo da comunicação, o sentimento, a promessa implícita da candidatura. Ela é o "quê" que passa pelo "como", e não o contrário. É a mensagem, seja ela focada na economia, na segurança, na estabilidade, na experiência, na novidade ou naquilo que ninguém ainda enxergou. É ela quem decidiu, decide e continuará decidindo as eleições no Brasil e no mundo. Parafraseando James Carville: "É a mensagem, estúpido"!

## Mensagem não é slogan

A mensagem de uma campanha vitoriosa não necessariamente é o slogan da campanha. Até pode ser, quando a comunicação consegue traduzir o sentimento do eleitor em forma de uma ou duas frases, simples e diretas. Na eleição à prefeitura de 2016, os eleitores já estavam fartos dos políticos tradicionais, muitos deles envoltos em escândalos de corrupção que levaram diversas gestões municipais a terem problemas nas finanças públicas. A demanda do eleitorado brasileiro naquele ano, em especial nas grandes cidades, passou a ser por um perfil administrador.

Nesta mesma eleição, dois candidatos que se aproveitaram dessa imagem tiveram mensagens semelhantes, mas utilizaram conceitos de slogans diferentes. Na capital de São Paulo, João Dória, empresário e ex-apresentador de televisão, se mostrou como gestor eficiente com o mote "João trabalhador". Sua comunicação de campanha foi bem desenvolvida por meio da mensagem de alguém que não era político, com conhecimento administrativo e que levaria o perfil do gestor de empresas para a gestão pública. Uma mensagem tão competentemente trabalhada que Dória foi eleito em primeiro turno na capital brasileira com o maior quantitativo eleitoral.

No mesmo ano, na disputa pela prefeitura de Belo Horizonte, em cenário semelhante em relação à demanda do eleitorado, o ex-presidente de clube de futebol, Alexandre Kalil, utilizou a mesma mensagem. Neste caso, porém, a tradução da aspiração foi mais literal e utilizada desde o slogan da campanha: "Chega de político, é hora de Kalil". Em uma disputa contra oito "políticos de carreira", o "gestor" venceu no segundo turno.

Outro exemplo de tradução direta do desejo do eleitor, por meio da mensagem conforme a conjuntura demandada, ocorreu na consulta popular que referendou a participação do Reino Unido no bloco econômico da União Europeia. O Brexit, como ficou conhecida a abreviação de *Britain Exit*, expressão inglesa que significa "Saída Britânica", se tornou vencedor do referendo sobre a participação na União Europeia, em uma margem apertada de votos, mas que até o resultado final parecia ser impensável pela força composta ao lado da campanha favorável à permanência e que continha um número maior de partidos apoiadores, entre eles o do então primeiro-ministro britânico David Cameron.

A campanha do Brexit foi brilhantemente retratada no filme homônimo lançado pela HBO em 2019. Demonstrando, na visão do consultor estrategista da campanha vencedora, a necessidade de compreensão do sentimento primordial da disputa até encontrar a mensagem que refletisse o pensamento que pudesse convencer os britânicos a votarem pela saída. O slogan "*Take back control*" ("Retomar o controle", na tradução direta) combinou não apenas um senso de futuro positivo, mas também sugeriu um juízo de propriedade legítima. Representou assim muito mais que uma frase de efeito implacavelmente difundida, deu significado ao desabafo latente de um eleitorado que naquele momento nem sequer entendia por completo as consequências do seu voto no referendo, mas tinha certeza dos anseios manifestados por ele.

O filme discorre marcantemente a aflição vivenciada pelo consultor político em campanhas eleitorais, na busca pela mensagem ideal, que permita desenvolver a comunicação de forma a convencer parcela significativa do eleitorado para levar à vitória. Para isso, a formação da mensagem deve ser realizada de maneira que melhor conjugue a equação eleitoral entre a oferta da candidatura com a demanda eleitoral desejada pela maioria. O resultado da campanha, em grande medida, será dado pelo conceito estratégico aí identificado.

## Formação da Mensagem

Na comunicação política, os protagonistas são as pessoas. Por isso, a formação da mensagem passa necessariamente por pesquisar a opinião delas. Esta é a essência fundamental da diferença entre marketing e propaganda. Um erro clássico é acreditar que pela simples superioridade, de propósito ou de recursos, bastará difundir a pessoa ou ideia que ela será percebida. Equívoco que normalmente é pago com o fracasso ou com resultados medíocres. Quando o objetivo é conquistar eleitores, não se pode dar ao luxo de contar com achismo, intuição ou, pior, ausência de dados confiáveis.

Fundamentais para detectar a conjuntura social, as pesquisas demonstram os anseios, receios e razões dos eleitores. A partir do entendimento profundo dos motivos e desejos, é possível identificar, por exemplo, o fator conjuntural primordial que é traduzido inicialmente em mudança ou continuidade. Um candidato de continuidade em uma eleição de mudança, ou o inverso, terá dificuldades desde a largada. O estudo antecipado do eleitorado converte-se, dessa forma, em questão essencial à medida que pode influir, inclusive, na decisão do candidato em concorrer ou não, conforme a viabilidade da candidatura.

Além da conjuntura, o potencial perpassa ainda pela imagem dos candidatos. E é por meio das pesquisas que podemos entender o perfil desejado e as emoções transmitidas pelos concorrentes. A história de vida, capacidades, trajetória e ações pregressas são fundamentais na percepção da imagem dos competidores. A identificação e associação de atributos com os temas preocupantes propiciam o processo de conexão entre o que o eleitor demanda e o que o candidato tem a oferecer. Para uma crise financeira, por exemplo, necessitamos de atributos relacionados à gestão, austeridade e esforço. Para problemas de insegurança, necessita-se de liderança, firmeza e valentia.

Importante destacar, porém, que uma pessoa que nunca tenha gerido uma birosca não será identificada como gestor pelo simples fato de que a comunicação da campanha assim o "venderá". O risco de uma campanha é crer que, com a finalidade de ganhar, pode oferecer qualquer coisa, ainda que impossível de comprovar ou cumprir. São muitos os casos de candidatos que traem a confiança dos seus eleitores e fracassam por perderem o mais valioso: sua credibilidade. Nesses casos, mais cedo ou mais tarde, a história manda a fatura. Afinal, o eleitor não é bobo e, justamente por já ter se enganado no passado, sabe identificar quando alguém está tentando ser o que não é e, também por isso, prioriza cada vez mais a autenticidade dos pretendentes.

Assim, identificada a demanda conjuntural e de imagem, é a vez de analisar a oferta de candidatos na disputa, o que cada um representa, fraquezas, fortalezas e como são percebidos pelo eleitor. A partir deste diagnóstico, é preciso compreender o contraste da candidatura para então significar o conceito da mensagem, seu posicionamento diante do cenário da equação eleitoral de demanda dos eleitores e oferta dos concorrentes. A mensagem deste modo é o porquê diferencial da candidatura, a razão da existência daquela campanha. Se o candidato não conseguir expressar esse porquê com facilidade e em poucas palavras, provavelmente o eleitor também não saberá e nem o escolherá.

O desafio maior, portanto, é saber interpretar adequadamente a conjuntura, estabelecendo a narrativa que gere credibilidade na busca do consenso em meio a condicionantes complexas e dinâmicas como o contexto político. Eleição não é "caixinha de surpresas". No entanto, é bem verdade que, ao final, quem tiver a interpretação correta e souber desenvolvê-la a seu favor se tornará a "surpresa" daqueles que serão surpreendidos.

## Mensagem Vencedora

Que não existe receita pronta que se aplique às campanhas e que cada eleição e conjunturas são únicas, você já deve estar cansado de saber. Por outro lado, ao unir observação histórica, conhecimento técnico e experiência prática, podemos apontar características essenciais e úteis para que uma mensagem possa ser bem trabalhada a fim de se alcançar a vitória.

Primeiro, ela deve ser única e simples para que todos os potenciais eleitores possam identificá-la claramente e compreendê-la sem necessitar de explicações acessórias. Outra condição é que seja relevante, ou seja, que traduza um benefício direto ou implícito que possa refletir o ponto de vista ao redor do problema a ser solucionado ou da oportunidade a ser conquistada. Também deve ser crível, para atuar em sintonia com o momento social de forma que se instale nas conversas.

Por fim, a mensagem deve ser repetitiva para transmitir com frequência a um eleitor que inicialmente não estará predisposto a recebê-la. Aliás, é cada vez mais difícil fazer com que as pessoas prestem atenção em qualquer coisa hoje em dia. Com estímulos vindos de todas as direções, somos acostumados a ver tudo ao mesmo tempo sem nos prender a nada. Imagina para discursos políticos?

Para isso, será necessário utilizar a criatividade de forma que, pelo contraste com as mensagens adversárias, ganhe destaque e gere sentimentos, positivos ou negativos. Com a repetição, simplifica-se a compreensão para os eleitores, que por sua vez darão seu voto a quem possa identificar, entender e concordar. Neste ponto, é fundamental enfatizar que mensagens que não despertam emoção, tradicionais, moderadas, sem a capacidade de movimentar ou entreter, estão ficando cada vez mais relegadas ao esquecimento. Algo que o psicólogo social francês Gustave Le Bon já alertava desde 1895 na primeira versão de seu livro "Psicologia das Multidões".

Para finalizar com um exemplo, pense em uma das mensagens mais poderosas dos últimos tempos. Retornando ao cenário norte-americano do início do texto, temos o "Nós podemos" de Barack Obama na disputa presidencial de 2008. Simples, relevante e repetida em todos os meios e de todas as formas, a mensagem definia o sentimento de esperança para projetar a emoção de uma parcela significativa de eleitores, não só por meio da imagem que Obama transmitia, como, por exemplo, ser o futuro primeiro presidente negro dos Estados Unidos, mas também pela oportunidade de participar da mudança desejada que estaria por vir. Estratégia, posicionamento, diferenciação e contraste unidos em um só candidato que, por si, foi também sua melhor mensagem.

Passadas duas décadas desde a campanha, marcada como a primeira a usufruir em larga escala o poder das redes sociais de comunicação na política, ainda fica a pergunta: foi esta a "eleição da internet"? Não. Como sempre, foi a eleição da mensagem correta.

Leandro Grôppo é especialista em Comunicação e Marketing Político, pós-graduado em Gestão Pública pela Escola Nacional de Administração Pública, mestre em políticas públicas pela UnB e em comunicação pela UFU, com aperfeiçoamento na George Washington University. Atua há mais de 20 anos em campanhas eleitorais e planejamento de mandatos.

# POSICIONAMENTO E DEFINIÇÃO DE FORMATO: O SEGREDO SÃO OS OUTROS

*Manoel Canabarro*

Comecei no marketing político depois dos 40 anos, vindo do jornalismo, a convite de João Santana, que era então sócio de Duda Mendonça na agência DMMP - Duda Mendonça Marketing Político. Durante os oito anos em que lá trabalhei, mudando definitivamente de profissão, ouvi muitas vezes, do próprio Duda, de João e de outros grandes profissionais, a máxima que pude comprovar em diversas campanhas eleitorais: "Comunicação não é o que você diz, é o que os outros entendem".

Soube depois que o pensamento é do publicitário americano David Ogilvy (Duda Mendonça, "Casos & Coisas", Editora Globo, 2001, pg. 42.), mas como o ouvi (e aprendi) pela primeira vez na Duda, faço questão de dar o devido crédito aos que me ensinaram.

A frase encerra talvez o mais básico e precioso "segredo" da comunicação - e, por extensão, do marketing político: não adianta nada você falar o que quiser se os eleitores não entenderem o que você diz, não estiverem interessados no assunto ou, pior, se entenderem errado. Todo o seu esforço - vale dizer, toda a sua campanha - vai para o ralo.

Parece óbvio, mas não é. A cada eleição, milhares de candidatos cometem o mesmo e velho erro: confiar no seu *feeling* pessoal e na opinião do círculo de familiares, amigos e assessores para definir o posicionamento estratégico da candidatura e a linha de campanha – sem saber como os eleitores vão receber e processar a mensagem. Partir do princípio de que "todo mundo sabe do que estou falando" explica boa parte das campanhas fracassadas e derrotas inesperadas.

Não se trata do velho cacoete populista de "só dizer o que o povo quer ouvir", é bom deixar claro. Mas sim de saber como a maioria do eleitorado vê, ouve, sente, entende e explica a realidade. E, a partir daí, estabelecer não só uma efetiva comunicação com o público, mas ganhar sua compreensão, aprovação e, principalmente, seu voto. Tarefa ainda mais essencial e necessária depois que as redes sociais fatiaram o público em inúmeras tribos, bolhas, clubes e grupos, exigindo estratégias específicas para cada um dos diversos segmentos de eleitores.

Há cada vez mais "outros" do lado de lá da comunicação. Tentar conhecê-los, buscar saber a fundo os sentimentos, os desejos, as necessidades, os sonhos e a maneira de ver o mundo dos diversos públicos, como entendem e reagem aos estímulos e informações que recebem, é meio caminho andado para chegar-se a um correto posicionamento estratégico e, com ele, a uma campanha eleitoral bem-sucedida.

Geralmente, é só a partir do correto posicionamento que nascem as boas campanhas: conceito, slogan, logomarca, partido gráfico, discurso, atitudes, tom, temas, propostas, site, redes sociais, linhas de defesa, argumentos para debates e demais peças publicitárias propriamente ditas. E como o espírito deste livro é falar de marketing político na prática, conto a seguir um case que demonstra o valor e a sutileza do correto posicionamento estratégico numa campanha eleitoral (por questões de ética e confidencialidade, estão vetados neste livro nomes de candidatos, partidos e outras informações que os identifiquem claramente).

## Caminho livre para a migração de votos

Dois meses antes do início do horário eleitoral, o quadro da disputa de uma determinada eleição estadual, na qual coordenei o marketing e a comunicação, tinha a seguinte configuração:

Do lado adversário, o governador em primeiro mandato, candidato à reeleição. Político veterano, ex-ocupante de cargos importantes, conhecido praticamente por 100% da população, tinha uma boa imagem pessoal e uma gestão relativamente bem avaliada. Era visto pelo povo como pessoa simples e acessível que, ao longo de 30 anos de vida pública, nunca se envolvera em escândalos ou crises.

Do outro lado, nosso cliente: um político desconhecido do grande público, 20 anos mais moço que o adversário, ex-prefeito de uma importante cidade do interior. Sua atuação como gestor municipal durante dois mandatos consecutivos era muito elogiada pelos habitantes da cidade, mas pouco conhecida dos eleitores do resto do estado, incluindo a capital, que detinha cerca de 40% dos votantes.

Não havia terceira força: nenhum dos demais possíveis candidatos ultrapassava a casa dos 5% de intenções de voto nas pesquisas. O embate, ao que tudo indicava, seria mesmo entre o veterano e conhecido governador e o jovem e desconhecido ex-prefeito do interior. Mas não chegava a haver polarização, em função do clima de tranquilidade política reinante e dada a assimetria de conhecimento do público acerca dos dois candidatos. Este quadro indicava que, se houvesse migração de votos, esta se daria diretamente de uma candidatura para a outra, sem paradas temporárias de eleitores em candidaturas intermediárias, como é comum acontecer quando há três ou mais candidatos razoavelmente competitivos no início da corrida eleitoral.

Não era esse o caso. Para ganhar, nosso cliente teria de tirar votos diretamente do principal oponente. E aqui nossa primeira conclusão importante: se queria atrair eleitores que hoje estavam com o governador, detentor de boa imagem e querido pela população, nosso candidato não deveria ser ou parecer agressivo, nem criticá-lo em termos pessoais e muito menos menosprezá-lo.

Tal comportamento certamente provocaria a rejeição dos eleitores que agora estavam com o adversário e que pretendíamos conquistar. Era necessário deixar livre e desimpedido o caminho entre os dois candidatos, manter a porta aberta para permitir ao eleitor migrar de um lado para outro de maneira natural e sem constrangimentos. Isso só seria possível se tratássemos o oponente com respeito, educação e seriedade, numa campanha sem agressividade (firmeza é outra coisa), sem pegadinhas em debates, sem ironias ou críticas de natureza pessoal e sem passar do ponto no julgamento da gestão do adversário.

## O efeito Collor

As pesquisas quantitativas indicavam o favoritismo do governador, que estava entre 10 e 15 pontos percentuais à frente do nosso cliente e vencia em todas as simulações de 1º e 2º turnos. Com a realização de algumas rodadas de grupos qualitativos, fomos procurar entender as razões desta preferência.

O povo se declarava satisfeito com a vida e orgulhoso de sua terra, sua cultura, costumes, gastronomia e belezas naturais. Em relação ao governo estadual, o estado de espírito era, digamos, okay. Não havia grandes insatisfações, denúncias ou manifesta vontade de mudança. Mas também não havia paixão ou entusiasmo. E quando a análise sobre a gestão descia aos detalhes, uma fragilidade emergia: nos diversos grupos, mesmo entre aqueles que diziam já ter decidido o voto no governador, os eleitores não conseguiam apontar um programa, um setor ou uma realização que se destacasse e sustentasse a aprovação. Nada tinha *recall* significativo, e a ação melhor avaliada não chegava a 9% de indicações.

Era, na verdade, um governo medíocre, sem marcas ou avanços, cuja continuidade, se não gerava oposição, também não animava ninguém. A aprovação da gestão se baseava fundamentalmente na boa imagem pessoal do governador, somada à falta de alternativas conhecidas e confiáveis na oposição. O quadro não era de crise aguda nem de mudança urgente, mas, abaixo da superfície, parecia propício ao surgimento de um novo nome, desde que acompanhado das credenciais necessárias: confiabilidade, capacidade comprovada, pé no chão e propostas inovadoras para as principais áreas. Ninguém queria entrar em aventuras arriscadas.

Decidimos ocupar justamente este vazio, posicionando nosso candidato como uma alternativa melhor e tão confiável quanto o governador. Entre alguns partidos da nossa coligação, que não conheciam os detalhes sutis captados nas qualitativas, havia a ideia de que a melhor estratégia era partir para uma típica campanha de oposição, incisiva com as falhas do governo, repisando as carências da população e fazendo a denúncia contundente do marasmo da gestão. Nossa conclusão, porém, foi de que provocar o confronto direto entre o jovem candidato desconhecido e o veterano candidato com boa imagem não seria a melhor escolha.

Desde o *impeachment* do ex-presidente Collor, a imagem do candidato jovem, impetuoso e agressivo que havia arrebatado os eleitores e vencera a primeira eleição direta para presidente depois de 21 anos de ditadura, havia se transformado em arrogância, despreparo e falta de respeito – características maciçamente rejeitadas pelos eleitores. Não queríamos correr o risco de fazer do governador respeitado e benquisto uma vítima da insolência arrogante do candidato mais jovem.

Extraído dos grupos de pesquisa qualitativa, o *insight* de que o mais importante era conquistar a confiança do eleitorado, já que a inevitável comparação entre o marasmo do governo estadual e o dinamismo da gestão municipal naturalmente deixaria evidente a grande capacidade realizadora do ex-prefeito, também foi central para a definição do posicionamento da candidatura.

## Respeito é bom e o eleitor gosta

Ao longo da campanha, nosso cliente em nenhuma vez criticou o governador diretamente ou no plano pessoal, nem caiu na armadilha de estabelecer comparações de desempenho baseadas na diferença de idade entre eles, por exemplo. Ao contrário, o tom do jovem candidato, tanto nos programas e comerciais do horário eleitoral, quanto nas entrevistas e debates, sempre foi sereno, respeitoso e focado em propostas.

Dada a sólida autoestima da população e seu reiterado orgulho da terra, nosso cliente evitou outra velha tentação que muitas vezes encanta os candidatos de oposição, que é carregar nas tintas na hora de fazer o diagnóstico dos problemas, apresentando um espelho repulsivo demais aos eleitores e provocando sua rejeição. Ele evitou aquele discurso de que "tudo aqui está mal e nada funciona". Afinal, não era assim que os eleitores viam o governo estadual e sentiam sua terra.

O ex-prefeito apontava os problemas de maneira tranquila e ponderada, consciente de que a maioria já conhecia a realidade e não precisava que alguém viesse mexer na ferida. Ele se concentrava basicamente em apresentar soluções e saídas para as principais questões, com propostas claras e pacientemente explicadas, permitindo ao eleitor acompanhar o raciocínio e certificar-se da viabilidade dos planos. A noção de quanto o governo do estado poderia melhorar com a eleição de nosso cliente era transmitida, objetiva e subliminarmente, através das propostas inovadoras que ele apresentava, sempre calçadas em realizações semelhantes ocorridas na prefeitura, e que criavam de imediato um contraste negativo com a mediocridade da gestão do adversário. Os eleitores começaram a gostar cada vez mais da boa nova que lhes era apresentada.

Para evitar o que chamávamos de "efeito Collor", as propostas eram sempre formuladas didaticamente, com riqueza de detalhes sobre como iriam funcionar ou ser implementadas. Sustentando a credibilidade de nosso candidato, mostrávamos as imagens das inúmeras obras e ações realizadas por ele quando prefeito, sempre corroboradas pelo depoimento entusiasmado dos habitantes da cidade. Para completar, nosso candidato anunciava as fontes de financiamento, no Brasil e no exterior, onde pretendia buscar os recursos para seus projetos – demonstrando conhecimento da burocracia federal, intimidade com órgãos multilaterais de fomento, e evidenciando, sem mencionar a diferença de idade, as vantagens decorrentes do entusiasmo, da garra e da disposição de um político cheio de gás e com vontade de acertar.

Este posicionamento estratégico – atitude respeitosa e educada para com o adversário mais velho, campanha sem ataques e preponderantemente propositiva, amparada na experiência anterior demonstrável do candidato – foi plenamente percebido e aprovado pelos eleitores, que comentavam sobre a cordialidade, simplicidade e clareza do jovem candidato. Com isso, sentiram-se perfeitamente à vontade para migrar da intenção inicial de voto no governador para seu adversário direto sem inibições. Em apenas 14 dias de horário eleitoral (numa campanha com 47 dias de duração), nosso cliente subiu nada menos do que 15 pontos percentuais e assumiu a dianteira das pesquisas, enquanto o adversário caía 10 pontos.

## Os experientes também erram

Numa eleição, como em quase toda a disputa, geralmente ganha aquele que erra menos. Surpreendido com a fulminante subida de seu adversário assim que o horário eleitoral teve início, o governador começou a errar já na segunda semana de campanha na TV.

Em vez de fazer a sua campanha e mostrar o seu trabalho, preocupou-se em ver (e tentar responder a) a nossa. Primeiro, tentou minimizar as realizações do adversário na prefeitura, argumentando que administrar uma cidade do interior era bem diferente (e mais fácil) do que governar um estado. Como o argumento não funcionou, gastou seu precioso tempo tentando mostrar que nossas propostas eram inviáveis, mentirosas ou impagáveis, dando cartaz e presença para nosso programa de governo.

Quando, após cerca de 20 dias de campanha, as pesquisas mostraram que o ex-prefeito aumentava a diferença, o samba atravessou de vez no lado adversário. O governador perdeu o controle da agenda de sua própria sucessão, deixando de fazer sua campanha para criticar a do outro. Sentindo o bafo azedo da derrota, deixou a bonomia de lado e partiu para o ataque, com críticas pessoais e insinuações contra a honra do adversário - o que só fez aumentar a sua rejeição e ampliar a diferença a favor do ex-prefeito. Este, coerente com seu posicionamento estratégico, não caiu no jogo de revidar as críticas e manteve-se fiel à linha de apresentar projetos para o Estado.

Na reta final do horário eleitoral, deu-se o inesperado. Em vez de um jovem arrogante atacando o respeitado e veterano político, a população assistiu ao espetáculo oposto: um governador nervoso, irritado e sem argumentos, esbravejando na TV contra o ex-prefeito educado e respeitoso, que não revidava às críticas e insistia numa campanha serena e alto astral. O resultado? O ex-prefeito venceu a eleição já no 1º turno, destronando o governador e protagonizando a única virada eleitoral registrada naquele ano no país.

Conclusão: não existe eleição ganha por antecipação. Cada disputa é diferente das outras, ainda que quase todos os candidatos sejam os mesmos. O que vale para um pleito pode já não valer para o seguinte. Porque as circunstâncias mudam - nunca se sabe quando virá uma crise, um *impeachment*, uma facada, uma pandemia, uma decisão judicial. O problema é que os eleitores mudam junto. Compreender este fato simples - e não esquecê-lo na próxima campanha - pode ser a solução.

Manoel Canabarro trabalha em marketing político há 24 anos. É um dos fundadores da MPB Estratégia e Criação, empresa que fez várias campanhas para prefeito, governador, senador e presidente no Brasil, Argentina, Colômbia e República Dominicana.

# CONHECER A MÍDIA PARA SE DAR BEM

*José Carlos Menezes*

Para "lidar bem com a mídia" é preciso conhecê-la.

O conceito de mídia, como conhecemos hoje, foi definido por Marshall McLuhan, educador e teórico da comunicação, conhecido pela sua afirmação de que "o meio é a mensagem" e não ao contrário. Ele trouxe para o centro da discussão a importância e a influência do "veículo" na formação dos conteúdos. McLuhan cunhou também o termo "aldeia global", para um tempo em que os meios de comunicação transformaram o mundo, com a quebra das fronteiras geográficas, culturais e sociais. Segundo McLuhan, as mídias amplificam e aceleram processos já existentes, mudam as dimensões de associação e vão muito mais longe que os seus conteúdos específicos. E podem ser vistas e estudadas como linguagens separadas, já que cada uma delas tem o seu próprio modo de "falar", com seus sistemas e estruturas específicos.

## Do telefone ao rádio, do rádio à internet

Foi no século XX que os meios tiveram grandes avanços tecnológicos, permitindo uma comunicação cada vez maior e mais rápida entre pessoas e grupos – a chamada comunicação de massa – do telefone ao rádio em 1901, do rádio à televisão em 1924/35/39 (Londres, Paris e EUA, respectivamente) e 1953 no Brasil.

Neste período, foram grandes os saltos na comunicação, mas o maior deles acontece com a internet. Criada para fins militares (uma rede de computadores em 1969), passa em 1980 a ser usada em pesquisas nas universidades.

O uso comercial vai acontecer na metade dos anos 1990. Em 1995, começa a ser implantada de fato no Brasil, apresentado ao sistema de banda larga em 2000. A internet, a rigor, não é um veículo, em que pesem as grandes mudanças que provocou na comunicação. Ela serve como abrigo e ponte para todos os veículos que lhe antecederam e é nela que os novos meios se instalam.

É este em linhas gerais o universo que precisamos entender, em todas as suas nuances, qualidades e peculiaridades, para obter sucesso na comunicação, no "lidar com a mídia", não importa se individualmente ou em grupos.

## Sucesso na mídia sem fórmula mágica

Boa parte dos personagens do mundo da política acredita em fórmulas mágicas para lidar com a mídia. Que é possível, através de talento, habilidades ou posição na sociedade, dominá-la de acordo com os seus interesses. A tendência é se dar mal. Para se dar bem na mídia é preciso conhecê-la. Entendê-la, sob o ponto de vista dos seus veículos, suas motivações, interesses, objetivos políticos, econômicos e sociais, pois é com base neles que a mídia e a sua linha de frente, os jornalistas, vão "entender" e lidar com o mundo da política.

Uma regra básica para isso é que o fato, evento ou pessoa precisam ter alguma relação com algo, fato ou alguém que já conhecemos, ainda que superficialmente, para "virar" notícia. Ninguém se interessa por uma "notícia" da qual não se sabe absolutamente nada, nem se consegue fazer, pelo menos, uma conexão, com algo que já conhecemos.

Para lidar bem com a mídia é preciso também conhecer e respeitar as suas regras, rituais e limites, o ordenamento próprio do que vamos chamar aqui genericamente de jornalismo, com as suas técnicas específicas, ideologias e padrões éticos, que variam de veículo para veículo, inclusive entre os chamados *influencers* do mundo da internet. Por fim, é preciso saber qual a credibilidade e a reputação do veículo e do seu representante com os quais interagimos. Credibilidade e reputação estão umbilicalmente associadas aos níveis de audiência, ao público que o veículo atrai, que acredita nele e o prestigia. Quanto mais audiência, mais credibilidade e reputação.

## A mídia tem poder e exige respeito

Apesar de todo o seu poder, nenhum veículo, principalmente sozinho, é suficiente para eleger candidatos, construir boas reputações, assegurar o sucesso de uma administração. Por outro lado, apenas um deles, dependendo da sua força (credibilidade e audiência) pode arruinar a carreira/reputação de qualquer político, entidade, pessoa, empresa, administrador público, porta-voz...

A mídia tem poder, muito poder, principalmente quando se dedica à desconstrução. Por isso, é preciso respeitá-la, ainda que sem se submeter, virar refém de veículos, jornalistas ou *influencers*, por mais atraentes que possam parecer. A mídia não costuma ser fiel. O seu apoio e simpatia variam dependendo para onde estão soprando os ventos.

Outro ponto de atenção é o mundo da internet. Nesse espaço, onde circula todo tipo de "notícia", verdadeira ou falsa, é preciso fazer algumas distinções entre os vários formatos de mídias (social, digital, redes, canais de marketing...). Para a comunicação que estamos lidando aqui, podemos simplificar em dois: as plataformas, com ênfase na comunicação (mídias digitais), mas que não permitem muita interatividade, e as mídias sociais, em que a interação, o compartilhamento de informação e comentários não só são permitidos, como muito bem-vindos. A exceção é o YouTube, que trafega entre dois tipos e é onde vamos encontrar, com mais frequência, em alguns casos com exclusividade, o que se convencionou chamar de *influencers*.

Mas, independentemente das suas características, todos os tipos de mídia têm algo em comum. Necessidades, *timing*, interesses, abordagens, protocolos, preconceitos... É preciso conhecê-los para ter sucesso no relacionamento e, no melhor dos mundos, passar a ser o personagem em que todos confiam, procuram para se informar, para o qual estão sempre dispostos a abrir espaços, disputados e citados positivamente por comentaristas e *influencers*. Sem respeito a essas peculiaridades, a tendência é fracassar na relação.

## Os passos para se conquistar a mídia

Existem pessoas que parecem conhecer todos os "segredos" para se transformar em objetos de desejo da mídia, aparecendo quase sempre positivamente, mesmo quando donos de um gênio explosivo e de posições políticas controversas, outras fracassam redondamente por não respeitarem os requisitos básicos, os passos necessários para a conquista.

1. Fonte: quem sempre tem alguma informação preciosa para dar ocupa um lugar especial no noticiário, nas entrevistas, nos comentários, são citados habitualmente pelos colunistas e *influencers* e convidados para *lives* etc.
2. Momento certo e objetividade: jornalistas, *influencers*, comentaristas... todos são dependentes de horários rígidos para fazerem a "entrega" dos seus materiais. É preciso respeitar esses prazos e ser sempre muito objetivo.
3. Quebrar o gelo, mas não enrolar: a conversa informal, preliminar, antes da entrevista funciona como quebra-gelo para sentir o ânimo e as intenções do entrevistador, dando tempo para que ambos se preparem adequadamente para o que vem em seguida. Pode ser aproveitado também para as fotos e imagens.
4. Preparo para a entrevista: saber muito bem quais os assuntos mais prováveis abordados pelos jornalistas e estar sempre preparado para enfrentar possíveis surpresas é importante. E regra de ouro: nunca enrolar, nunca tentar falar sobre o que não sabe.
5. Organização para encontro: na coletiva ou na entrevista individual, é importante estar organizado. E isso vale também para auxiliares. O lugar onde será realizada, a precisão e a coerência nas respostas, oportunidades iguais para que todos os entrevistadores possam

perguntar. Numa coletiva formal, o uso de um porta-voz e/ou assessor de imprensa para conduzir o evento é desejável.

6. E nunca, nunca mesmo, se retirar bruscamente. Agradecer a presença e se despedir. Boa educação é bem-vinda e conta pontos.
7. Ser original e bem-humorado, mas não a qualquer preço. Todo cuidado é pouco para não cair no ridículo ou exagero.

## Se dar bem no mundo digital

Se o relacionamento com a mídia tradicional é aparentemente mais tranquilo, o mundo digital parece mais inquietante. São muitas as dúvidas sobre como se posicionar e conseguir bons resultados, principalmente na relação com os chamados influenciadores digitais.

A grande diferença entre os *influencers* do mundo digital e os do mundo presencial é – basicamente – o fato destes últimos serem "donos" dos seus canais e permitirem uma interatividade e compartilhamento de conteúdos que não encontramos, com a mesma força e características, na mídia tradicional.

Como chegar então nessas pessoas e mais especialmente nos seus seguidores? Quando ligados aos veículos tradicionais, onde atuam também na maioria das vezes como comentaristas, colunistas e/ou apresentadores, a abordagem é relativamente mais fácil. Mas ainda assim, todos de alguma forma são atores individuais e solitários, que costumam ser muito parcimoniosos na divisão dos seus espaços com eventuais convidados e fontes.

Seja como for, entra aqui também o conceito de fonte. Ser uma fonte de informações para essas pessoas, principalmente se houver alguma compatibilidade com as suas "especialidades" e/ou posições político/ideológicas, facilita o acesso aos seus "programas" e até mesmo – especialmente entre os *podcasters, youtubers e blogueiros* – ser convidado para uma "conversa", as disputadas *lives* e entrevistas exclusivas.

Uma boa rede de relacionamentos ajuda muito para "chegar" a esses personagens. Uma reputação sólida, positiva, nas redes sociais é muito útil como elemento de atração. Importante, também, interagir, compartilhar, comentar as postagens dos *influencers,* estar presente nos seus espaços, criando algum tipo de relacionamento, pontes futuras para ser citado e procurado por eles.

O que desperta muito a atenção dos *influencers* está no que as pessoas representam, nas suas bandeiras, nas causas que defendem e no fato de estarem envolvidas em determinadas situações, que são do interesse desses influenciadores. Não se deve esquecer, ainda, é que influenciadores que atuam também nos meios tradicionais podem abrir as portas dos veículos onde possuem espaços, divulgando ideias e projetos dos personagens com os quais têm alguma sintonia.

Outro meio para se chegar a esses influenciadores é criar redes de relacionamento que façam com que o candidato a entrevistado, a fonte, consiga uma aproximação qualitativa com esses personagens. Ser amigo dos amigos, ter informações para passar, estar presente nas redes, compartilhando conteúdo, fazendo comentários, citando-os nos seus espaços e postagens, são ações úteis para se tornar atraente. *Influencers* têm muito interesse por quem "brilha" nas redes sociais. Ninguém faz sucesso entre os *influencers* sem estar também presente nas redes.

## Coisas para não esquecer

- Sejam *influencers*, repórteres, colunistas, apresentadores ou comentaristas, não importa, todos têm características, qualidades, defeitos e comportamentos em comum que é preciso conhecer – não esquecer – para facilitar o relacionamento:
- Notícia/informação é o que alimenta o jornalista, a razão única da sua existência. É isso que ele quer na relação com seus contatos.

- Os jornalistas, com exceção de alguns *influencers* donos do próprio nariz, pertencem a alguma organização e é preciso saber qual é a linha do veículo ao qual ele está ligado.
- O jornalista é preocupado com a concorrência e está sempre à procura de alguma notícia/informação exclusiva. É a melhor moeda de troca para conseguir espaço.
- Todo jornalista quer ser bem-sucedido e paga um bom preço para isso. Informações valiosas abrem espaços, criam vínculos.
- O jornalista não é um detentor de conhecimento em todas as áreas. É preciso paciência e explicar-se direito para não ser mal-entendido.
- Chame o jornalista pelo nome, mencione o veículo ao qual pertence, mas não faça disso um mantra, repetindo, repetindo...
- Não fale mal dos outros. Crítica é uma coisa, maledicência e/ou fofoca é outra.
- Não confunda cordialidade com cumplicidade. O jornalista não é cúmplice nem amigo do entrevistado.
- Jornalistas podem ser duros. Não vale reagir, mesmo que só demonstrando impaciência. Apresente os pontos de vista com objetividade e firmeza. Cordialidade e educação ganham pontos, facilitam o relacionamento.
- Cuidado com dados, números e estatísticas. O ideal é ter tudo por escrito. Consultar anotações não desmerece ninguém.
- O jornalista sério quer notícia e não presentes. Mas, se por acaso, ele for do tipo chegado a um "mimo", convém afastar-se o mais rápido possível. Esta relação só vai dar dor de cabeça.
- Entrevista não é duelo nem palanque, com discursos e argumentações "no grito". Não é também exibição de talentos. Espetáculos são para outros palcos.

- Se tem algo a esconder, cuidado. Se tiver, vai ser preciso falar sobre o assunto, mais cedo ou mais tarde. Mas sempre vale o conselho: só fale o que puder.
- Fale "português". Usar a linguagem empolada e/ou erudita faz com que a pessoa não seja entendida. Jornalista não é tradutor.
- Não seja repetitivo. Acrescente coisas novas. Se pressionado, não se irrite, nem extrapole. Quem está bem preparado responde "na medida".
- Seja pontual e cordial, não improvise, não crie situações de risco. E não se deixe intimidar por mais difícil que seja a situação. Equilíbrio é tudo.
- Ser respeitoso ganha pontos. Se as perguntas e comentários forem perigosos ou incômodos, basta ganhar tempo. Mas se não quiser responder é só dizer que não vai. Educadamente. Ninguém é obrigado a falar o que não quer.
- E nunca, nunca mesmo, peça para ver antes o que será publicado. Existem meios para contestar depois. Censura prévia só cria problemas.

## Se prepare com *media training*

A mídia gosta de quem fala bem em público, se expressa com clareza, segurança, objetividade e competência. Mas é preciso se preparar, e um dos melhores instrumentos para isso é o *media training*.

Com ele, é possível aprimorar a comunicação, criar segurança para enfrentar situações, se posicionar corretamente em frente às câmeras, se movimentar adequadamente (expressão corporal também é uma forma de se comunicar), seja numa entrevista com um único jornalista ou numa coletiva.

Pode parecer, com todos esses aconselhamentos, que a mídia é um "bicho-papão", que é preciso estar mais do que preparado para lidar com ela, estudar muito, fazer mestrado, doutorado e tudo isso ainda não será suficiente para um bom relacionamento. Na verdade, tudo que foi dito aqui pode ser resumido em atenção, honestidade, franqueza, verdade e em tratar a mídia e os seus representantes – os jornalistas – com educação, sem submissão, mas usando a verdade como a sua principal força no relacionamento.

José Carlos Menezes é jornalista, publicitário, consultor nas áreas de marketing político e comunicação institucional para instituições públicas e privadas. Tem em seu currículo dezenas de campanhas eleitorais, no Brasil e no exterior.

# NÃO É "MIMIMI" – COMUNICAÇÃO POLÍTICA PARA MULHERES É DIFERENTE?

*Gil Castillo*

Quem assistiu ao filme "Estrelas Além do Tempo", que retrata a vida de três mulheres afrodescendentes, cientistas do Centro de Pesquisas Langley, da NASA, nos anos 1960, deve lembrar-se da cena em que uma das personagens precisa percorrer uma longa distância para usar o banheiro, pois no local de trabalho não havia toalete feminino. O filme não ficcional traz uma série de outros desafios enfrentados por Katherine Johnson, Mary Jackson e Dorothy Vaughan, que ousaram romper barreiras, conquistando um espaço importante de participação feminina nas ciências e no mercado de trabalho, com o componente adicional de vencerem o preconceito racial.

Mas é a cena do banheiro que merece atenção por seu paralelo com outra história, que tem uma representação simbólica importante para o nosso tema. Em 2015, a construção de um simples banheiro rendeu, ainda que não de forma retumbante, algumas manchetes aqui no Brasil. Trata-se do banheiro feminino no plenário do Senado Federal, em Brasília. Assim como na história das cientistas norte-americanas, as senadoras brasileiras precisavam abandonar a sessão e usar o banheiro feminino localizado num restaurante ao lado, sempre que necessitassem. Mesmo essa solução no restaurante foi pensada apenas em 1979, quando a primeira senadora eleita, Eunice Michiles, assumiu seu mandato, ou seja, a existência de um banheiro feminino no plenário do Senado, aparentemente, nunca fez parte do projeto original.

Brasília foi projetada por Lúcio Costa e Oscar Niemeyer para ser uma cidade moderna, inclusiva, além de ser uma obra-prima de metáforas em forma de arquitetura. Simbolismos que remetem à democracia, à justiça, à liberdade, entre tantos outros. Por mais que a questão do banheiro possa parecer trivial, ela também nos deixa uma forte mensagem: a da exclusão que se torna natural, institucionalizada, aquela que quase ninguém vê. Trata-se de uma questão sutil, mas que dia após dia, converte-se em mais um dos inúmeros elementos de desigualdade que limitam a participação da mulher na política e que, nesse caso, precisou de 55 anos para ser reparado.

A esse exemplo figurativo, podemos somar dados estatísticos que complementam o porquê da importância e da urgência da criação de mecanismos que proporcionem uma maior participação das mulheres em cargos políticos, entre eles uma melhor compreensão das similaridades e diferenças entre a comunicação política e eleitoral para homens e mulheres.

## Contra fatos não há argumentos

Tratando das questões estatísticas sobre a participação feminina na política, o Brasil ocupa vergonhosas posições. Segundo dados da União Interparlamentar (*Inter-Parliamentary Union*), que divulga estudos com atualização constante feitos com base na avaliação das casas parlamentares, ocupamos o 142º lugar entre 192 países, no ranking de participação de mulheres na política. Se comparado aos nossos vizinhos sul-americanos, temos a Argentina com uma colocação muito superior, no 20º lugar mundial. Infelizmente, ao focarmos na América Latina, ocupamos a penúltima posição, à frente apenas do Haiti, cujo histórico de guerras, calamidades e sucessivas crises políticas o colocam na condição de um dos países menos democráticos da nossa região, muito diferente do status que o Brasil ocupa no mundo em tantos outros temas. Há vários pleitos, por exemplo, nossa Câmara dos Deputados não ultrapassa a média dos 15% de mulheres eleitas. Mesmo assim, esse pequeno percentual tem sido responsável por importantes avanços, graças à Bancada Feminina.

Formada em 1986, durante a Assembleia Constituinte, sua criação só foi possível pelo momento de abertura democrática que o Brasil vivia e pelo significativo aumento de mulheres eleitas, passando de 8 na legislatura anterior, para 26 naquele ano. Embora com um número muito aquém do ideal e talvez por ser diverso, formado por mulheres de vários partidos, orientações ideológicas e oriundas de diversos estados, esse grupo parlamentar tem sido responsável por melhorias de grande impacto na sociedade.

Graças à Bancada Feminina, tivemos evolução em leis que melhoraram as condições de trabalho, os direitos de crianças e adolescentes, as relações familiares, as questões de violência de gênero, violência doméstica e, inclusive, alterações na Legislação Eleitoral, entre elas a adoção do sistema de cotas de participação, no fim dos anos 1990, fator que vem possibilitando pelo menos os 15% de cadeiras ocupadas por mulheres e, mais recentemente, a ampliação de direitos, como a determinação de cotas de fundo eleitoral para essas candidaturas, fatos que ajudam a equilibrar minimamente o jogo e a corrigir desigualdades históricas.

Logicamente que o sistema ainda é insuficiente e falho, com brechas que em alguns casos facilitam o uso dessas cotas nas chamadas candidaturas "laranja", as candidaturas falsas, que servem para desviar os recursos destinados às mulheres e direcioná-los para o financiamento de candidaturas masculinas. Essa prática não é uma exclusividade brasileira, mas por aqui ganhou requintes que mereceram inclusive uma análise externa, como a da Dra. Kristin Wylie, da Universidade James Madison, intitulada "Candidaturas laranja, cotas e manobras institucionais nas eleições legislativas brasileiras" (*Extreme Nonviable Candidates and Quota Maneuvering in Brazilian Legislative Elections).*

Em contrapartida, felizmente, o TSE - Tribunal Superior Eleitoral, tem apertado o cerco sobre esse tipo de prática. Cabe a toda a sociedade, especialmente a nós, profissionais comprometidos com o Código de Ética de instituições como o CAMP - Clube Associativo dos Profissionais de Marketing Político, tomarmos posição contrária às manobras que, assim como essa, firam a Legislação e tragam desequilíbrio ao exercício democrático.

Este tema é vasto e mereceria muitas páginas de atenção, abordando também as questões das minorias, por exemplo, mas essa introdução tem o objetivo de contextualizar que embora as mulheres sejam a maioria da população brasileira, com 51,8%, segundo dados do IBGE, e a maioria do universo eleitoral, com 52,8%, segundo dados do TSE, o número de políticas eleitas não espelha a sociedade, mesmo que o Brasil já tenha elegido uma mulher para a Presidência da República. Essa realidade tem implicações relevantes nas estratégias de comunicação política e eleitoral, que precisam ser melhor compreendidas. Os dados estatísticos servem para comprovar que há muito trabalho a se fazer e que a questão dos direitos das mulheres ultrapassa qualquer questão ideológica. Como disse a ex-presidente do Chile, Michelle Bachelet, durante sua campanha presidencial, em 2006, *"Quando uma mulher entra na política, muda a mulher. Quando muitas mulheres entram na política, muda a política"*.

## Tendências latentes

Ao longo dos anos de trabalho, tive a oportunidade de coordenar a comunicação de campanhas eleitorais e de governos de um número muito maior de clientes homens do que de mulheres. Pura questão estatística. Porém, essa experiência proporcionou uma visão interessante de alguns fatos, que considero importantes serem relatados neste capítulo.

Partindo do mais primário deles é que a opinião pública tem um fator determinante nos planejamentos estratégicos de comunicação e é seu ponto de partida. Sendo assim, vale ilustrar com a frase, tão indefectível quanto óbvia, de Paul Lazarsfeld, que define o Marketing Político e Eleitoral como sendo "*o mecanismo de ativação das tendências latentes*". Ou seja, se o marketing político e eleitoral é o conjunto de técnicas que nos ajuda a compreender melhor o que pensa o cidadão e o eleitor e que possibilita transformar essa compreensão em argumentos de comunicação que geram sintonia e ativam anseios e tendências desse mesmo cidadão-eleitor – seja para ressaltar unanimidades, seja para criar novos hábitos sociais, então não podemos ignorar que uma sociedade que trata a maioria da sua população como minoria em termos de participação precisa ser estudada e considerada dentro desses parâmetros, com ajustes para cada cultura, já que esse é um tema presente em todo o mundo.

Para ilustrar a percepção sobre os sentimentos latentes e a maneira de manejá-los, tomemos como exemplo uma campanha eleitoral em um pequeno país africano, no início dos anos 2010, cuja candidatura era feminina e seus principais oponentes, homens.

Pela proximidade do período eleitoral quando o trabalho foi iniciado, o passo mais urgente foi a aplicação de uma pesquisa quantitativa de profundidade, com várias questões abertas para aferição também de alguns dados qualitativos, com a maior rapidez possível, gerando uma visão abrangente da situação para, em seguida, focar-se nas questões pontuais que chamassem atenção, por meio das investigações qualitativas.

Nesse primeiro momento, dados sobre intenção de votos, quando cruzados com outros sobre a percepção da imagem dos candidatos, apontavam para um fato curioso: muitos dos eleitores que consideravam a candidata muito preparada e qualificada para o cargo de presidente afirmavam não votar nela. O universo dos entrevistados que trouxe essas respostas era predominantemente masculino. Ao aprofundar a análise dessa questão, foi possível observar que muitas das afirmações vieram de maneira bem direta: "*porque é mulher*", seguidas de frases como "*vai trabalhar contra os homens*", "*vai dar muitos direitos às mulheres*" e, quando estimulados a explicar melhor, "*porque fez a lei contra os homens*".

A lei a qual esses eleitores se referiam era a Lei Contra Violência Doméstica, assinada pela candidata durante um de seus mandatos parlamentares. Esse documento foi de consenso entre os legisladores, em sua grande maioria homens.

Aproveitando-se das tendências latentes, da qual falou Lazarsfeld, em uma sociedade que não vê problemas em expor publicamente as diferenças que enxerga entre direitos para homens e mulheres, os opositores já estavam há algum tempo estimulando sentimentos, atribuindo à candidata a responsabilidade exclusiva de uma lei que, num entendimento distorcido, teria a finalidade de enviar à cadeia ou propor sanções aos homens de forma sumária.

Para contrapor essa opinião, iniciou-se uma campanha de comunicação e de mobilização que buscava esclarecer sobre a Lei, explicando que a violência poderia atingir a todos, afinal homens também poderiam ser agredidos e crianças ou idosos eram vítimas em potencial. Além disso, o apelo emocional, a tendência latente para contra-argumentar os boatos, foi o fato de que ninguém quer ver suas mães, irmãs e filhas sendo agredidas. A lei serviria para todos, representava um grande avanço para a sociedade e a candidata tinha muito orgulho de tê-la assinado. Essa argumentação foi positiva, pois permitiu que nas aferições seguintes o número de pessoas que a rejeitavam diminuísse significativamente, notando-se uma inversão no teor das respostas.

Essa experiência eleitoral citada como exemplo serviu para demonstrar que as questões culturais de uma sociedade fortemente patriarcal interferem diretamente na escolha eleitoral e que a estratégia não pode estar alheia a elas.

## A "Garota de Khol" - Arquétipos e estereótipos

Angela Merkel foi uma forte liderança que conduziu a Alemanha por 18 anos. Mas, mesmo a Chanceler que passou seu mandato enfrentando os desafios de uma Europa em mudança e o terminou após a gestão do país frente à pandemia do coronavírus, precisou de muito tempo para deixar de ser a "Garota de Khol" - em referência ao seu antecessor - para se tornar

Merkel. Esse exemplo mostra que a construção da imagem para lideranças políticas femininas requer aceitar o fato de que, para cada arquétipo adotado na comunicação política de mulheres, há um estereótipo naturalmente associado, com a finalidade de denegrir ou desconstruir a imagem trabalhada na mensagem.

A classificação dos "tipos" e "sub-tipos" adotados nas campanhas femininas e como há uma visão sexista que compõe essas narrativas foram analisadas pela Dra. Luciana Panke, pesquisadora do Núcleo de Comunicação Eleitoral da UFPR – Universidade Federal do Paraná. Em seu livro "*Campañas Electorales para Mujeres – Retos y Tendencias*", Panke estudou campanhas presidenciais femininas em 10 países na América Latina, avaliando todo o ambiente eleitoral e o conteúdo de suas peças de comunicação, trazendo conclusões valiosas, entre elas a comprovação científica de que a construção das personas políticas enfrentam componentes diferentes quando são homens ou mulheres, sendo que no segundo caso, os desafios são justamente desvincular as desconstruções em forma de estereótipos, muitas vezes presentes no inconsciente coletivo das sociedades – as tendências latentes, como vimos anteriormente. Esse padrão se repete em todo o mundo e assim temos, Angela Merkel, a "profissional, trabalhadora, eficiente" e ao mesmo tempo a "profissional subordinada, que chegou ao poder graças a um homem". Trata-se do mesmo arquétipo da profissional, construído e automaticamente desconstruído. Sabendo e considerando que esses elementos estarão sempre presentes ao invés de ignorá-los, é possível construir bons e robustos "anticorpos" para enfrentar os ataques que vierem.

## Estratégias iguais, conteúdos diferentes

Joe Napolitan, considerado o pai da consultoria política moderna, elencou em "100 coisas que aprendi durante 30 anos como consultor de campanhas eleitorais", durante uma conferência em 1986, que "*Cada campanha é diferente; cada campanha é a mesma*".

Essa visão, que pode ser aplicada a qualquer campanha eleitoral, também poderia servir de justificativa aos que defendem que não existem as diferenças propostas nas argumentações anteriores, porém a própria negação do fato sugere que sim, essas diferenças existem e necessitam ser enxergadas, compreendidas e incorporadas à estratégia das campanhas ou comunicações políticas para que os resultados sejam exitosos. Não se trata de campanhas diferentes do ponto de vista estrutural. Muito pelo contrário: é essencial que ambas, campanhas femininas ou masculinas, tenham como base estratégias eleitorais consistentes, fundamentadas em análises de conjuntura sérias e confiáveis, assim como toda sua organização, mobilização e comunicação. O que não se pode deixar de enxergar é que, como fruto das sociedades em que estão inseridas, a comunicação política e as campanhas eleitorais para mulheres requerem uma visão específica, sensível em suas demandas e com conteúdos que expressem essas diferenças, sem a necessidade nem de se "masculinizar", nem de se "fragilizar" as lideranças femininas, mas sim ressaltar suas essências. Ou continuaremos a reproduzir, na comunicação política e nas estratégias eleitorais, os padrões daqueles que nunca consideraram a necessidade de se projetar banheiros femininos.

Gil Castillo é consultora de comunicação política e eleitoral com experiência em diversos países, ex-presidente da ALACOP – Asociación Latinoamericana de Consultores Políticos, secretária-geral do CAMP e premiada pela ALACOP, CAMP, EAPC e Napolitan Victory Awards.

# PLANO DE GOVERNO E PROPOSTA DE MANDATO

*Fabricio Caruso*

Inicio trazendo uma reflexão: qual a diferença entre Governo e Mandato? E já trago outra provocação por meio de uma definição: Todo Governo é um Mandato, mas nem todo Mandato é um Governo. Facilmente explico: essencialmente quando falamos de Governo, nos referenciamos mais a mandato do Poder Executivo, e quando falamos Mandato, ao Poder Legislativo.

Este capítulo não visa somente trazer teorias, mas também sugestões baseadas em experiências que deram certo, evidenciando que podemos sinalizar um caminho possível de planejar a estratégia para um Plano de Governo ou de uma proposta de mandato.

Em um mundo ideal, os planos de governos deveriam ser construídos continuamente, pois teoricamente é o porquê de partidos políticos existirem. Em partidos grandes, coincidentemente os que estão no poder, há ainda comissões e diversos debates de políticas públicas, mas cada vez menos isso de fato e concretamente acontece.

## Etapas prévias

Há etapas essenciais para construí-lo. Necessariamente, deve haver um entendimento profundo da realidade do espaço político (municipal, estadual ou federal) no qual se pretende pleitear uma vaga nas eleições, e é importante identificar as questões que são prioritárias para o eleitorado. Isso é um passo prévio, antes mesmo de ter os dados, pois conhecimento por vivência antecipa a construção do plano e traz a ele uma busca mais acertada dos dados que irá analisar, advinda do diagnóstico das políticas e do dia a dia da população.

Na etapa do diagnóstico, precisa-se ter a leitura de onde há a necessidade de propor soluções, quais serão essas áreas de ação com maior senso de urgência, assim, incisivamente, corrigir algum tipo de problema nessas questões prioritárias.

Definido isso, é importante buscar referências e boas práticas de gestão e políticas públicas, pois os desafios são similares em outras localidades. Pense se fará sentido na realidade de onde concorrerá as eleições, se está no contexto e se é cabível adaptação.

Há sempre um ponto de atenção na análise: observar se a prática é eficiente, mas também eficaz. O que muito se vê em percepção analítica fria são dados numéricos eficientes, concluindo que foi uma boa prática de gestão, terminando a análise somente na eficiência. Exemplo disso é a redução de custos de consumo, que faz com que mostre eficiência porque economizou, mas peca na eficácia, pois não se chegou a lugar nenhum. Para entendimento de uma forma mais simples, é como colocar gasolina para andar 10 km, sendo que para chegar aonde precisa, são 20 km de percurso.

Com esses fatores em mãos, faça o Plano de Governo de fato, sendo aplicável e efetivo, pois já aumentou a segurança perante o que se busca pleitear: a representação dos cidadãos da cidade, estado ou país.

## Integração e interlocução

A partir dessas etapas essenciais, avançamos para a integração e interlocução junto aos que se pretende representar, e uma maneira é conversar com os cidadãos que prezam por esse diálogo entre a população e o setor público, trabalhando lado a lado. Assim, o candidato poderá falar com o povo e colaborativamente encontrar as questões que serão diferenciais em seu Plano.

## Processo de elaboração do Plano

Há processos que precisam ser feitos para os Planos, pois auxiliam positivamente na sua construção e elaboração. O processo de elaboração do Plano deve ser participativo, pois respeita a representatividade que é necessária numa democracia, sendo a garantia da representação institucional, mostrando que as proposições, conteúdos e resultados validados foram oriundos dessa mobilização. O processo de planejamento deve ser político e técnico. Quanto melhor a base técnica do Plano, maior é sua probabilidade de sustentação política, principalmente nos momentos de necessidade de negociação entre interesses de classes e grupos sociais distintos e, assim, ter a melhor tomada de decisão, a que seja mais estratégica que se dispôs a fazer no Plano, pois se antecipou e melhor construiu alianças, o pacto político para garantir a decisão sobre o futuro desejado. O Plano precisa ser integrado e compondo o planejamento de outras esferas públicas, desde que sejam consideradas efetivas e eficazes. A consistência das políticas é marcada pela transversalidade e se posiciona como qualificadora do processo. Assim, o Plano deve dialogar com outras áreas de atuação das diversas esferas, levando em conta os papéis de todos os níveis da administração pública, e incorporar elementos qualitativos nelas presentes, além de municiar o planejamento.

## Roteiro de orientação e etapas

Um bom navegante busca chegar em um norte traçado e, nesse sentido, quando queremos chegar em algum lugar, alcançar um objetivo, devemos traçar um roteiro de orientação para concepção do Plano:

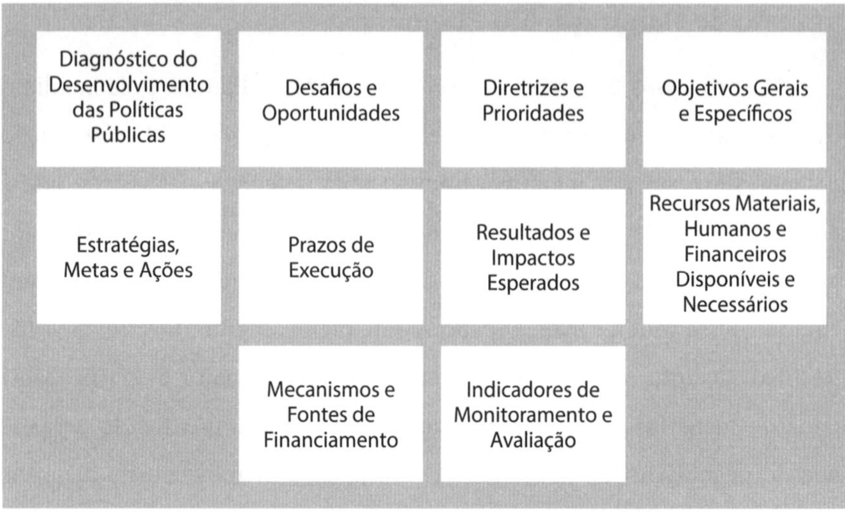


E como dividimos em etapas esse conjunto de informações?

Pode-se produzi-lo em algumas etapas, cada uma delas objeto de validação específica no processo participativo, conforme esquematizado a seguir:

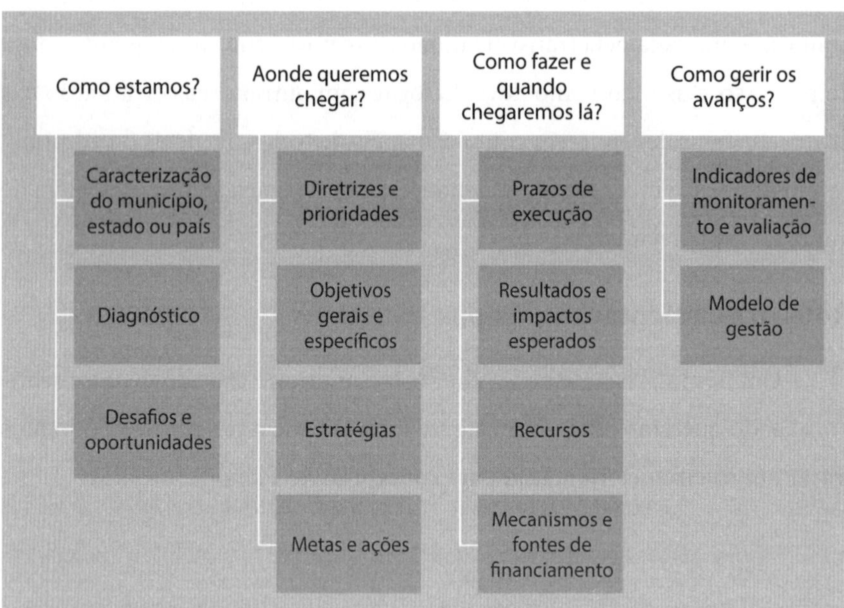

Após organizar essas etapas, vale observar com atenção o Modelo de Gestão, pois é um importante aspecto a ser pactuado. A gestão do Plano deve considerar o envolvimento da sociedade, dando sequência ao processo participativo. Além da premissa da participação social, a transversalidade de um Plano de Governo, seguramente, irá gerar metas e ações que necessitem de integração entre os temas afetos na administração pública.

Assim, quando se ganha a eleição e assume-se a gestão ou mandato pleiteado, o modelo básico recomendado é a criação de uma instância de acompanhamento e outra de caráter executivo.

Além disso, o cidadão que elegeu e participou da construção do Plano, fez campanha e votou também toma a decisão de engajamento, entendendo como se dará o dia a dia futuro, e alguns aspectos de gestão devem ser considerados para fins de monitoramento sistemático, com a adoção de providências necessárias em caso de desvios em relação ao desempenho esperado, como o sugerido abaixo:

Escopo

• Mudança necessária para atualização do Plano

Integração

• Articulação interna do Plano e com outros planos definidos

Tempo

• Prazos internos e prazo total de execução

Orçamento e custos

• Recursos projetados e aplicados

Comunicação

• Formas, meios e públicos

Fatores de riscos

• Obstáculos previsíveis e imprevistos

## Legislação

Plano de Governo é um documento obrigatório para ser protocolado pelas campanhas, e é o documento no qual os candidatos a cargos do Executivo (prefeito, governador e presidente) informam suas principais ideias e propostas para administrar o local que se propõem a governar. Já um candidato a mandato parlamentar não tem essa obrigação no registro da sua candidatura.

O Plano transcende importância de ser apenas a apresentação das propostas e pensamentos dos candidatos. O candidato que não apresentar o seu Plano de Governo não é habilitado a participar da eleição. A apresentação do documento tem caráter obrigatório e está na lista de documentos que o candidato precisa enviar ao TSE (Tribunal Superior Eleitoral), assim como a prestação de contas da campanha. Essa obrigatoriedade foi incluída na Lei 9.504/97 que regula as eleições, em 2009. Porém, não são exigidos requisitos ou formatos específicos. Assim, cada Plano de Governo é feito com formas, ordens e tamanhos diferentes.

A Legislação também não exige propostas concretas, o que torna possível fazer uso de afirmações genéricas. Por fim, os candidatos não são obrigados a cumprir as promessas nem a implementar os programas que informam em seus Planos.

O Plano de Governo deve contemplar as grandes linhas de ação de cada área de atuação da administração pública, desde as áreas meio (como Administração, Finanças, Procuradoria Geral, Planejamento) até as áreas fins (como Saúde, Educação e Assistência Social).

É a partir dessas linhas de ação, com direcionamento do que deverá ser feito durante os quatro anos de mandato, que se planeja a execução das ações estratégicas do Plano de Governo, buscando cumprir os compromissos assumidos com a população. O Plano de Governo para quatro anos também é a base para a elaboração do Plano Plurianual (PPA), no qual se definem programas, indicadores, metas, ações, resultados e fontes de recursos logo no primeiro ano do mandato do governante eleito.

O Plano Plurianual – PPA, é o instrumento legal definido no artigo 165 da Constituição Federal, que deverá contemplar as diretrizes, objetivos e metas da administração para um período de quatro anos, que vigorará a partir do segundo ano de seu mandato até o primeiro ano do mandato seguinte.

Isso ocorre para que se trabalhe sempre o primeiro ano de mandato na condição de executar e avaliar os programas de governo que já estão em exercício e foram aprovados no PPA anterior à sua gestão.

Sendo assim, o novo mandatário poderá manter programas de governo em seu projeto de PPA, que será construído e aprovado no primeiro ano de mandato. Caso entenda que esses programas de governo não são mais interessantes à coletividade, poderá excluí-los de seu projeto, mas com a garantia de ter avaliado um ano de sua execução.

O Plano de Governo para quatro anos contempla as ações estratégicas a serem executadas ao longo do mandato com apoio da equipe de secretários.

Governo sem Plano é um governo sem rumo.

## Referências

https://www.gove.digital/eleicoes-2020/plano-de-governo/

http://lproweb.procempa.com.br/pmpa/prefpoa/smc/usu_doc/guia_orientacao_pmc.pdf

https://www.colab.re/conteudo/

Nexo – Qual o valor prático dos planos de governo entregues ao TSE?

Planalto.gov – Lei 9.504/97

https://www.gov.br/secretariadegoverno/pt-br/portalfederativo/guiainicio/prefeito/conteudos-importantes/plano-de-governo-para-4-anos

Fabricio Caruso é gestor público com MBA Relações Institucionais (Ibmec/DF) com ênfase em Gestão e Estratégia Política em Washington DC, EUA. Relações Institucionais em Governos, Negócios e Comunicação Estratégica. Membro fundador do CAMP.

# EQUIPE DE QUALIDADE: OU VOCÊ TEM OU TREINA

*Elaine Wermelinger*

Cara candidata, cara candidata,

Peço licença, por ser mulher, a usar sempre o texto no feminino, dirigido às candidatas, sendo que o universo dos gêneros masculinos está aí perfeitamente contemplado. No feminino, a origem de todas.

Espero que essas "mal traçadas" linhas encontrem todos bem e em plena atividade de pré-campanha. Sim, porque isso começa para as "novatas" no dia e na hora que decidem a candidatura e, para as eleitas, no primeiro dia de seus mandatos. Ou antes, se possível.

Depois de mais de 50 campanhas, gostaria de dividir algumas experiências. O primeiro ponto é a clareza de quem manda na campanha. A candidata, parceiras(os) filhas e filhos, parentes, amigas e amigos? O profissional de marketing contratado? A turma da liderança das religiões, que tem muitos fiéis e, na visão deles, votos? Os que colaboram com doações?

Se a reposta foi "sim", esqueça a ideia de entrar na política e procure outra forma de viver emoções fortes e jogar fora dinheiro, tempo e energia. Viver perigosamente não é caminho para chegar a um cargo eletivo.

A resposta certa é: o voto. O eleitor que aperta o botão confirma. Simples assim. Ele é soberano e, seu poder, absoluto. Nem sempre quem vota sabe disso e há, infelizmente, quem troque sua força por *benesses* pessoais, sacos de cimento, cestas básicas etc. Ainda assim, são os que determinam e mandam na campanha, na estratégia e em todos os desdobramentos capazes de levar à vitória.

Começa a gincana eleitoral. A maioria das campanhas, senão todas, caminha para dar tudo errado e cabe à equipe profissional contratada e envolvida no trabalho corrigir, o tempo todo, para o rumo certo.

O próximo passo é entender o momento e as motivações do eleitor. Para isso, pesquisas bem-feitas de verdade, feitas por profissionais de verdade. Começa por um diagnóstico para avaliar as chances da candidatura e qual o perfil que as pessoas querem para representá-las. Logo vem as qualitativas e quantitativas que devem ser contratadas ou indicadas pelos profissionais de marketing. E não aceite, de jeito nenhum, trabalho que não seja de qualidade que, no caso, quer dizer: estatística, ciência política, tecnologia, competência, seriedade e credibilidade.

Nada de chamar os amigos e fazer uma enquete na rua. Aquele entrevistador que tem jeitinho com pesquisa, atualmente sem trabalho, que sabe fazer um questionário para perguntar quem está na frente e quem tem rejeição, creia, não vai ajudar em nada. Ao contrário, porque só uma coisa é pior que trabalhar sem pesquisa: é trabalhar com pesquisas malfeitas. As boas custam dinheiro, valem cada centavo investido e contam, para quem sabe ouvir, escutar e entender, sobre as emoções do seu eleitor, aquele que vai tirar o seu sono até o dia das eleições.

Decifram, quase sempre, a "onda" do momento político nos mostrando, com clareza, as decisões da massa, do consciente coletivo que só os melhores profissionais de marketing político, suas experiências e vivências podem ajudar a entender. São histórias e *cases* de sucesso que é preciso ouvir e seguir. Afinal, mudam os meios de comunicação, a percepção e o sonho das pessoas, mas as suas emoções e as suas almas continuam humanas e ricas de surpresas. Os melhores são raros e não tão caros, já que caro mesmo é perder eleição.

Hora de montar equipe, quando – é bom lembrar –, os brindes foram proibidos, um genial profissional baiano, José Roberto Berni, cunhou um grande conceito: "Mais cabeças e menos bonés". Ou seja, mais inteligência e competência acima de tudo. E, acrescento, menos contratados e mais capacitados. Menos dinheiro e mais estratégia. Menos tempo de campanha e mais pré-campanha. Menos promessas, mais atitude.

O primeiro erro a ser evitado é contratar quem não possa ser demitido. Se não confiar, não contrate. Se contratar, não apenas confie: entregue-se aos seus cuidados.

Marketing definido, acertado, contratado? É hora de apresentá-los à equipe local. Muito provavelmente vai surgir, logo de cara, a pérola: "Você não conhece a nossa realidade. O povo daqui é diferente e...". Começa a peleja ou gincana e, antes que o seu profissional de marketing político escolhido fuja de fininho, lembre-se de que a melhor avaliação é de quem está fora do "olho do furacão".

Profissionais de "fora" costumam ter uma visão sem o lado emocional do cenário local e seus protagonistas. Uma capacidade imensa de entender coisas que quem está no palco ou na plateia nem sempre percebe. É recomendável conter os ânimos de apoiadores que visam cargos futuros para que fiquem tranquilos, já que profissionais contratados não são ameaças e sim ferramentas para a vitória.

É quando todos os colaboradores, os correligionários, os amigos de primeira e última hora podem e devem ser ouvidos, numa grande reunião de *briefing* em que cabem ideias, inclusive e, principalmente, as geniais. Todos colaboram. Afinal, o grupo é responsável pelo conteúdo, a equipe de marketing pela forma. E aqui vale a famosa frase: "Fale agora ou cale-se para sempre".

Um grupo menor e a turma da inteligência política são fundamentais para uma análise SWOT, e a tomada de decisões. O termo SWOT é a abreviação das palavras em inglês: *Strengths* (Forças), *Weaknesses* (Fraquezas), *Opportunities* (Oportunidades) e *Threats* (Ameaças) que avalia todos os ângulos e perspectivas de uma situação. Planejamento, estratégias, conceito, plataformas, bandeiras, discurso, campanha e peças básicas devem ser aprovados em pequenos grupos, até porque todas as ideias e "palpites" de qualidade foram considerados e absorvidos pelo marketing. Se não foram, é porque não eram pertinentes.

As sugestões que surgem, depois de aprovado o conceito da campanha, principalmente as que começam com "Tive uma ideia genial" devem ser encaminhadas para alguém com competência para avaliar. Se for certa, não pode ser dispensada. E jamais coloque o "gênio" diante de quem foi contratado para isso: desenvolver ideias. Porque se forem geniais e pertinentes, ele, provavelmente, já as teve e está aguardando o momento certo de usá-las. E seu tempo é precioso e caro para perdê-lo ouvindo o que já sabe.

Os profissionais de criação são os nossos cristais e cabe aos outros o papel de algodão, não menos importante, que os protege. Um diretor de criação colocava na sua porta o cartaz: "Não aceitamos mais ideias. Principalmente as geniais". Desprezo? Nada disso. A hora de contribuir com ideias foi lá no *briefing*. Novas informações podem chegar, desde que não interrompam o processo criativo da campanha – a sua principal artéria.

Campanha deve ser definida, aprovada e sacramentada pela candidata e seu *staff*. Cuidado com os amigos que, às vezes, por conta de sua intimidade, são capazes de vazar, mesmo sem querer, detalhes ou ações em andamento. E aí vale lembrar: o segredo de uma boa estratégia não é a estratégia, mas sim o segredo.

Outro erro a ser eliminado é contratar e depois encaixar em alguma função. "É recomendado de fulano e tem muitos votos na família". Cá entre nós, pode ser, e quase sempre é, um desastre. Como num jogo, volte à primeira casa e recomece.

Um bom início é a definição de um organograma. Acredito num modelo (abaixo) que a candidata, que bota a cara à tapa, é a estrela em torno do qual gravitam todos os outros profissionais. Uma estrela, sem estrelismo.

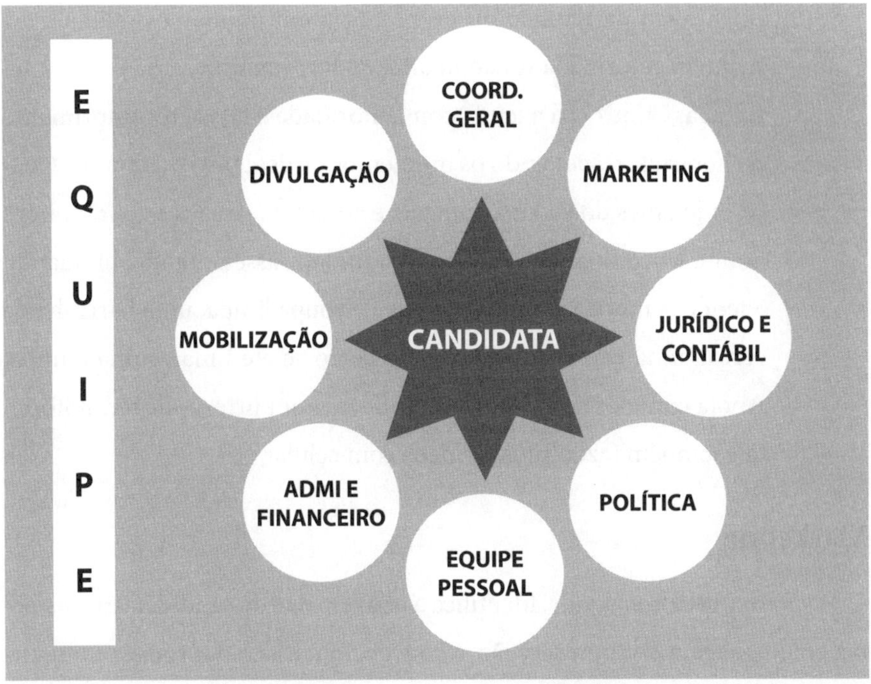


É preciso definir e detalhar as funções e tarefas para se chegar ao perfil necessário da equipe. Todos de absoluta confiança, com amplo engajamento ao projeto, com disponibilidade total, prontos para cuidar da segurança, pessoal e de informações e blindar a candidata sempre.

## Candidata e equipe

Define as normas gerais da campanha, discute e aprova o planejamento, coordena a captação de recursos e está sempre disponível para conversar com eleitores e conquistar o voto. Deve cumprir agenda e horários, principalmente para gravação de programas de áudio e vídeo. Perfil: vencedor. Nas campanhas majoritárias, o vice deve ser mais um candidato na rua para pedir votos, duplicando a ação.

- Agenda: deve "bater um bolão". Ativa, com ascendência sobre a candidata, bom relacionamento e experiência para agendar todas as atividades, capaz de certificar-se da importância da realização e do sucesso da reunião ou evento. Fala em nome da candidata e a mantém informada do conteúdo, dados, estatísticas da pauta a ser tratada. Controla a agenda com autoridade e busca o cumprimento de horários, respeitando os momentos de descanso e a família. Checa tudo antes do evento, controla e abastece a atuação do "Sombra".

- Sombra: acompanha e cuida da candidata, assessorando, blindando e tendo sempre à mão uma muda de roupa limpa, uma barrinha de cereal, uma caixa de primeiros socorros e até uma agulha e linha. Anota contatos e, em campanhas de menor porte, pode ser motorista e também fazer fotos e vídeos com celular.

## Marketing

Barba, cabelo e bigode. Identifica a imagem real da candidata e transforma em linguagem de comunicação, a convencional, as redes sociais e o mundo web. Conceituação, estratégia e tática de campanha. Desenvolver, criar, aprovar e produzir as peças publicitárias. Orientar pesquisas, eventos e todos os segmentos. Pronto para atacar e defender. Marketing e "Contramarketing".

## Divulgação

- Assessoria de Imprensa: profissionais, jornalistas e fotógrafos com acesso aos meios de comunicação, cientes que a campanha, por si só, não é notícia, e que é preciso gerar fatos e provocar o interesse da imprensa. O ideal é fazer da candidata uma fonte para falar sobre sua área de atuação e ocupar o maior espaço possível, circulando notícias de toda a eleição. Deve, ainda, cuidar da memória da campanha.
- Eventos: virtuais ou presenciais são e sempre serão um grande canal de relacionamento com o eleitor, além de produzir material para as peças publicitárias. Profissionais operacionalizam caminhadas,

encontros, debates, carreatas, adesivação em carros, divulgação nas ruas, reuniões, comícios e tudo que puder ser feito para que se realize o contato pessoal ou virtual. Pessoa com liderança e experiência que vai cadastrar fornecedores, planejar, orçar, aprovar custos, estimar público, contratar pessoal, elaborar e revisar *check list* e resolver pendências. Mão firme e braço forte, enfim.

- Coordenação Geral: monta a estrutura, aciona as diversas assessorias, viabiliza a realização das ações e deve sempre blindar a candidata e, quando for preciso, dizer "não" em seu lugar. Deve ser o catalisador de todas as informações, fazê-las circular, e manter-se informado das atividades de campanha.
- Assessoria Jurídica e Contábil: avaliar todo o aspecto legal da campanha, desde a contratação de pessoal, comitês (caso existam e resistam aos novos tempos) até a hora da votação e, ainda, validar com a contabilidade a prestação de contas. Além de defender a campanha, deve ser apta a atacar juridicamente os adversários. O que não pode ser feito está na lei eleitoral. O bom advogado é o que diz: "Vá em frente, há riscos, mas valem a pena".
- Administrativo-Financeiro: a base de toda a equipe para cuidar da administração, seleção de pessoal, serviços gerais, almoxarifado, secretaria e até comitê, se houver. Controla horários, o uso de transporte e combustível, a segurança nos locais de campanha, além da distribuição de material.
- A turma da grana que vem, a captação de recursos: deve atuar rigorosamente junto com o jurídico, com a contabilidade e ser sempre fiel à legislação, sob pena de jogar por terra todos os esforços de sucesso da campanha. Os recursos do mundo virtual, o legal e usual *crowdfunding*, que ainda chamo de "vaquinha", devem ser amplamente utilizados.

- A turma da grana que sai precisa manter os pagamentos em dia, principalmente para a equipe de rua, para não virar notícia de página policial, o que faria um bem enorme aos concorrentes.

## Política

- Assessoria Política: pessoas de credibilidade e experiência em política nacional, estadual e/ou local para, juntas, tratar dos assuntos políticos, alianças, encontros, negociações, articulações. O perfil exige relacionamento com imprensa, lideranças comunitárias e o poder público.
- Núcleo de Inteligência: a visão, a opinião e a percepção de todos do grupo são fundamentais desde a fase de conceituação, planejamento e criação da campanha, e serão, sempre, ouvidos, respeitados e consultados quando necessário. A competência é requisito básico para os envolvidos, dá nome aos veteranos e estabelece os pilares de um pensamento vitorioso.

## Mobilização

- Coordenações regionais, pessoal de campo e voluntários: campanha com visibilidade nas ruas, no mundo real ou da web, é formada por pessoas com fácil trânsito entre os líderes comunitários ou um deles. Assim, é possível destacar e valorizar cada segmento, cada grupo, cada bandeira e conquistar um amplo raio de atuação em área geográfica. São suporte e apoio para os eventos, atendem e cadastram os eleitores e cuidam de manter a campanha a par do que acontece de relevante nas diversas comunidades.

As pessoas bem treinadas são capazes de contar a história, a trajetória, os objetivos e projetos da candidata que divulgam e que, por acreditarem nela, a defendem e trabalham para sua eleição. E dizer, sem medo, "se você tiver um candidato melhor para defender uma causa coletiva e não apenas questões individuais, vote nele. Se não, conheça essa candidata e vote pela cidadania, pela comunidade e pelo que precisa ser feito para melhorar a vida de todos".

O conceito "mais cabeças e menos bonés" se aplica a todos os participantes. É preciso envolver o eleitor. Um exemplo negativo é quando pessoas contratadas para distribuir material nas ruas, conhecidas como panfleteiras, nem sempre resistem a jogar um monte de papel numa só caixa de correio ou quintal ou, o que é pior, numa lata de lixo ou no rio próximo, acrescendo ao crime de falsidade ideológica, o crime ambiental.

Ser voluntário, multiplicador de votos é uma das mais nobres tarefas de uma pessoa. Principalmente se for de coração, por ideologia e jamais por negociar benefícios futuros. Cada vez mais raros, são caros no sentido de queridos e jamais de valor financeiro. Eles podem existir, creiam.

Como se consegue tudo isso? Com treinamento, motivação, engajamento, incentivo e, principalmente, uma criteriosa contratação de perfis certos. Difícil, é. Fácil mesmo é perder eleição.

Juntar todos num treinamento coletivo pode ser ainda pior. Fortalecidas pela contratação, conversam no celular, uma com a outra e sem dar atenção ao mais preparado profissional que está diante delas. O melhor é um processo seletivo, de peneira. Só passa quem é COM. Competência, Compromisso, Competitividade, Comunicabilidade e facilidade de trabalhar em Conjunto (perdoe o "n").

Mas se não conseguir se livrar dos agregados sem o perfil necessário, melhor entregá-los nas mãos do coordenador-geral. Jamais deixe-os participar da linha de frente da campanha ou interferir no coração da campanha que é a criação.

Por último, é preciso falar de um erro fatal: o "já ganhou". Já vimos pessoas irem dormir eleitos, antes da apuração final, e acordarem sem mandato. Por outro lado, um clima de vitória e confiança é fundamental para o sucesso.

Aqui me despeço desejando sucesso na contratação e treinamento de uma equipe vitoriosa. Se depender da gente, já pode encomendar a roupa para a posse. Abraços.

Elaine Wermelinger é profissional sênior de Marketing Político com experiência em mais de 50 campanhas para 42 diferentes candidatos desde 1980, desempenhando funções de planejadora, redatora, diretora de criação, coordenadora operacional e de marketing.

# O INTEGRADOR: UNINDO OS DIVERSOS ESPECIALISTAS DE UMA CAMPANHA

*Duda Lima*

Iniciei meus trabalhos no marketing eleitoral na eleição do ano 2000. Vim da indústria farmacêutica, um dos segmentos que mais utiliza e desenvolve ferramentas de marketing direto no mundo. Na década de 90, antes dos medicamentos genéricos e da mudança na lei de patente no Brasil, a indústria farmacêutica já monitorava as prescrições para saber se os médicos prescreviam o fármaco de mesmo princípio ativo do laboratório A, B, C, D ou outros. E faziam isso checando as prescrições diretamente nos pontos de venda do país inteiro, selecionados com critérios estatísticos, ou seja, estava iniciando o trabalho de *big data* com as ferramentas existentes à época.

O objetivo desse monitoramento era dirigir estrategicamente os "propagandistas", a fim de conquistar e fidelizar médicos aos laboratórios. Paralelamente, os produtos que por lei podiam ser anunciados eram tratados por outra equipe de marketing que não dependia dos médicos. Essas linhas de produtos podiam ser oferecidas diretamente aos consumidores e, para isso, os laboratórios utilizavam campanhas publicitárias dirigidas ao público final em TV aberta, rádios e demais meios. Na busca pelo consumidor e sempre respeitando a lei, alguns laboratórios desenvolviam campanhas de incentivo para balconistas de farmácia, a fim de que os mesmos pudessem oferecer os produtos.

Agora, tente imaginar o tamanho da estrutura para que essa engrenagem funcionasse com uma margem de erro aceitável. Sim, era uma estrutura gigante, e só tinha uma maneira de dar certo: integrando os setores para errar menos.

Com esse *know-how* e com muita paixão pela política, fiz minha primeira campanha para prefeito. Eu não era o líder de comunicação, mas as ferramentas de marketing direto foram fundamentais, mesmo tendo uma afiliada da TV Globo na referida cidade. De lá pra cá, foram 34 campanhas, 28 delas vitoriosas. Quando debutei no setor, o pensamento inicial foi: se as ferramentas servem para conquistar médicos no país inteiro, talvez seja possível utilizá-las para conquistar eleitores.

Vinte e dois anos depois, é possível afirmar que as ferramentas são sempre as mesmas, mas claro que os desafios de comunicação são diferentes, assim como os públicos, mensagens e meios. Integrar as ferramentas de comunicação em uma campanha eleitoral minimiza recursos, maximiza alcance e frequência, permite uma eficiência maior na distribuição dos conteúdos e, consequentemente, um resultado geral muito mais eficaz. No entanto, necessariamente para cada setor de comunicação de uma campanha, sempre existe um responsável com sua equipe e aí começam os problemas porque não é possível integrar as ferramentas de comunicação sem antes integrar as pessoas e as mensagens.

Gerenciar uma campanha não é tão difícil assim; difícil é gerenciar expectativas, interesses e vaidades.

Então, como trabalhar integrado se os interesses são distintos?

Esse é um grande desafio!

Certa vez, um candidato para o qual eu encabeçava a campanha perdeu a eleição, e a derrota me machucou muito, mas confesso que ter concordado em trabalhar com uma equipe de TV que não era minha e que me via como um concorrente, me machucou mais. Derrotas fazem parte da vida de qualquer pessoa, e mesmo tendo dificuldades para lidar com elas, o sofrimento é menor quando temos a certeza de que todos deram o máximo de si para vencer, e nessa eleição específica, meu erro foi ter concordado em trabalhar com uma produtora que se negava a integrar, ou seja: para a produtora, o resultado da eleição não era o mais importante. Para essa parte da equipe, o que importava mesmo era o mercado em que atuavam e as relações com os *players* locais, ou seja, a campanha perdeu a capacidade de conseguir o máximo de todos quando aceitei trabalhar com alguém que não consegui integrar.

Essa passagem foi citada para dizer que aprendemos muito mais com os erros do que com os acertos, e já desisti de tentar entender a mente das pessoas nas situações de derrota, porque sempre o culpado da derrota será o marqueteiro. Aprendi também que, quando as pessoas envolvidas na campanha se sentem responsáveis pelas próprias escolhas, as críticas alheias são infinitamente menores e gastamos mais tempo procurando soluções do que criticando o trabalho do outro.

A experiência mostra que, para a integração funcionar em sua plenitude, o perfil do candidato deve ter uma relação direta com o perfil do integrador. Todo candidato tem seus valores, às vezes confusos, mas tem sim. Por outro lado, todo marqueteiro tem seus valores, às vezes confusos, mas tem sim. A calibragem desses valores no início do trabalho é fundamental para definir o grau de liberdade que o profissional terá com o candidato e com a equipe. Os choques são inevitáveis, as divergências nas visões e opiniões também. Portanto, o modo de lidar com os problemas passa a ser tão importante quanto os próprios problemas, porque numa campanha eleitoral, o instinto de sobrevivência tende a ser mais intenso que os valores pessoais, ideológicos, espirituais etc.

A campanha eleitoral muda o jeito do candidato ver o mundo!

A necessidade de parecer perfeito ou de ser o mais adequado para o cargo provoca mudanças no comportamento, e quando o candidato deixa de ser ele mesmo e passa a ser aquilo que ele gostaria de ser, ocorre uma divisão nos setores da campanha, porque os envolvidos, inconscientemente, passam a ver e perceber o mesmo candidato de formas distintas. Quando isso ocorre, a campanha se perde e a vitória passa a depender muito mais dos erros dos adversários do que dos próprios acertos.

Nos capítulos anteriores deste livro, foram detalhados os setores de uma campanha, as ferramentas e o modo de trabalhar com cada uma delas, bem como a importância que exercem. Foram exemplos muito ricos, explicados e apresentados com muita maestria e, depois disso tudo, talvez fique mais fácil de responder alguns questionamentos como:

Qual é o meio mais importante em uma campanha eleitoral?

Depende!

Depende do público, da região, da faixa de renda, da faixa etária, do sexo, da religião, da ocupação, do grau de instrução, da ideologia, dos hábitos de consumo de mídia etc. e, principalmente, da mensagem!

Na prática, a maior parte dos motivos pelos quais os eleitores resolvem votar é quase sempre os mesmos motivos pelos quais outros eleitores resolvem não votar. "Voto porque é de esquerda" e "Não voto porque é de esquerda". "Voto porque priorizou a parte social" e "Não voto porque priorizou a parte social". "Voto porque nos protegeu quando decretou *lockdown*" e "Não voto porque nos largou quando não decretou *lockdown*". Portanto, muitos motivos são positivos ao mesmo tempo em que são negativos.

Pois é, essas percepções distintas também ocorrem nos diferentes setores da comunicação da campanha. O mais comum é a divergência entre os especialistas em redes, os especialistas em imprensa e os especialistas em RTV. Em casos assim, e supondo que todos os envolvidos são experientes, bons profissionais, sintonizados com a campanha, com o eleitor, o seguidor e o candidato, vem a pergunta: quem está certo?

Depende.

Até porque, os critérios de certo e errado não servem para o integrador. Lidamos o tempo todo com variáveis racionais e emocionais. E nas variáveis emocionais, certo e errado não servem pra nada. Variáveis como: amor, ódio, raiva, esperança, carinho, desespero, medo, alegria não podem ser mensuradas pelos critérios de certo e errado.

Então é comum o especialista da internet ponderar ou criticar o da TV, ou da imprensa e vice-versa, até porque, o jeito que o especialista em redes sociais enxerga a campanha é diferente da maneira com que o especialista em TV ou rádio, ou assessores de imprensa enxergam, e isso é normal. É exatamente assim que deve ser mesmo, as múltiplas visões são fundamentais e riquíssimas para a definição da persona e da mensagem, ou seja, o integrador não precisa ter razão, precisa ter solução!

O integrador jamais dirá: "Faça isso!", e depois vira as costas. Ele diz: "Na sua visão, qual seria a melhor maneira de fazer isso?", e depois chega mais perto. O integrador usa muito mais o ponto de interrogação do que exclamação. O que muda a realidade das coisas não são as respostas, são as perguntas, e o verdadeiro líder cria uma outra realidade dentro de uma campanha quando faz as perguntas certas. Ou seja, é perguntando e consultando que reconhecemos o valor de cada setor de comunicação da campanha e, quando as pessoas se sentem importantes, produzem mais e melhor.

O integrador que respeita a opinião e o parecer de todos os setores tem, na mesma proporção, o respeito dos setores por suas decisões, sendo o criativo ou não, sendo o roteirista ou não, se autointitulando marqueteiro ou não.

Ainda falando de integração, muitas pesquisas mostram que o comportamento das pessoas nas redes sociais muitas vezes é diferente do comportamento que adotam em outros ambientes presenciais. Os *hard users* de redes sociais são classificados por mim como seguidores e apresentam comportamentos distintos dos eleitores. Observe a tabela abaixo:

| ELEITOR | ≠ | SEGUIDOR |
|---|---|---|
| OUVE | → | FALA |
| QUER RESPOSTAS | → | QUER CONSTRUIR RESPOSTAS |
| VANTAGENS | → | SOLUÇÕES |
| DÚVIDAS, INDECISO, CONFUSO | → | NEGACIONISTA! CORRUPTO! |
| **AS VACINAS FUNCIONAM?** | → | **VOU TOMAR. NÃO VOU TOMAR.** |
| OBEDECE A UM ESTÍMULO | → | MANDA UM ESTÍMULO |
| VALORIZA IDEIAS | → | VALORIZA EXEMPLOS |
| PROCURA PERFEIÇÃO, SE INCOMODA COM DEFEITOS E RESOLVE VOTAR | → | RECONHECE ERROS E ACERTOS E RESOLVE SEGUI-LO |

Uma pessoa que apresenta um comportamento de eleitor necessariamente precisa ser impactada de uma forma diferente de outra que apresenta o comportamento de seguidor. Portanto, os especialistas de cada área tendem a propor peças distintas para a mesma mensagem. O que complica é quando a equipe de imprensa quer colocar na TV a linguagem do telejornal, ou então a equipe de publicidade quer que a equipe de imprensa utilize linguagem publicitária ou, o que é mais comum ainda, ver peças publicitárias de TV acertadas apresentarem baixíssimas interações nas redes sociais.

O conceito de "uma peça adequada" para um profissional que vive em redes sociais é diferente do conceito de "uma peça adequada" para quem vive dentro de uma redação de telejornal. No processo criativo de peças publicitárias para a campanha de TV, velocidade não é tudo, mas para a internet e imprensa é. Simples assim!

Dúvidas frequentes:

Vou adiantar o "furo" que tenho agora, acionar a assessoria de imprensa, postar no Insta e no Face, ou seguro para colocar no PGM de amanhã? E se outro candidato postar primeiro?

Infelizmente, para tomar decisões como essa, não existem fórmulas prontas, cada caso é único e necessita de análise criteriosa para que se tome a melhor decisão para o momento. Independentemente da decisão tomada pelo líder, com as pessoas concordando ou não, é fato que quando um líder é integrador, todo mundo acerta junto e todo mundo erra junto.

O sentimento de pertencimento de cada um envolvido nos meios provoca, inconscientemente, uma integração das mensagens, e esse é o exato momento em que criamos a famosa onda. O sonho de qualquer candidatura é atingir esse patamar. Portanto, a sensação de que cada um é responsável pelo todo fazendo a sua parte integrada com o todo faz com que as pessoas se sintam mais produtivas e mais felizes consigo mesmas. Esse é o exato momento em que as pessoas deixam de opinar e passam a participar!

Duda Lima é publicitário, especialista em Marketing pela ECA-USP. Vencedor de vários prêmios da publicidade, entre eles o Profissionais do Ano da Rede Globo. Iniciou sua trajetória no marketing eleitoral no ano 2000. Atuou em 34 campanhas eleitorais, sendo 28 vitoriosas.

# PESQUISAS ELEITORAIS E DE OPINIÃO PÚBLICA

# QUALITATIVAS: PESQUISAS QUE OUVEM O POVO

*Renato Dorgan Filho*

*"O povo, por ele próprio, quer sempre o bem, mas, por ele próprio, nem sempre o conhece."*

**J.J. Rousseau**

## Pesquisas quantitativas x qualitativas, o grande dilema

No Brasil, usualmente impera entre a classe política, consultorias e analistas políticos, a cultura da estratégia partindo de números extraídos em pesquisas quantitativas. Usam tais pesquisas como norteador principal de diagnósticos e análises de governos e eleições.

A pesquisa quantitativa é sem dúvida muito importante, seja ela para entender aprovação e desaprovação de governo, seja para medir conhecimento e "votabilidade" de políticos de determinado ambiente, ou para reconhecer tendências de queda e subida eleitoral, ela sempre será uma foto do momento. Mas, se se reduzir apenas à sua realização, a análise se limitará demais, o estabelecimento de narrativas condizentes do que pensa e espera o eleitor ficará restrito.

Essa obsessão por números quantitativos, principalmente os resultados estimulados, muitas vezes mascara realidades, reflete apenas níveis de conhecimento, ou dá indicativos distantes da realidade eleitoral, cada vez mais alheia à vida do eleitor comum.

Talvez nessa limitação dos subsídios necessários para a construção de uma boa narrativa e estratégia política e eleitoral, reduzidos apenas a pesquisas quantitativas, resida um dos maiores erros de governos mal avaliados, fracassos de níveis de conhecimento, derrotas eleitorais irreversíveis, surpresas no resultado de eleições, ou erros estruturais na insistência em narrativas distantes da realidade comum.

Costumamos considerar a pesquisa quantitativa como algo exato, mesmo ela tendo uma certa subjetividade e uma leitura nas entrelinhas (feita por poucos analistas, atentos a resultados espontâneos em vez de estimulados), seu diagnóstico é basicamente pragmático, porém aqui neste ensaio, não cabe a mim a discussão do assunto "pesquisas quantitativas", mas o faço, pois considero importante destacá-lo nesse início, já que existe uma relação direta das pesquisas quantitativas com a vida e a necessidade das pesquisas qualitativas.

Dependendo da visão (errada, a meu ver) dos agentes políticos ou dos profissionais de marketing eleitoral e governamental, a quantitativa algumas vezes exclui a necessidade da realização da qualitativa, e isso é um erro crucial de estratégia. Recomendamos que a pesquisa quantitativa tem que vir quase sempre junto da pesquisa qualitativa. A pesquisa quantitativa vem como reafirmação da qualitativa, definindo o tamanho e a dimensão exata do extraído em qualitativas.

Uma modalidade de pesquisa complementa a outra: a qualitativa mostra o futuro que se desenha, o que se sente, o que causa comoção, esmiuça os motivos das rejeições e aprovações, justifica conceitos e opiniões; a quantitativa dá uma dimensão numérica para estas manifestações, revelando peso e importância para a estratégia política, governamental ou eleitoral adotada.

## Pesquisas qualitativas

A pesquisa qualitativa, amplamente utilizada nas eleições norte-americanas desde o período pós-Segunda Guerra e que se aprimora cada vez mais, é praxe no lançamento, análise e retirada de produtos do mercado e do varejo, define (desde a era da TV e do merchandising) tendências e estilo de produtos, sejam eles no seu conteúdo, design, valor da marca ou utilidade.

## Tipos de pesquisas qualitativas

Basicamente, as pesquisas qualitativas se dividem em: clássicas ou tradicionais (grupos de 8 a 12 pessoas, seja presencial ou *on-line*), entrevistas em profundidade (qualitativas individuais sob forma de entrevistas) e os grupos focais (qualitativas específicas de grupos segmentados, que se misturam muitas vezes com as qualitativas clássicas).

No marketing político, pesquisas qualitativas estão intimamente ligadas a grandes *cases* de narrativa em eleições majoritárias. As qualitativas clássicas e os grupos focais são os mais usados. Dificilmente se define uma narrativa eleitoral, um mote de governo, uma mudança de direção dentro de um público importante, partido político ou corrente ideológica sem qualitativas.

## O que busca a pesquisa qualitativa?

A pesquisa qualitativa escuta o eleitor em seus anseios, os usuários de serviços públicos e suas avaliações. Ela se faz por meio de uma conversa em grupo roteirizada. A partir daí, extraem-se entendimentos e argumentos sobre as mais diversas variantes da ação política e governamental: posicionamentos políticos e ideológicos, propostas objetivas de governo ou de eleições, opiniões sobre peças de publicidade e formas de comunicação de feitos, entendimento do que pensa o eleitor sobre conflitos entre agentes políticos (rompimentos, uniões, alianças etc.).

## Como se faz a pesquisa qualitativa?

A forma da realização é sob o pilar da Psicologia de grupo e da análise sociológica e antropológica do que foi dito de maneira direta, sem ideologias definidas e, sim, pautadas no que se escuta pragmaticamente de um determinado grupo e de um conjunto de grupos.

A moderação correta deve se basear num roteiro preestabelecido, com uma condução condizente ao coletivo do grupo analisado, com uso de ferramentas psicoanalíticas e sociológicas pelo moderador (profissional específico), e não pode ser feita sob a forma de entrevista tradicional, incisiva e objetiva, sem escapes do roteiro, como ocorre em pesquisas quantitativas.

O roteiro é mutante, mas seu início requer uma ambientação. Não se pode, por exemplo, abordar políticas públicas de saúde de uma determinada cidade logo no início da dinâmica. A ambientação requer uma conversa inicial descompromissada de como está a vida das pessoas. Daí se liga às questões nacionais, entra-se na política em si, no estado em que os serviços são essenciais, e depois na saúde municipal. Esse longo caminho de conversa destaca aspectos importantes no diagnóstico final.

Um roteiro clássico é: 1. Como está a sua vida?; 2. A vida no país; 3. Os principais políticos nacionais e o governo, a avaliação do governo federal geral, o estado, os serviços, os políticos principais, as expectativas eleitorais, a avaliação local, comparações entre políticos locais, análise aprofundada de políticos com dinâmicas próprias (foto, vídeos, narrativas), testes de vídeos para entender questões de marketing, comunicação e estratégia, simulações de escolhas, técnicas de psicoterapia (como comparações com animais, testes de emoção, ou definição em uma palavra ou frase de alguém). Isso é o clássico no marketing político, porém o roteiro pode ser múltiplo com variáveis.

Do ponto de vista prático, as qualitativas são feitas a partir de grupos de 8 a 12 pessoas, sendo que para se analisar governos e tendências eleitorais é recomendada a realização de quatro grupos no mínimo, já que a análise de poucos grupos pode causar certa margem de equívocos, mas cumpre salientar que a pesquisa qualitativa não tem aspectos quantitativos.

Podemos dividir a pesquisa qualitativa da maneira que quisermos. Hoje em dia, as qualitativas tradicionais se misturam com os grupos focais exatamente por isso, pois na medida que se segmenta cada vez mais grupos para se chegar em respostas específicas, as variantes do que chamamos de "filtro dos grupos" aumenta. Usualmente, se divide os grupos pela classe social, por idade, sexo, aprovação e desaprovação de governos ou de políticos, intenção de voto em determinado político, porém a segmentação pode ser quase infinita.

## Como se analisa a pesquisa qualitativa

Além disso, o entendimento do que se foi dito na qualitativa tem que seguir um diagnóstico específico sob a luz de técnicas e interpretações da Psicologia, Política, Sociologia, Antropologia e Comunicação, analisando-se a partir do que se falou nos grupos, única e exclusivamente pelos entrevistados, sempre atento às suas reações emocionais, sempre baseado no roteiro e nos objetivos finais do que se quer extrair da pesquisa, somando-se e dando-se pesos para as opiniões individuais e segmentadas.

Alerte-se que numa análise qualitativa nunca devemos dar mais valor a opiniões isoladas do que coletivamente o grupo e principalmente o conjunto dos grupos falaram.

O diagnóstico do que se viu e se constatou na realização de uma qualitativa, sob o aspecto formal, deve ter duas análises: a análise grupo a grupo específico para se entender os cortes estabelecidos; e um diagnóstico geral, que é o extrato da análise qualitativa, o que se constatou como elementos primordiais na junção de todos os grupos segmentados.

## Grupos focais

Os grupos focais convergem para essa segmentação das qualitativas, e hoje se juntam às qualitativas tradicionais. A segmentação é um fenômeno aumentado na era das redes sociais, do *big data*, num aumento considerável da individualização de pessoas, que se autodefinem cada vez mais com escolhas específicas.

As eleições presidenciais americanas pós-Obama (2008) aumentaram estas segmentações: escolhas sexuais, religiosidade, origem racial, posicionamentos ideológicos, escolha de consumo, estilo de vida e saúde definem tribos que cada vez mais possuem opiniões próprias, análises sobre as coisas e anseios diferenciados, e são abordados tanto em qualitativas de mercado, como de marketing político eleitoral.

Os grupos focais especificamente no marketing político brasileiro ainda engatinham, ficando a segmentação das pesquisas qualitativas (filtro) nos dias atuais ainda muito reduzida aos elementos acima destacados (classe social, idade, escolha de voto, aprovação/desaprovação de governos e sexo).

Os grupos focais seguem o mesmo rito de forma, roteiro e diagnóstico das qualitativas tradicionais. É derivado das qualitativas tradicionais, apenas especifica mais os cortes a serem analisados.

## Entrevistas de profundidade

As entrevistas de profundidade são outra modalidade de qualitativas. São individuais, na modalidade entrevistado-entrevistador, e importantes para se ouvir setores específicos, em que é necessário ter um aprofundamento de temas difíceis de serem abordados numa dinâmica de oito ou dez pessoas.

A questão do tempo médio de uma qualitativa tradicional de uma hora e meia a duas com oito pessoas atrapalha o aprofundamento de questões. Muitas vezes os entrevistados podem se sentir constrangidos. Nesses casos, recomenda-se as entrevistas de profundidade.

Públicos seletos com dificuldade de participarem coletivamente de pesquisa qualitativa, classes profissionais específicas ou pesquisas que necessitam de confidenciabilidade definem a entrevista em profundidade como questão essencial para se extrair o objetivo da pesquisa.

O entrevistador nas pesquisas qualitativas de profundidade usa de algumas técnicas diferentes da pesquisa qualitativa tradicional. Elementos de Psicologia e Sociologia estão presentes, mas com menos força que nas entrevistas qualitativas tradicionais, já que nas entrevistas de profundidade existe uma mistura da técnica do entrevistador da quantitativa e da qualitativa. Na de profundidade, a natureza da pesquisa é a entrevista, enquanto na qualitativa tradicional é a dinâmica de um grupo de pessoas específico e sua análise.

## Conclusões e pós-pesquisa qualitativa

Normalmente, a pesquisa qualitativa, seja qual for o tipo, como já abordado, se conclui com a apresentação de seus resultados sob forma de diagnóstico, que seguem normalmente a análise dos grupos segmentados, e de uma análise geral, que é um extrato de todos esses grupos, o que converge entre eles, citando os destaques principais, além das notas taquigráficas das falas mais importantes dos entrevistados.

Por fim, cabe muitas vezes no pós-qualitativa um plano de ações estratégico e de marketing político e eleitoral para traduzir o diagnóstico da pesquisa em ações efetivas.

## Efeitos das pesquisas qualitativas

A constância da realização de pesquisas qualitativas desde o início de uma gestão está intimamente atrelada a vitórias esmagadoras de reeleição. A pesquisa qualitativa corrige rumos, detecta erros de narrativa, ajuda a visualizar a potencialidade e defeitos do mandatário e de seus adversários, especifica os problemas dos serviços públicos e desnudam o que realmente agrada e desagrada ao eleitor, e o mais importante, define o que o eleitor espera e quer do futuro.

## Percepções de pesquisas qualitativas no Brasil nos últimos tempos

A experiência adquirida ao longo da última década me levou, através das pesquisas qualitativas, a ter a possibilidade de entender realmente o que o povo brasileiro pensa do passado (em seus níveis de diferença, idade, sexo, classe social ou regiões), como analisa o presente e o que espera do futuro. Entendi, mediando e diagnosticando qualitativas, que a política e os governos estão cada vez mais distantes de seus governados. A rede social, a Igreja, o entretenimento e o consumo substituem a esperança na ação política.

O anseio por serviços melhores entre os mais pobres chega a ser angustiante, principalmente nas áreas da saúde, assistencialismo, emprego e educação, enquanto as diferenças sociais e regionais assustam progressivamente.

Percebemos na realização das dinâmicas que cada vez mais as classes socioeconômicas pensam de maneira diferente. A-B1, B2-C1, C2-D têm vidas e expectativas distantes e dificilmente podem permanecer no mesmo grupo sem um choque de opiniões e informação. Homens e mulheres pensam cada vez mais diferentes, idades são um abismo de visões, jovens de 16 a 24 anos, adultos de 25 a 35 e de 35 a 50 anos, e os com mais de 50 anos parecem viver num mundo totalmente diferente de opiniões, informação e estilo de vida.

As pesquisas qualitativas são a água nascente da estratégia política, seja ela governamental ou eleitoral. Sem a sua extração, não existe água transparente, a estratégia sem a qualitativa não nascerá partindo de onde deve, que é do povo, mas, sim, de uma cúpula artificial, de elites, sejam políticos ou de intelectuais que servem à política.

Sem ouvir o povo, a distância entre governado e governante só aumentará, e a tendência da política será, cada vez mais, de cair nas mãos erradas.

Renato Dorgan Filho é especialista em pesquisas qualitativas e quantitativas, analista político, MBA em Marketing Político e Comunicação Eleitoral, advogado, sócio-proprietário do Instituto Travessia de Pesquisas, participa de eleições desde 1998, membro fundador do CAMP.

# PESQUISA QUANTITATIVA EM CAMPANHAS ELEITORAIS

*Elga Lopes*

Conhecer o eleitor, saber como se informa, que questões passam em sua mente e como decide seu voto são imperativos a toda candidatura. Na experiência do dia a dia, esses conceitos precisam ser postos à prova e verificados com dados. Quais são as verdadeiras prioridades do eleitor? Elas coincidem com as propostas e pautas do candidato? Qual é o marco zero do candidato, isto é, hoje, antes da campanha, quantos votos ele teria?

Para tentar responder a essas perguntas, há várias abordagens. A observação e experiência pessoal do próprio candidato, orientação de assessores, interações diretas com o eleitorado, fóruns de discussão, enquetes e as redes sociais fornecem insumos importantes na busca de respostas. No entanto, essas informações que chegam ao candidato serão sempre uma fatia da verdade, pois são opiniões restritas ao seu círculo de convívio ou pertencem às pessoas que se deram ao trabalho de se manifestar publicamente. Em tempos de fluidez e velocidade da informação, em que pequenos grupos ou até mesmo os chamados *bots* (do inglês, *robots*) conseguem fazer grande estardalhaço nas redes sociais, é cada vez mais importante se perguntar: o que pensa a maioria silenciosa?

As pesquisas de opinião pública são, em abrangência e confiabilidade, o principal instrumento à disposição da comunicação de campanha para traçar as estratégias do candidato. Além disso, as técnicas para mensurar a opinião pública e as intenções de votos estão cada vez mais diversificadas com o avanço das novas tecnologias. A experimentação de novos métodos de coleta de dados coincide com as rápidas e significativas mudanças no comportamento eleitoral dos brasileiros. Nesse contexto, decidir quais pesquisas quantitativas fazer e quando fazê-las é fundamental durante o processo eleitoral. O objetivo desse texto é auxiliar na execução dessa tarefa nas campanhas majoritárias.

Que tipo de pesquisa quantitativa aplicar e em que momento durante o período eleitoral? Como saber identificar uma boa pesquisa quantitativa? Como analisar seus resultados? Como a produção e análise de pesquisas envolvem conhecimento em campos variados como Estatística, História, Ciência Política e Sociologia, torna-se importante para quem trabalha em campanha ter, pelo menos, conhecimento básico sobre as técnicas quantitativas para melhor interpretar seus resultados.

Cada forma de pesquisa quantitativa tem suas forças e fraquezas como veremos a seguir. Como cada fase da campanha pede um tipo de investigação determinada, ora pela profundidade de suas perguntas, ora pela necessidade de rapidez dos seus resultados, o ideal é investir em planejamento multimodal de pesquisas e com fornecedores que sigam os códigos profissionais de associações como a ABEP – Associação Brasileira de Empresas de Pesquisa, e internacionais como os da *AAPOR – American Association for Public Opinion Research.*

O primeiro passo para mapear o DNA de uma pesquisa é, portanto, estudar o perfil de quem a realizou. O instituto da pesquisa compõe associações profissionais de pesquisa? O instituto segue as boas práticas ditadas por essas associações? Como é o histórico de acurácia dos resultados das pesquisas dessa empresa? A metodologia estatística está publicada de forma clara e transparente? A empresa apresentou a melhor forma de coleta de dados para o objetivo proposto?

## Tipos de pesquisas quantitativas

As pesquisas quantitativas são caracterizadas por seus questionários estruturados, isto é, um conjunto de perguntas fechadas com alternativas de respostas predefinidas e padronizadas durante o planejamento da pesquisa. Ter precisamente um só questionário é importante para que todos os entrevistados sejam questionados e se expressem nos mesmos termos. Essa característica permite que, ao fim da coleta, as respostas sejam quantificadas e comparadas para análise – daí o nome pesquisa quantitativa.

Perguntas abertas, em que o entrevistado pode responder livremente com suas palavras, também podem ser utilizadas. No entanto, é melhor que se restrinjam a algumas ocasiões com objetivos bem específicos. A parcimônia no uso de perguntas abertas é necessária, pois a consolidação de seus resultados é demorada e a análise pode se tornar complexa.

As pesquisas quantitativas podem ser realizadas por telefone, internet e redes sociais ou pessoalmente. A técnica de coleta escolhida poderá ter efeito na disponibilidade do entrevistado para participar da pesquisa, no tempo que se dedicará para responder e nos recursos para formatação das perguntas do questionário.

## Pesquisa presencial face a face

A mais tradicional forma de coleta de dados, face a face, é aplicada na residência do entrevistado. No seu formato ideal e para que tenha plena confiabilidade estatística, deve ser aplicada em conjunto com técnica de amostra probabilística, em que os indivíduos pesquisados são escolhidos por sorteio de forma aleatória. Thiago Cortez Costa, cientista político e pesquisador, destaca que "para que haja sorteio, pressupõe-se a existência de um cadastro dos indivíduos que compõem o universo pesquisado. No caso brasileiro, o IBGE mantém um cadastro de domicílios que é atualizado a cada novo censo e, nas pesquisas amostrais, os indivíduos são escolhidos aleatoriamente dentro dos domicílios sorteados" (COSTA, 2021).

Quando o cadastro está muito defasado, como é o nosso caso com o atraso na aplicação do censo pelo IBGE, a pesquisa face a face é praticada em combinação com técnicas de amostragem não probabilísticas - como, por exemplo, em pontos de fluxo ou por cotas. Os pontos de fluxo escolhidos devem conferir alguma variabilidade geográfica à coleta dos dados. Já a aplicação de cotas pelos entrevistadores, no momento da escolha dos entrevistados, procura reproduzir na amostra as proporções de grupos socioeconômicos existentes na população. Com a distribuição geográfica e socioeconômica da amostra, obtém-se uma aproximação do que seria uma amostra probabilística.

A pesquisa face a face permite a utilização de questionários mais elaborados e longos, pois sua taxa de rejeição pelo eleitor geralmente é mais baixa e a presença física do entrevistador o compele a não responder de forma mecânica e a participar até o fim - diminuindo a taxa de não resposta por abandono da entrevista. Como é a modalidade cujo campo é o mais caro, normalmente é usada apenas no início do processo eleitoral (*benchmark poll*).

As convenções partidárias determinam a melhor data para sua aplicação. A pesquisa presencial é, sem dúvida, o principal investimento de campanha no calendário de pesquisa porque, uma vez bem executada, será o GPS de toda a campanha. Seu questionário deve ser construído com três eixos:

a. Opinião sobre o cenário político-administrativo: opinião do eleitor sobre o rumo da economia, avaliação sobre as políticas públicas e os principais problemas da cidade ou do estado, avaliação sobre o desempenho dos administradores públicos, identificação sobre quem são, na visão do eleitor, as duas maiores lideranças locais;
b. Comparação sobre atributos de imagem dos candidatos: honestidade, competência, equilíbrio emocional, firmeza, confiabilidade, preparo para o cargo, governa mais para os ricos ou para os pobres,

combate ou não a corrupção, conhece ou não os problemas de pessoas como o respondente da pesquisa;

c. Classificação do perfil do eleitor: gênero, idade, religião, renda, ocupação, em quem votou na eleição antecedente, nível de interesse político, nível de conhecimento sobre os candidatos, intenção espontânea e estimulada de voto para todos os cargos majoritários, índice de rejeição nos candidatos, preferência partidária, probabilidade de voto e expectativa de vitória dos candidatos.

## Pesquisa telefônica

A entrevista telefônica ainda é o método mais popular de sondagens de opinião e de intenção de votos, seguida pelas quantitativas on-line. Capaz de viabilizar amostras aleatórias de alta qualidade, as pesquisas telefônicas (CATI) têm rapidez na aplicação e podem ter suas entrevistas supervisionadas. A telefônica consegue acesso a praticamente todos os domicílios brasileiros (95%), além de ter custo mais baixo que a presencial. A principal desvantagem é a necessidade de aplicação de entrevistas rápidas (máximo de 15 minutos).

O método amostral mais usado nesses casos é o RDD – discagem aleatória de dígitos com seleção inicial de códigos de áreas e centrais telefônicas fixas e celulares. Em seguida, são adicionados dígitos aleatórios para criar números de telefones a serem disparados pelo discador. O primeiro passo assegura a distribuição adequada dos números de telefone por geografia e com o segundo passo, adicionando os números aleatórios, assegura-se que mesmo números não listados estão incluídos na amostra.

O ideal é que o planejamento de campanha contemple, ao menos, uma pesquisa telefônica semanal com humanos (CATI) durante o processo eleitoral com a manutenção em todas as pesquisas de pelo menos um bloco principal de perguntas para criação de série histórica para análise.

## Pesquisas telefônicas *IVR – Robopolls*

Com rapidez ainda maior na aplicação das entrevistas e custo ainda mais baixo que as pesquisas telefônicas tradicionais, a *IVR – Interacting Voice Response* ou *Robopoll* oferece quase todas as vantagens da CATI sem a necessidade de entrevistadores. O discador automático liga e uma voz pré-gravada faz perguntas e pede aos respondentes que introduzam o número correspondente à sua resposta ou, simplesmente, digam sua resposta.

Como é uma técnica recente, os estudos iniciais mostram que, em comparação às quantis telefônicas que utilizam entrevistador ao vivo - CATI, as taxas de resposta das pesquisas por IVR são mais baixas. O entrevistado muitas vezes não completa a pesquisa e desliga o telefone. Essa taxa de não resposta deve ser monitorada porque pode afetar a exatidão dos resultados.

Ainda como desvantagem, as *Robopolls* só funcionam com entrevistas curtas (no máximo 5 minutos) e com escalas simplificadas de respostas.

Essa forma de pesquisa se aplica muito bem à reta final de campanha, quando a principal necessidade é refletir a posição do candidato na corrida eleitoral (*horse race polls*). A coordenação de campanha pode, portanto, prever um *tracking* telefônico com aplicação de IVR nos últimos 10 dias de campanha.

## Pesquisas on-line

Muito rapidamente estamos desembarcando do universo das pesquisas presenciais e por telefone para o mundo de pesquisas predominantemente autoadministradas e on-line. Essas inovações nas técnicas de pesquisa quantitativas, no entanto, serão expostas e analisadas nessa edição pelos especialistas e colegas Maurício Moura e Cila Schulman.

Todas as formas de pesquisa quantitativa precisam seguir pressupostos estatísticos e de conteúdo para que seus resultados expressem realmente a opinião e a intenção de voto da população estudada. Os principais são:

## Amostra

Existem dois métodos principais de amostras estatísticas: o probabilístico, no qual, como vimos, todas as pessoas de uma população-alvo devem ter chances maiores do que zero de serem selecionadas e o pesquisador deve saber qual a probabilidade de o indivíduo ser selecionado. Esse modelo de amostra é o mais confiável estatisticamente para todos os tipos de pesquisa quantitativa que envolvem grandes populações.

Já no método não probabilístico, do qual as pesquisas eleitorais por cota fazem parte, exige uso maior de pressupostos de modelagem estatística. Isso implica, no caso das cotas, selecionar de forma não aleatória uma amostra de pessoas com as mesmas características sociodemográficas que a população em geral. Assim, é possível substituir um respondente por outro que esteja na amostra. Isso torna possível a realização da pesquisa num período mais curto.

Seja probabilística ou por cota, a transparência estatística nas pesquisas eleitorais é essencial. O instituto de pesquisa deve esclarecer sempre e previamente quais foram as inferências feitas. O melhor caminho para buscar eficiência durante toda a eleição é realizar logo no início do período eleitoral uma quantitativa face a face com amostra probabilística. Essa pesquisa pode ser usada como parâmetro para que as demais quantis possam ser realizadas, por exemplo, com o modelo não probabilístico de cotas.

## Taxa de cobertura e taxa de não resposta

Uma das questões mais importantes na hora de analisar uma quanti é verificar como foi feita sua cobertura. Ou seja, a extensão da amostra selecionada. Os membros da população-alvo que a amostra pretende representar precisam ter probabilidade conhecida e maior que zero de serem selecionados.

Exemplos comuns de erro de cobertura ocorrem em pesquisas feitas em ponto de fluxo que deliberadamente são aplicadas nos mesmos locais –

deixando de fora indivíduos que não transitam ali ou que trabalham em casa. Outro exemplo ocorre também em pesquisas face a face cujos entrevistadores são sistematicamente impedidos de entrar em condomínios ou não conseguem realizar entrevistas em locais de alta periculosidade. A amostra e posterior ponderação deverão levar em conta essas falhas na cobertura da pesquisa.

Mesmo quando a pesquisa tem amostra probabilística, se há um número elevado de pessoas que se recusam a responder ou não respondem às perguntas até o fim do questionário, há possibilidade de viés dos resultados porque as pessoas não entrevistadas podem ter perfil e opinião diferentes das que aceitaram responder ao entrevistador (taxa de resposta).

## Margem de erro de amostragem/intervalo de confiança

A margem de erro de amostragem é o preço que se paga por não se falar com toda a população que se pretende representar nos resultados. O grau de certeza dos resultados é, portanto, expresso com base numa amostra como um "nível de confiança". Como é necessário conhecer a probabilidade que os indivíduos têm de ser sorteados e dentro de que nível de confiança para determinar a margem de erro, pode ser enganador comunicar uma margem de erro de amostragem para pesquisas com amostras não probabilísticas (por cotas).

Assim, por exemplo, uma "margem de erro de três pontos percentuais" numa sondagem nacional probabilística significa que se a tentativa fosse feita para entrevistar todos os adultos do Brasil com as mesmas perguntas, da mesma forma, ao mesmo tempo em que a sondagem era feita, as respostas da pesquisa cairiam dentro de mais ou menos três pontos percentuais dos resultados completos da contagem 95% do tempo.

## A questão das questões

Além do método de amostragem, há uma série de outras características das pesquisas que impactam na exatidão dos resultados. A forma como as perguntas são formuladas é uma delas. Para obter respostas que reflitam realmente a opinião do eleitor, é preciso formular perguntas diretas, simples e isentas. A sequência com que elas são apresentadas também influenciam as respostas. Se o país está passando, por exemplo, por crise econômica e as perguntas iniciais da pesquisa são sobre economia, isso provavelmente impactará nas respostas sobre intenção de voto feitas posteriormente.

## Análise dos resultados

Para analisar bem uma pesquisa quantitativa é preciso deter-se bastante sobre os números para que eles falem, descrevam o que está acontecendo na cabeça do eleitor. Os dados apresentam uma realidade crua e pontual. Precisam ser analisados à luz do contexto local e nacional, observando particularidades históricas, mas também aquelas conjecturais. Assim, o dado frio passa a ser informação estratégica. O bom analista tem que observar primeiro se existe série histórica da pesquisa para contextualizar os resultados na cronologia dos acontecimentos de campanha.

O segundo passo é observar as grandes tendências não só nos percentuais gerais, mas também dentro dos grupamentos populacionais como gênero, idade, religião, raça e escolaridade. É a partir da análise desses estratos que se poderá obter importantes insumos para a estratégia de campanha. Em que grupos há maior potencial de ganhos em termos de intenção de votos? Quais grupos têm voto mais consolidado? Existe um perfil padrão que tenha maior afinidade com o candidato? Existe um perfil predominante que rejeita o candidato? Quais são os pontos fortes do candidato? O que pode ser feito para destacá-los? E os pontos fracos, como contorná-los? Qual é o perfil dos indecisos? Essas são algumas perguntas que o analista da pesquisa poderá responder – desde que esse tipo de análise tenha sido previsto no momento do planejamento do questionário.

## Referências

https://www.ipsos.com/fr-fr/les-questions-que-vous-vous-posez-sur-les-sondages

http://www.ncpp.org/?q=node/4 - 20 questions a journalist should ask about poll results

https://www.pewresearch.org/methods/2016/08/01/flashpoints-in-polling/

https://www.pewresearch.org/methods/2016/08/01/flashpoints-in-polling/

https://www.aapor.org/Education-Resources/Reports/Evaluating-Survey-Quality.aspx

https://www.esomar.org/uploads/public/knowledge-and-standards/documents/ESOMAR-FAQs-on-opinion-and-election-polls.pdf

Elga Lopes é especialista em Opinião Pública e diretora do Instituto DataSenado, diplomada em Jornalismo e Direito pelas Universidades Federal da Bahia e Católica de Salvador, com especialização em Inteligência Competitiva pela Associação Francesa de Marketing.

# ANÁLISE DE REDES SOCIAIS COMO FERRAMENTA COMPLEMENTAR PARA MENSURAÇÃO DA OPINIÃO PÚBLICA

*Felipe Nunes e Fernando Meireles*

Quando eleições se aproximam, resultados de pesquisa aparecem em toda parte: na TV, nos jornais, no debate público, na roda de amigos. E isso não é algo recente. Na verdade, pesquisas de *survey*, nas quais entrevistadores aplicam questionários estruturados em amostras representativas da população, são a forma modal de se entender a opinião pública desde, pelo menos, 1936 – quando George Gallup ganhou projeção nacional nos EUA ao antecipar em pesquisa o desempenho de Franklin Roosevelt nas eleições presidenciais americanas daquele ano. Apesar desse retrospecto em seu favor, a proeminência da pesquisa de *survey* como única ferramenta de mensuração da opinião pública já não existe mais.

Neste capítulo, apresentamos uma forma complementar de se estudar a opinião pública que ganha cada vez mais espaço na academia e no mercado: a análise de redes sociais como ferramenta de mensuração da opinião pública. Em seu favor, a análise de redes é alavancada por um oceano de *big data* produzido por diferentes plataformas, de registros de buscas no Google a vídeos no TikTok, cujo tratamento é infinitamente mais barato e rápido para *squads* devidamente treinados.

A importância das redes sociais na opinião pública, por si só, já é algo fora de questionamentos. Basta lembrar, por exemplo, que ainda em 2012 a campanha de Barack Obama montou um time de *analytics* para o Twitter que, em última instância, foi responsável por uma extensa e sofisticada estratégia de segmentação do eleitorado, até hoje considerada central para o seu desempenho e, também, por alterar a forma com que campanhas posteriores em outros lugares do mundo organizariam suas estratégias de comunicação[1]. Dois anos antes, o Twitter e outras redes sociais também tiveram papel central como ferramenta de recrutamento orgânico para as manifestações na Primavera Árabe, assim como, em 2018, o WhatsApp teve o mesmo papel nas eleições no Brasil e na Índia. Não só isso, as redes sociais cresceram em número e em importância na vida das pessoas – estimativa mostra que, em 2021, nada menos do que 4,5 bilhões de pessoas ao redor do mundo eram usuárias de redes sociais[2].

Mesmo sendo mais barato e mais rápido, usar dados de redes sociais para se estimar opinião pública, no entanto, é algo que envolve desafios próprios. Em particular, internautas não formam uma população-alvo definida que nos permita inferir opiniões do mundo digital para o off-line, do mesmo modo que, salvo em *surveys* on-line, não é possível perguntar-lhes diretamente suas opiniões. Fazer análise de redes sociais, portanto, depende necessariamente do uso de estratégias de mensuração para fazer inferências representativas e que captem construtos de interesse – como popularidade ou rejeição. Não basta coletar os dados, é preciso aplicar modelos estatísticos

1 Sobre estes pontos, vale a leitura de matéria produzida pela CNN americana ainda em 2012 <https://edition.cnn.com/2012/11/07/tech/web/obama-campaign-tech-team/index.html>. Sobre o papel do Twitter em campanhas políticas nos Estados Unidos e em outros contextos, ver o livro "Twitter and Elections Around the World", organizado por Richard Davis, Christina Holtz-Bach e Marion Just; e o artigo de Andreas Jungherr, "Twitter use in election campaigns: A systematic literature review" <https://www.tandfonline.com/doi/full/10.1080/19331681.2015.1132401?casa_token=v-vCg4dyX-JEAAAAA%3AVwTjcknyCTpWb2D4N1phMqkE0nooaLdwn08S-Stx5ip9OljGMwuink4Sfx5IoTN-fAEm-HHzw3MNQAw>.

2 Para consultar esta e outras estatísticas, ver o interessante estudo "Digital 2020" do DataReportal em <https://datareportal.com/reports/digital-2020-global-digital-overview>

sobre eles capazes de garantir estimativas corretas para conclusões precisas sobre a opinião pública. Ainda há muito o que se avançar nessa área, mas procuramos mostrar como, hoje, já há algumas metodologias consolidando-se para lidar com esses e outros problemas.

## Das *surveys* para as redes sociais: o problema da inferência

Pesquisas de *surveys*, mesmo com estratégias de coleta ou formatos diferentes, sempre partilham de dois pilares em comum: 1) o uso de um questionário estruturado, no sentido de definir perguntas e alternativas de respostas, que é aplicado a; 2) uma amostra representativa de um determinado universo, do qual indivíduos são selecionados de acordo com algum método probabilístico ou não de amostragem, o que pode tanto resultar em amostras representativas ou não representativas. Em outras palavras, a *survey* pressupõe sabermos qual é a população que queremos entrevistar e, mais que isso, um método de seleção de entrevistados[3].

Em dados de redes sociais, como postagens feitas por usuários, é fácil perceber que os pressupostos da pesquisa de *survey* tradicional são violados. Além do fato de nem todas as pessoas de um dado país, digamos, possuírem contas nas diferentes redes sociais existentes e outras plataformas mais usadas, a participação de usuários na produção de dados é absolutamente desigual, com uma parte menor de contas sempre produzindo a maior quantidade das interações. Por conta disso, a simples contagem de menções a uma dada personalidade em postagens, por exemplo, falha como estratégia de estimação de opiniões, tanto por não levar em consideração o peso de grupos de fora de alguma rede (o que é um problema de *framing*) quanto por dar peso desproporcional às postagens de grupos mais ativos nas redes. Sem uma metodologia para organizar dados não estruturados das redes e torná-los representativos de uma população definida, em outras palavras, a análise de

3 Vide, por exemplo, FOWLER JR, Floyd J. Survey research methods. Sage publications, 2013.

redes sociais não resulta em inferências representativas[4]. A maior parte dos monitoramentos de rede desconsidera essa questão e acaba por gerar resultados sem o menor sentido representativo. Por isso mesmo, os profissionais de pesquisa tendem a criticar os monitoramentos como ferramenta válida.

Outro problema na análise de redes sociais é que, diferentemente do que ocorre em pesquisas de *survey*, nas redes sociais pessoas dão suas opiniões de forma indireta, por meio de comentários ou outros padrões de interação. Imagine, por exemplo, que queremos estimar o apoio que determinado político recebe no Facebook. Para tanto, imagine também que realizamos uma simples contagem do número de postagens mencionando o nome desse político, assumindo que um maior volume de menções se traduz em apoio. Essa estratégia produz estimativas representativas da população de fora do Facebook? Dificilmente, e isso por diversas razões: pessoas que mencionam determinado político podem ou não apoiá-lo, o que depende essencialmente do contexto e do *wording* da postagem; há risco de contarmos homônimos, ou de perdermos de contar postagens sobre a personalidade que não o mencionam diretamente; não sabemos a "intensidade" das postagens, isto é, o grau de apoio ou rejeição expressos; e, somado ao problema amostral geral, nunca temos como saber se os usuários que se manifestam num determinado período no Facebook correspondem a um grupo representativo da população em geral. Análises de redes sociais *naive* como essas, dito de outro modo, não lidam adequadamente com o problema de se inferir opinião pública a partir do meio digital.

## Do on-line para o off-line: inferindo opiniões do público a partir da internet

O desenvolvimento de métodos de estimação de opiniões públicas, a partir de dados das redes sociais, experimentou um crescimento vertiginoso nos últimos anos. Exceções à parte, são três as principais formas de se fazer

4 Sobre estes e outros problemas de representatividade de dados de redes sociais, ver "Understanding the Political Representativeness of Twitter Users", de Pablo Barberá e Gonzalo Rivero.

isso. Na sequência, apresentamos cada uma dessas soluções, além de apontar alguns de seus pontos positivos e de suas limitações.

## Criando amostras de usuários

A primeira alternativa para se produzir estimativas representativas a partir de dados de redes sociais consiste em adaptar o uso de técnicas de amostragem tradicionais para essas plataformas. Como dissemos anteriormente, há desafios que dificultam a criação de amostras de usuários de determinadas redes – não sabemos, para começar, quantas pessoas as usam, nem com qual frequência –, mas, para determinados casos, alguns desenvolvimentos pioneiros encontraram formas engenhosas para contornar esses problemas.

Um exemplo interessante do uso de amostragem é o estudo do cientista político Pablo Barberá sobre estimação de opinião pública no Twitter, baseado em uma amostra representativa de todos os usuários da plataforma nos Estados Unidos[5]. Para tanto, Barberá fez uso inovador de uma informação pública nos perfis existentes: seus identificadores numéricos, ou IDs. Até 2015, o Twitter alocava um ID numérico para cada conta existente, IDs esses que eram sequenciais, indo do 1 até o número corrente – à época, 3.3 bilhões de contas. Usando amostragem aleatória simples – isto é, cada conta entre a 1 e a 3.3 bilhões teria a mesma chance de ser sorteada –, Barberá construiu uma amostra menor de contas, cujas postagens poderiam ser extraídas e, posteriormente, ponderadas para lidar com o problema do volume desigual de postagens entre contas.

Outras aplicações de amostragem baseiam-se em combinar dados demográficos revelados por usuários de redes sociais, tais como seus sexos ou locais de residência, com estatísticas oficiais para ponderar as estimativas extraídas de suas postagens[6]. Nesses casos, trata-se, primeiro, de obter o maior volume possível de postagens ou outras informações úteis para se inferir

5 https://wp.nyu.edu/smappglobal/wp-content/uploads/sites/1694/2016/10/barbera-SMaPP-Global--Fall2016.pdf

6 Ver, por exemplo, <https://academic.oup.com/poq/article/85/S1/323/6342443?login=true> e <>

determinadas opiniões da população; na sequência, as contas que produziram tais informações são agrupadas em função de suas características demográficas observadas, o que resulta, finalmente, em uma amostra que pode ser balanceada por meio de técnicas de pós-estratificação tradicionais. Obviamente, algumas características pessoais não podem ser coletadas das redes, caso de raça/cor ou renda, mas há esforços também de se inferir tais dados a partir das próprias postagens, partindo do pressuposto de que indivíduos de determinados grupos revelam informações demográficas através dos conteúdos de suas postagens.

Apesar de inventivas, essas soluções para aferir a opinião pública são circunstanciais. O Twitter, por exemplo, não usa mais IDs sequenciais para seus usuários, prática que outras redes sociais nunca adotaram. Além disso, cada vez mais plataformas restringem a quantia de informações pessoais sobre usuários que são passíveis de coleta, o que dificulta tentativas de se adaptar técnicas de amostragem para o mundo on-line.

## Usando *machine learning*, modelos supervisionados

Aplicar *machine learning* em dados de redes sociais é outra estratégia para mensurar opiniões, essa muito mais difundida. De forma resumida, esta solução metodológica consiste em treinar modelos para predizer determinadas quantias - como votos em uma eleição, ou popularidade medida por *surveys* tradicionais - a partir de dados de redes sociais - como textos não estruturados de postagens, matrizes de *trending topics* por período, entre vários outros. Por dependerem de dados anteriores, esses modelos preditivos são classificados como supervisionados, isto é, eles recebem *feedbacks* durante as fases de treino quando conseguem melhor predizer os eventos de interesse do pesquisador[7].

7 Para uma aplicação empírica de algumas das abordagens discutidas e uma revisão útil da literatura, ver "Predicting elections from social media: a three-country, three-method comparative study", de Kokil Jadja e colaboradores <https://www.tandfonline.com/doi/full/10.1080/01292986.2018.1453849?casa_token=g1kuLklHFAAAAAAA%3A3eqSQecyDx8SilMks2HJSl9KsU8517cToKjGB_iJoIfBJMqbhuuv-VDpvvdMne9x9wOreLrI3wCldzg>.

Aplicações de *machine learning* para estimar opinião pública abundaram nos últimos anos. Hoje, há desde modelos que usam dados de postagens do Twitter para predizer os resultados de eleições presidenciais americanas passando por modelos com o mesmo objetivo que fazem uso de dados de outras fontes, como Facebook, Reddit e Google Trends, até modelos treinados para detectar manifestações populares e eventos de mobilização social.

Esse é, com certeza, o método mais flexível em termos de uso de dados, uma vez que modelos supervisionados podem ser treinados com diversos tipos de dados, de diferentes fontes, estruturados ou não. Por outro lado, a dependência de dados prévios, os *targets*, limita suas aplicações a, principalmente, predição eleitoral – o que deixa diversas outras quantias de interesse de fora, como popularidade ou rejeição a determinados temas ou figuras públicas, ou detecção de padrões incomuns.

## Resumo *data-driven* de diversas fontes de dados

A última abordagem que discutimos faz uso de um tipo diferente de modelos de *machine learning*: modelos não supervisionados, ou semissupervisionados. Diferentemente de modelos supervisionados, como os que vimos anteriormente, estes outros não dependem de dados preexistentes para produzir estimativas. Ao contrário, em vez de realizar predições, estes produzem estimativas de quantias latentes, reduzindo amplos conjuntos de dados em indicadores ou *scores* que capturam a maior parte da variação nos dados.

Exemplos iniciais de aplicações de modelos não supervisionados são encontrados em estudos que estimam tópicos mais prevalentes nas postagens de usuários do Twitter ou Facebook, por exemplo[8]. Mais recentemente, contudo, essas estratégias foram ampliadas com a combinação de diferentes fontes de dados, como do Facebook e Twitter, o que dá vantagens em termos de representatividade: se usuários do Twitter são mais jovens que os do

8 Para exemplos, ver <https://link.springer.com/chapter/10.1007/978-3-642-29047-3_28> e <https://dl.acm.org/doi/abs/10.1145/2339530.2339552?casa_token=ZnI5tzQAyTIAAAAA:F3IAd-zquR0Sit-gxk8P38rcyynDO1zhX3VehV-xbD8vqhICJhso64xCIs6KpeVRVaQ7JxPolGVslqw>

Facebook, ou têm maior renda, combinar as duas fontes é uma forma de se chegar a uma base mais representativa da população em geral.

Cada rede social tem seu público-alvo e daí a importância - para se obter a melhor estimativa possível - de diversificar a extração de dados expressos em cada plataforma. Generalizando essa ideia, o incremento no número de fontes de dados combinados - por exemplo, do Google Trends, em que internautas do mundo buscam por interesses; ou do Google News, de onde muitas pessoas tiram informações diárias sobre o que ocorre no mundo; ou do Instagram, preferida de usuários com aparelhos móveis –, aumenta nossa chance de encontrar sinais mais nítidos e mais pertinentes ao mundo off-line, a partir de dados on-line[9].

Como é possível perceber, essa é a forma mais flexível de se estimar opinião pública a partir de dados de redes sociais, uma vez que não se depende de amostragem ou de dados anteriores para treinar modelos. Ainda assim, os desafios de aplicação desta estratégia não são desprezíveis: para estimativas que não sejam específicas a determinadas redes ou ao efeito de robôs, é preciso coletar um volume grande de postagens em múltiplas redes e plataformas; adicionalmente, modelos não supervisionados dependem da avaliação e do ajuste humano para interpretar resultados e afinar parâmetros até que se chegue em construtos úteis.

## Conclusão

Como procuramos brevemente mostrar, dados de redes sociais podem, sim, ser utilizados para descobrirmos o que pensa a opinião pública, da mesma maneira que uma pesquisa de *survey*. Vários avanços metodológicos nos últimos anos tornaram esse cenário possível, e aqui destacamos três deles. Os resultados desses desenvolvimentos são palpáveis e vão desde a produção de predições eleitorais até a estimação de temas ou tópicos mais discutidos em um dado momento.

9 Na academia internacional, ver <https://jbiomedsem.biomedcentral.com/articles/10.1186/s13326-016-0103-z> e <https://dl.acm.org/doi/abs/10.1145/3038912.3052614?casa_token=O8DPOC5itM-sAAAAA:OwuMKQeHoCf-vCLYnt_4nfVks28RMFWzjfi1XmcCGRoP467yqGdtnuSXDZ9NQI6A-DADfcNnZD7J9Jg>

Exemplos do uso de redes sociais para entender a opinião pública fora da academia, mais aplicados, ainda são menos numerosos. Uma das referências é o Índice de Popularidade Digital que usa dados do Twitter, Facebook, Instagram e YouTube, além de informações de acessos e buscas na Wikipedia e no Google, para inferir reputação no ambiente digital. Esse indicador é uma referência importante por ter sido capaz de apresentar alta correlação com votos, servindo como um preditor bastante útil para antecipar os desfechos das urnas[10].

Há espaço para avançar, no entanto. Comparado ao mercado americano, temos ainda poucas aplicações e usos de redes sociais voltados para a análise da opinião pública, e isso vale especialmente para temas relevantes, como as atitudes da população brasileira frente à pandemia[11]. Também acreditamos que essa discussão merece ganhar espaços tradicionais de pesquisa de *survey*, promovendo maior diálogo entre pesquisadores e empresas que podem se beneficiar do uso complementar dos dados de redes sociais. Pela velocidade das mudanças no mundo on-line, esperamos que isso aconteça rapidamente.

Felipe Nunes é Ph.D. em Ciência Política e mestre em Estatística pela Universidade da Califórnia em Los Angeles (UCLA). É professor na UFMG e diretor da Quaest Consultoria e Pesquisa. É especialista em pesquisa de opinião e é o inventor do Índice de Popularidade Digital (IPD).

Fernando Meireles é doutor em Ciência Política pela Universidade Federal de Minas Gerais (UFMG) e pesquisador do Centro Brasileiro de Análise e Planejamento (CEBRAP).

10 Os resultados da aplicação dessa metodologia no Brasil, feita pelo Índice de Popularidade Digital (IPD Quaest), são descritos no O Globo <https://blogs.oglobo.globo.com/sonar-a-escuta-das-redes/post/estudo-mostra-que-popularidade-na-internet-foi-fundamental-para-eleicao-de-vereadores-em-2020.html>.

11 Ver, por exemplo, o uso de dados de buscas para predizer resultados epidemiológicos como óbitos por covid-19 <https://journals.plos.org/plosone/article?id=10.1371/journal.pone.0258189>.

# AGREGAR É PRECISO: A INOVAÇÃO EM PESQUISA ELEITORAL

*Cila Schulman e Maurício Moura*

*"Sugiro até que o computador será para as ciências sociais o que o telescópio foi para a astronomia e o microscópio para a biologia."*
**Earl Babbie,** *em "Métodos de Pesquisa de Survey", 1973.*

O poeta lusitano Fernando Pessoa nos mostra que navegar é preciso, no sentido de exatidão, pois para navegar necessitamos de cálculos, de precisão. Já viver não é preciso, porque a vida é imprevisível, não podemos calcular nem predizer o futuro, ou seja, a vida é completamente imprecisa.

Podemos, sem errar, transportar tal filosofia poética para os desafios de produzir inteligência precisa, baseada em pesquisa e evidências empíricas a respeito de um(a) eleitor(a) altamente impreciso e munido de infinitos recursos para se informar rapidamente (e com isso mudar de opinião) sobre qualquer assunto ou candidato(a) a qualquer instante.

## Histórico e contexto

A aproximação das ciências sociais com as ciências de dados, intensificada no mundo no início dos anos 2000, foi acelerada no Brasil com a digitalização de processos e relacionamentos decorrentes da pandemia de 2020.

Hoje, parte das pesquisas de opinião pública e eleitorais ainda é conduzida pelos métodos tradicionais, mas o uso de novas tecnologias e a incorporação de dados não estruturados para produzir estimativas ocupam cada vez mais espaço no país, seja pela quantidade de informações disponíveis na web, seja pela velocidade com que as mensagens circulam com potencial de mudar opiniões, seja pelo acesso da maioria da população a dispositivos eletrônicos pessoais ou, ainda e não menos importante, pela necessidade de poupar a saúde, o tempo e o dinheiro do(a) cidadão(ã).

A curiosidade dos governantes pela opinião do povo, com o objetivo de ganhar ou manter o poder, alcança o Antigo Egito, onde os faraós aplicavam censos para coletar dados empíricos sobre os seus súditos.

Nos primórdios das pesquisas eleitorais, ganha destaque no anedotário sobre desenho e precisão de amostra o caso da revista "Literary Digest", que nas presidenciais de 1936, nos Estados Unidos, enviou por correio 10 milhões de questionários. Obteve como resposta um viés de não participação, com o retorno de menos de 25% de respostas, e um viés de seleção pela escolha apenas de eleitores de classe alta (proprietários[as] de telefones listados, sócios[as] de clubes e assinantes da revista, em plena Depressão). Ao final, errou o resultado do derrotado por nada menos que 19 pontos.

As pesquisas quantitativas se estabeleceram no mercado a partir dos anos 1930 através dos investimentos em amostras estatísticas feitos pelo governo norte-americano com o *US Bureau of Census*, que passou a investigar questões sociais durante a Grande Depressão, como o desemprego, e dados de comportamento para entendimento dos hábitos de populações específicas, como a afro-americana, ou ainda sobre o crescimento do comunismo, o fantasma ideológico que amedrontava o país naqueles tempos. O *US Bureau of Census* foi, inclusive, o primeiro a receber um computador de uso não militar, em 1951, depois de décadas de desenvolvimento de perfuradores mecânicos e separadores de cartões.

Em paralelo, o tema ganhou importantes contribuições pelo trabalho do sociólogo Paul Lazarsfeld, que fundou o *Bureau of Applied Social Research*, na Universidade de Columbia, em Nova Iorque. O livro *The People's Choice* de Lazarsfeld, em conjunto com Bernard Berelson e Hazel Gaudet, sistematizou os dados de comportamento do(a) eleitor(a) durante duas campanhas presidenciais com o uso do sistema de painel, uma metodologia até hoje válida e eficiente.

Em 1940, Lazarsfeld, Berelson e Gaudet entrevistaram 600 eleitores do Ohio durante 7 meses. Em 1944, eles acrescentaram à amostra 200 eleitores representativos de todos os estados. Foi a primeira vez que um estudo demonstrou a influência das interações interpessoais na decisão de voto, acima até da comunicação de massa, incluindo a propaganda eleitoral.

O primeiro estudo de opinião pública de que se tem notícia no Brasil teria ocorrido por iniciativa de um americano estudioso da política da América Latina durante a Segunda Guerra. O objetivo era entender – e na sequência influenciar positivamente – a percepção dos(as) brasileiros(as) sobre a entrada dos Estados Unidos no conflito. Para fazer duas mil entrevistas, demorou quase 6 meses.

No campo eleitoral, as pesquisas aqui seguiram o método desenvolvido por George Gallup, fundador do *American Institute of Public Opinion* e adotado pelo IBOPE, empresa fundada no início dos anos 1940. Até o fim da ditadura do Estado Novo de Getúlio Vargas, as pesquisas eram proibidas, mas se tem registro de um levantamento do IBOPE em novembro de 1945 na cidade de São Paulo que indicou a vantagem de Eduardo Gomes sobre Dutra nas eleições presidenciais.

Além do período Getúlio Vargas, ficamos para trás na prática democrática e no uso de técnicas de pesquisa no marketing político brasileiro devido a outra ditadura, a militar de 1964, tendo sido a última eleição que escolheu com liberdade a de Jânio Quadros, em 1961, com o jingle "Varre, varre, vassourinha". Mesmo com eleições ocorridas nos 21 anos de autoritarismo, havia limitações como a Lei Falcão, que restringia a exposição dos candidatos(as) a cargos políticos na TV e no rádio. Neste período, se muito, as pesquisas foram usadas para divulgar o *horse race,* ou somente para saber qual candidato estava na frente na disputa, como se eleição fosse uma corrida de cavalo.

Assim, a metodologia de *focus groups* na pesquisa qualitativa, que começou a ser usada no mundo acadêmico na década de 1950 e ficou popular a partir dos anos 1970 no mundo corporativo, só começou a ser aplicada para entender a opinião dos(as) eleitores(as) brasileiros(as) em 1985, na primeira disputa municipal naqueles anos. O uso das técnicas do mercado publicitário privado, tanto em linguagem como em utilização de dados, tornou-se mais popular a partir da primeira campanha presidencial da Nova República, em 1989, das eleições gerais de 1990 e das municipais de 1992.

A campanha de 1994 já contou com a maioria das técnicas de marketing utilizadas no mercado privado, inclusive as de pesquisa. Ainda assim, o processo era mormente conduzido por jornalistas com experiência em edição de TV, já que o horário eleitoral gratuito poderia ser longo feito um Jornal Nacional, a depender da coligação formulada pela chapa. Continuava, portanto, como fator preponderante nas campanhas o corpo a corpo, os comícios, as longas viagens dos(as) candidatos(as) e as redes criadas fisicamente através das bases locais dos partidos eleitorais.

A internet chegou ao Brasil em 1988, mas foi apenas em 1996 que ela ganhou provedores privados e começou a crescer como ferramenta de comunicação. Foi também em 1996 a primeira eleição brasileira a ter os *spots* publicitários em meio à programação normal de rádio e TV, inaugurando a era dos(as) publicitários(as) no comando das campanhas.

Em um país continental como o Brasil, apesar de toda a profissionalização do mercado de campanhas, o marketing direto, incluindo o uso do telefone, foi historicamente pouco valorizado, muito provavelmente pela força do impacto do horário eleitoral gratuito de rádio e TV. A coleta de informações para pesquisas persistiu na tradição dos financeiramente custosos e longos questionários realizados face a face. A metodologia de *tracking* – pesquisa por telefone realizada em ondas – tornou-se mais popular apenas nos anos 2000, assim como o monitoramento de dados das redes sociais e o acompanhamento e reação às *fake news* (antigos boatos).

Com o avanço da inteligência artificial e com a oferta ilimitada de dados na nuvem, o desafio que se coloca a partir de agora nas campanhas políticas brasileiras é como agregar e analisar a vasta informação disponível com precisão, finalidade, relevância, pontualidade, eficiência e com uma lógica econômica realizável dentro das regras eleitorais, além do respeito à ética, à proteção de dados e à segurança do indivíduo.

## Desafios presentes e caminho futuro

As campanhas eleitorais, a nível global, nunca dispuseram de tanta informação e tecnologia para tomar decisões e construir estratégias. Agregar, refletir e tomar decisões baseadas em diferentes fontes é uma arte e encontra resistência. Essa visão multidimensional de inteligência é bastante aplicada em campanhas nos Estados Unidos (especialmente as majoritárias, de maior relevância). No Brasil, há um enorme campo de oportunidade para sofisticar e inovar nas análises políticas de opinião pública.

Para tal, alguns passos são essenciais. O primeiro é, humildemente, assumirmos que não existe o "melhor método" para nada. Cada método de pesquisa, seja qualitativo ou quantitativo, tem suas vantagens e limitações. A discussão alimentada na opinião pública brasileira que uma determinada metodologia é "melhor" que a outra, infelizmente torna coadjuvante a visão do todo. Além disso, esses dogmas travam a inovação e deixam o Brasil na vanguarda do atraso desse debate.

Por exemplo, em grandes democracias como Estados Unidos, Europa, Índia e México, já não tem mais tração a discussão sobre a validade metodológica de uma pesquisa telefônica para medir intenção de voto. Nesse caso específico, passa por uma análise econômica básica de custo-benefício e deságua na expansão do acesso à telefonia celular.

Nesse contexto, as melhores - leia-se mais precisas - análises de opinião pública são resultado de uma leitura de diferentes métodos, ou seja, da agregação dos resultados de um grupo focal, de uma pesquisa telefônica, de um diagnóstico quantitativo presencial, do monitoramento das redes sociais e de estudos antropológicos variados. Portanto, o segundo passo é agregar sempre e mais.

Um exemplo de inovação importante para a opinião pública são os agregadores de pesquisas públicas. O princípio de um agregador de pesquisas eleitorais é simples: o consenso de várias pesquisas sobre as intenções de voto vale mais do que os resultados de uma única pesquisa. Em vez de se orientar por um único instituto - que opera com suas limitações - um agregador de pesquisas acumula o maior número de pesquisas eleitorais, coloca os resultados em um gráfico e desenha uma linha de tendência que mostra, em média, o que dizem as diferentes pesquisas em conjunto. Nos Estados Unidos, faz muito sucesso o site 538 (https://projects.fivethirtyeight.com/polls/) que basicamente mostra curvas agregadas de centenas de pesquisas. O Brasil precisa de mais agregadores públicos.

O terceiro passo da inovação em pesquisas (talvez o mais impactante) é pensar "mobile e digital". Se, atualmente, a telefonia celular já é parte integrante da vida das pessoas, isso só irá aumentar no futuro. A sabedoria popular já prega que "ou estamos dormindo ou estamos conectados" ao telefone celular.

Por isso, a inovação passa por nos aprofundarmos em métodos de pesquisa que dialoguem fortemente com a telefonia celular. Exemplos de inovação do mais básico ao sofisticado não faltam.

Por exemplo, pesquisas telefônicas modernas buscam uma amostra centrada e significativamente majoritária de telefones celulares. Em países da África, por exemplo, não houve a era de pesquisas telefônicas com ligação para telefones fixos. Em função do próprio desenvolvimento local, a maioria dos(as) africanos(as) teve o celular como primeiro telefone. E as pesquisas refletem tal dinâmica. No Brasil profundo do Norte e Nordeste, a realidade tecnológica é bastante similar à do continente africano. Muitos são os pontos do nosso mapa que o celular chega antes dos pesquisadores.

Adicionalmente, engana-se quem imagina que ligar para o telefone celular para fazer perguntas (seja via gravação de voz, seja via chamada humana) é a única forma de coletar dados. No Brasil, um modelo inovador de *crowdsourcing* avançou muito nesse aspecto. Desde 2013, por meio de um aplicativo baixado por mais de 2 milhões de usuários de todas as partes do Brasil, milhares de pessoas respondem a pesquisas mensalmente e são remuneradas por isso. Esse aplicativo possibilita, aos clientes, realizar pesquisas em tempo real, com amostra relevante e sem depender de custos operacionais de pesquisadores.

Em primeira instância (pelo volume de usuários), parece uma solução voltada para levantamentos quantitativos. Não é somente. Duas inovações qualitativas tiveram grande impacto com o uso desse aplicativo. A primeira foi a possibilidade de acompanhar, em tempo real, o desempenho de candidatos(as) em sabatinas e debates. Via aplicativo, seleciona-se um grupo relevante de eleitores indecisos que são demandados para assistir - ao vivo - os(as) candidatos(as) e dar *feedback* em tempo real. Em 2018, nas eleições presidenciais, clientes do mercado financeiro tinham uma leitura imediata do desempenho dos presidenciáveis.

Outra inovação, via o mesmo aplicativo, foi a adoção da técnica de antropologia digital para avaliar temas de opinião pública. Pelo aplicativo, um grupo de antropólogos envia perguntas (com certa frequência) para que os usuários respondam fazendo um vídeo (como se estivessem conversando diretamente). A análise de centenas de respostas identifica padrões de comportamento e percepções. O fato dos entrevistados(as) responderem tais vídeos em locais e horários convenientes para cada um, aumenta o grau de intimidade e eleva o valor das respostas.

Em 2018, com essa técnica de antropologia digital, foi possível estudar em profundidade os diversos perfis de eleitores do Lula (que não poderia ser candidato na época) e concluir que alguns estavam bem abertos a votar em Jair Bolsonaro (já que Lula não seria candidato).

Ainda no ambiente digital, a pandemia da covid-19 acelerou inovações de grupos focais, por exemplo. As tradicionais reuniões presenciais em torno de uma mesa e comida foram substituídas (ou complementadas) por encontros virtuais (com *softwares* e protocolos adaptados para pesquisa qualitativa). Em um país continental como o Brasil é muito vantajoso fazer um encontro virtual de pessoas que vivem em lugares distantes como Porto Alegre e Manaus. Esses grupos qualitativos virtuais permitem mais intimidade dos participantes que ao fazer de casa, por exemplo, não têm a mesma pressa de uma reunião presencial. E, obviamente, reduzem custos operacionais e de deslocamento.

O quarto passo da inovação nesse campo é explorar a web/redes sociais respeitando a privacidade individual. As redes sociais são uma inigualável e contínua fonte de informação de opinião pública. Nada se compara em termos de Velocidade, Volume, Veracidade, Variedade e Variabilidade. Todavia, transformar esses Vês em valor de pesquisa é um grande desafio de inovação.

Esse desafio passa por separar ruído de informação, diferenciar *bots*, robôs/perfis falsos de pessoas reais e com isso organizar uma amostragem relevante para extrapolar estatisticamente determinadas conclusões. Também passa por coletar, armazenar e analisar monstruosos volumes de dados (muitos deles qualitativos) em tempo real. Nesse ponto, como foi citado anteriormente, entra a inteligência artificial e toda a sua engenharia.

Portanto, os infinitos dados produzidos por todos nós via telefone celular e que se fazem públicos ou consensuais são nossa maior ponte para o real futuro desse segmento: fazer pesquisa sem precisar perguntar. O verdadeiro sentimento espontâneo, sem viés e em tempo real.

Pode parecer ser um sonho distante. Porém, seguramente muito menos impreciso quando comparado aos navegadores portugueses (conterrâneos de Fernando Pessoa) que se lançaram ao mar sem imaginar o destino final. Afinal, o pesquisador é, por essência, um descobridor.

Cila Schulman é jornalista com pós-graduação em Administração de campanha eleitoral pela George Washington University e especialização em Comunicação Empresarial pela ESPM. É vice-presidente do Ideia Instituto de Pesquisa, presidente da Fundação Pinion e vice-presidente do CAMP.

Maurício Moura é economista, PhD em Economia e Política do Setor Público, professor visitante na George Washington University e recebeu certificado do Programa da Owner/President Management da Universidade de Harvard. Fundador e Presidente do Ideia Instituto de Pesquisa

# COMO CONTRATAR UM INSTITUTO DE PESQUISA?

*Expedito Pessoa*

A pesquisa tem o objetivo de elucidar um problema, seja para compreender a viabilidade do candidato, realizar a tipologia do eleitorado, dar apoio à estratégia de comunicação ou mesmo realizar a análise da concorrência em uma disputa eleitoral. Apesar desse volume de aplicações, esses exemplos ainda não são exaustivos.

Além disso, sem dados, fica inviável interpretar os fatos com propriedade. A questão se torna ainda mais complexa, por se tratarem de dados sociais provenientes da concepção que as pessoas possuem sobre determinado assunto em um determinado corte temporal, dependente das suas interações sociais.

Portanto, os dados sociais, devido às suas características, sofrem a interferência de variáveis ambientais que podem condicioná-los a mudanças ao longo do tempo. É o que ocorre, por exemplo, em uma campanha eleitoral, em que muitas forças externas influenciam os resultados, o que pode modificá-los ou solidificá-los coerentes às estratégias tomadas pelos agentes envolvidos. Assim, o resultado que foi observado no início da campanha tende a não ser igual no fim.

É justamente com essas inquietações que, normalmente, procuramos um instituto de pesquisa. A operacionalização das etapas de uma pesquisa precisa de bastante atenção e cuidado e compreende um processo que se estende desde o primeiro contato do cliente com a empresa até a exposição dos resultados obtidos. Todo o procedimento precisa ser executado com competência, caso contrário não teremos um registro fiel do que está acontecendo no campo.

Além disso, a depender do objetivo, serão necessários modelos de pesquisa diferentes, que influenciarão diretamente no resultado. Por isso, o instituto contratado deve ser capaz de parametrizar o serviço para garantir o alcance do propósito esperado.

Compreender a importância desse suporte é fundamental. Caso deseje contratar um instituto de pesquisa, é necessário procurar uma empresa que consiga realmente atender suas necessidades.

## Pontos de atenção

Então, como podemos fazer uma boa escolha? E como tirar um melhor proveito dessa contratação? É o que iremos discutir nesse capítulo. Aqui, iremos conferir dicas importantes nesse sentido. O primeiro passo – e talvez o mais importante –, trata da busca de informações detalhadas sobre os seguintes aspectos:

- Reputação do instituto de pesquisa.
- Perfil dos profissionais do instituto.
- Certificações/Associações.
- Expertise nas metodologias adotadas.
- Estrutura adequada.

## Reputação do instituto de pesquisa

Quando pensamos na reputação de um instituto de pesquisa, temos que ter em mente que se trata de um conjunto de resultados de ações passadas da empresa. Reputação institucional deve ser vista como dados históricos da organização, que servem para legitimar aos interessados a qualidade dos serviços prestados em comparação aos oferecidos pela concorrência.

Isso corrobora para a criação de um conjunto de impressões que o público tem da empresa e possibilita a formação de uma imagem institucional, que serve como balizadora da qualidade e do nível de *know how* que a empresa possui.

Dentre esse conjunto de impressões, podemos destacar, por exemplo, o preço praticado, a oferta de serviços inovadores, o modelo de gestão de qualidade que a empresa pratica ou, ainda, uma reputação geral dentro do mercado.

Tudo isso contribui para o aspecto de credibilidade do instituto. A credibilidade nos diz se a empresa é coerente e compara o que a organização faz com o que diz fazer. De outro modo, um instituto de pesquisa tem credibilidade quando ele consegue realizar a convergência da comunicação com a ação.

A principal fonte de informação para verificarmos a reputação e a credibilidade de um instituto de pesquisa é a consulta a clientes já atendidos. A avaliação das recomendações desses clientes é fundamental para garantir a contratação de uma empresa séria que realmente consiga entregar o que promete dentro do prazo estabelecido, ou seja, possui um serviço de qualidade. Em resumo, é dessa forma que se consegue mensurar a expertise que a empresa tem para alcançar o objetivo do estudo.

## Perfil dos profissionais do instituto

Precisamos compreender que os institutos de pesquisa são necessariamente empresas prestadoras de serviço e seu principal insumo para a entrega de um serviço, com nível de qualidade desejado pelo cliente, é o corpo de profissionais que atuam diretamente no projeto.

A atuação do corpo de colaboradores dessas organizações vai desde o *briefing* inicial com o cliente para compreender a sua necessidade, à elaboração do planejamento do projeto que ocorrerá no campo, recrutamento, seleção e treinamento dos pesquisadores que irão coletar os dados sociais, no tratamento desses dados coletados, na análise crítica e interpretativa dos mesmos, na customização e na comunicação do resultado ao cliente.

Assim, esses profissionais tornam-se o capital intelectual do instituto e são parte integrante do *goodwill*, elementos intangíveis, dessas organizações. A aplicação do conhecimento por parte desse corpo colaborativo mais as tecnologias disponíveis e empregadas para atuação impactam diretamente na qualidade e produz benefícios que agregam valor ao serviço dessas instituições.

Dessa forma, fica clara a importância de se analisar o perfil dos profissionais que os institutos possuem. Além de sondarmos as especializações de cada membro, é fundamental certificarmos que são pessoas que já possuem experiência prática em diversos modelos de pesquisas e que sejam capazes de superar as incontingências que possam surgir.

## Certificações/Associações

Afinal, o que são certificações e para que servem? Em resumo, são elementos institucionais que determinam que as empresas que as possuem sigam um leque de normas, códigos, guias, princípios e padrões de desempenho, construídos por associações de empresas, organizações governamentais e não governamentais que orientam o comportamento corporativo.

As certificações conferem aos institutos credibilidade e transmitem confiança para os clientes, isso reforça que são empresas que estão realmente preocupadas com o resultado e respeitam um processo regido pelo compromisso com a qualidade.

Um instituto que possui certificações tende a ter uma maior transparência no modo de como as suas pesquisas são conduzidas, o que corrobora para gerar confiança no resultado encontrado.

Já as associações possuem o caráter de cooperação empresarial de modo a proporcionar *networking*, oferecer produtos e serviços, estimular as capacitações dos seus membros, aumentar a representatividade política dos institutos, dentre outros benefícios.

Portanto, ao fazer parte de uma associação, o instituto alcança uma série de vantagens compartilhadas que permite a manutenção do seu desenvolvimento e crescimento.

Um instituto que faz parte de uma associação possui uma rede de relacionamento que o permite realizar parcerias para o desenvolvimento de novos serviços e soluções de problemas, o que ajuda a reduzir os riscos da atividade.

Fica claro, dessa forma, que as associações e certificações tornam-se outros pontos fundamentais de serem observados, pois são ferramentas estratégicas que aumentam a notoriedade dos institutos no mercado e impulsionam seu crescimento.

## *Expertise* nas metodologias adotadas

O último ponto é certificar-se de que o instituto possui domínio nas abordagens de pesquisa relacionadas ao seu projeto. Basicamente, tem-se duas abordagens: qualitativa e quantitativa.

Uma pesquisa que percorre uma abordagem qualitativa tem como princípio a compreensão da experiência e vivência do sujeito nas suas ações sociais a partir da interpretação do senso comum das pessoas, capturando os dados por meio da linguagem.

Já a pesquisa quantitativa trata da quantificação das opiniões e informações por meio de diferentes técnicas estatísticas para um determinado estudo. Ela realiza a mensuração e análise sobre as experiências humanas.

Na pesquisa de opinião pública, que é a estratégia mais usada dentro dos institutos de pesquisa em termos eleitorais, a *survey* se destaca por ser o método mais usado.

As *surveys* estão presentes dentro do ambiente quantitativo e se caracterizam por serem baseadas em formulários de perguntas destinados a coletar os dados de um determinado grupo social. Esse tipo de técnica pode ser realizado por telefone, internet e abordagem pessoal.

O conhecimento das etapas que compõem uma *survey* é importante para que seja possível um acompanhamento mais detalhado em cada fase do estudo pelo cliente e sua equipe. No geral, nas empresas de pesquisa, esse método é composto da seguinte forma:

1. **Identificação da questão de pesquisa**: a busca de resposta para o objetivo do estudo é peça norteadora de todo o processo, é um passo que costuma enganar muitos iniciantes por parecer simples e fácil, mas durante o seu desenvolvimento, pode apresentar desafios e complexidades.
2. **Elaboração do instrumento**: se é importante saber definir o problema de pesquisa, elaborar um instrumento que possibilite a captação de respostas coerentes é tão importante quanto, ele é essencial para a solução da problemática.
3. **Definição da equipe e treinamento dos aplicadores**: o instituto precisa transmitir transparência em todos os processos. Com a seleção, recrutamento e treinamento da equipe que vai a campo, não é diferente, afinal, serão eles que estarão em contato direto com o público.
4. **Pré-teste do instrumento**: certificar-se de que o instrumento antes de iniciar a rodada oficial de coleta passou por um pré-teste, demonstrando sua eficácia quanto à captação de dados para solução da problemática, é crucial para que não se tenha um grande retrabalho.
5. **Coleta dos dados**: é definida no momento em que se sabe o desenvolvimento que o projeto irá seguir. É a etapa principal para que ocorra a execução da metodologia adotada. Dessa forma, é neces-

sário excelência em todo esse processo para que os dados sejam capazes de gerar informações de extrema utilidade.

6. **Crítica dos questionários**: ocorre na checagem dos dados coletados. Essa etapa verifica a qualidade do trabalho dos pesquisadores de campo, observando se os questionários estão sendo aplicados da forma correta e, assim, captando os dados certos para a execução da análise.
7. **Tabulação dos dados**: essa fase, a depender do instituto, já está bem automatizada, o que faz com que os dados no ato da coleta já estejam tabulados em planilhas, requerendo apenas uma checagem para saber se as informações estão dispostas da forma correta.
8. **Análise dos dados**: aqui entra a perícia dos analistas do instituto. Empresas que trabalham com pesquisas qualitativas, quantitativas ou mistas precisam ter em seu corpo técnico pessoas capacitadas para a extração de informações pertinentes dos dados coletados. Nessa hora, cabe ao cliente um olhar mais atento ao perfil do profissional da empresa, assim como na *expertise* de atuação do instituto.

Cada uma dessas etapas tem sua importância e deve ser seguida com o maior rigor de qualidade possível. Atualmente, os institutos mais atualizados e desenvolvidos já conseguem automatizar algumas dessas etapas, principalmente as 5, 7 e 8. Isso permite uma maior agilidade na entrega do resultado, o que favorece uma rápida tomada de decisão frente à concorrência.

## Estrutura adequada

Dizer que a empresa possui uma estrutura adequada para a realização do trabalho envolve basicamente três pontos:

- **Infraestrutura física**: ter um ambiente adequado para as práticas do negócio é de extrema importância para o alcance do resultado por um instituto. Cada ambiente deve ser pensado conforme a sua utilidade, seja salas para treinamento, testes de produtos, grupos focais, recepção dos clientes ou acomodação dos profissionais. A infraestrutura da empresa tem que ser capaz de atender à utilidade do negócio em questão, possibilitando um ambiente favorável para o desenvolvimento dos processos empresariais.

- **Estrutura organizacional**: é outro ponto fundamental para a operacionalização da empresa no seu dia a dia contra as contingências ambientais, com a delegação de tarefas, definição de níveis de autoridade e divisão do trabalho. Um instituto que possui uma estrutura organizacional eficiente é capaz de ter uma resposta mais rápida para a solução de problemas, torna-se mais flexível a mudanças, criativo e potencializa sua capacidade de inovar.
- **Infraestrutura tecnológica**: é responsável por organizar os elementos tecnológicos que serão necessários ao projeto. Dessa forma, permite que toda a equipe tenha acesso em tempo real ao andamento dos processos e que o programa destinado a essa operacionalização funcione de maneira eficiente e eficaz durante o tempo previsto, resultando em elevados níveis de serviços e benefícios.

Conhecer os pontos de atenção citados é o primeiro passo para uma boa tomada de decisão na hora de contratar um instituto de pesquisa. Todos os aspectos abordados traduzem o dia a dia desse mercado e a forma como as atividades são operacionalizadas pelos institutos.

A análise desses pontos tende a aumentar a probabilidade de uma boa contratação. Certificar-se que o instituto possui competência e que conseguirá ser efetivo, entregando o resultado no prazo estabelecido e respeitando todos os critérios de qualidade, evita o erro na hora de montar uma estratégia de campanha em cima do cenário eleitoral irreal.

Assim, dedicar tempo para checar cada ponto discutido pode trazer benefícios e evitar futuras dores de cabeça. O alinhamento da equipe que está assessorando a campanha na identificação do instituto também é recomendado. Se possível, realizar um levantamento para identificar quais são as empresas que mais aderem aos pontos discutidos e, dentre as opções, decidir pela melhor.

Expedito Pessoa é diretor-presidente da DATAINFO Pesquisas e membro fundador do CAMP. Possui 15 anos de experiência em campanhas eleitorais no Ceará, Piauí, Rio Grande do Norte e Alagoas. Perito em cenários políticos, desenvolveu a técnica de diagnóstico eleitoral que utiliza métodos quantitativos e qualitativos.

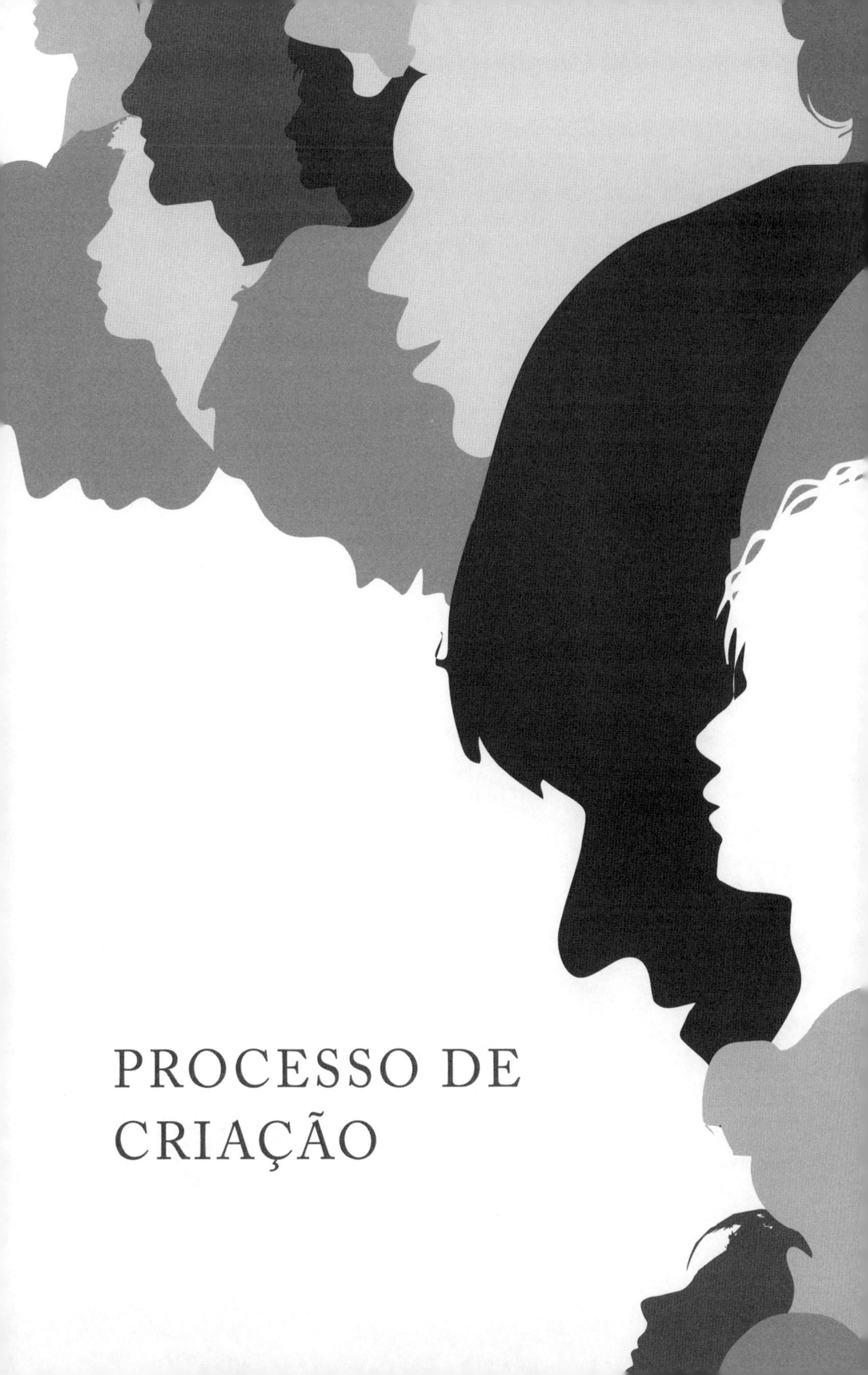

# PROCESSO DE CRIAÇÃO

# A CAMPANHA INTEIRA EM POUCAS PALAVRAS

*Fábio Bernardi*

A comunicação política que funciona não é aquela que tenta inventar um candidato, uma campanha ou um contexto artificialmente, mas, sim, aquela que potencializa as qualidades e as características já existentes de uma determinada opção política em um determinado momento eleitoral. Neste sentido, o posicionamento, o conceito e o discurso são fundamentais, pois representam a essência do que aquela alternativa significa para o eleitor.

Quase sempre o contexto é tão ou mais importante do que o próprio candidato. Inúmeras vezes um ótimo candidato, com o melhor Plano de Governo, perde a eleição. Isso acontece porque o contexto eleitoral, tanto do local (cidade, estado ou país) quanto dos adversários, tende a exigir, para aquele pleito específico, um determinado tipo de perfil para a vitória. Isso não significa, em absoluto, que não se possa vencer a eleição contrariando o perfil esperado. E, tampouco, que vitória seja apenas chegar na frente. É possível vencer uma eleição sem ser eleito. Preparar a imagem para a próxima eleição, terminar maior do que entrou, sair com relevância política, virar uma liderança local são algumas vitórias que não acontecem só na urna.

Por isso, não é preciso desistir de um projeto eleitoral quando o contexto não é totalmente favorável. No entanto, é absolutamente necessário conhecer e estudar o contexto, sob pena de não se conseguir estabelecer uma conexão real com os eleitores e, sem isso, não obter audiência e atenção para a sua visão de mundo.

Nos dias de hoje, a realidade está se alterando rapidamente. Fragmentação social, novo consumo de mídia, pouca representatividade partidária, polarização, *fake news* e um eleitorado com voz, poder e acesso à informação. Tudo isso exige novas formas de narrativa para se atrair a atenção dos cidadãos, numa política cada vez mais digital e que acaba gerando, em círculos concêntricos, um novo tipo de eleitor e de eleitos.

Em qualquer eleição, o eleitor escolhe um líder, aquele que representa seus valores e pode levá-lo para o destino desejado. Todo candidato é, como diz o cientista político Juliano Corbelini, "um encantador de almas". Por isso, uma campanha deve ir muito além de simplesmente apresentar uma biografia do candidato e quais são os seus planos. A campanha precisa emular uma história maior, que envolva o que o próprio eleitor está vivendo naquele momento histórico. Um bom candidato não é aquele que apenas tem boas propostas, ele é alguém que foi conduzido pela história para estar ali naquele momento. E suas propostas são, apenas, a comprovação racional disso, para dar conforto para a decisão emocional que o eleitor tomará.

Por isso, tudo que a campanha constrói - do discurso ao adesivo, das entrevistas aos posts nas redes sociais, do jingle aos debates - deve estar alinhado em torno do mesmo posicionamento, do mesmo discurso e da mesma identidade. Imagine que você está construindo um muro. Quanto mais alto for este muro, mais pessoas o enxergam e mais ele protege a sua candidatura. Portanto, todos os tijolos que você tem precisam ser colocados neste mesmo muro, para que os esforços se potencializem e retroalimentem a sua altura. Quando os tijolos estão espalhados, o muro fica mais baixo e poucos irão ver. Por isso, toda campanha precisa ir na mesma direção, gerando o mesmo significado e a mesma visão de mundo para o eleitor.

A construção do posicionamento e da identidade da candidatura geralmente acontece ainda na pré-campanha e/ou durante o período das convenções partidárias, gerando as sínteses do que aquela candidatura representa. E quanto mais distintiva for esta síntese, melhor. Porque é isto que redesenha e diferencia as suas propostas das propostas dos adversários. Afinal, pense bem: todos irão falar das mesmas áreas: saúde, segurança, educação, desenvolvimento... E todos os candidatos terão os mesmos limitadores, como o orçamento, a legislação, os desafios fiscais etc. É sempre difícil ter um Plano de Governo inovador, ainda mais quando a intenção é ater-se ao real com propostas factíveis. E mesmo que haja, eventualmente, ideias inéditas, a maioria dos Programas de Governo tende a ser parecido entre as diversas candidaturas, exceto quando comparados os polos do espectro ideológico. Sendo assim, a diferenciação dos programas entre si não acontece apenas pelo teor das propostas, mas pela forma como elas estão alinhadas com o propósito daquela candidatura e a maneira como elas serão comunicadas. Quanto mais estiverem em linha com o posicionamento do candidato, mais autênticas irão parecer; e quanto mais autênticas, mais próximas de serem vistas como críveis. E, na medida em que forem críveis, elas serão verdade. E quanto mais verdade um candidato falar, mais ele parecerá autêntico, fechando um ciclo de imagem que se retroalimenta. Um posicionamento e uma identidade distintivos diferenciam as propostas e ajudam a dar uma imagem marcante para a campanha.

Mas, sendo assim, como podemos definir o que é posicionamento? No livro clássico "Posicionamento: a batalha por sua mente", de Al Ries e Jack Trout, o próprio título dá a ideia do que estamos falando: de percepção, de um espaço ocupado na cabeça do eleitor. Ou seja: posicionamento não é o que você faz ou diz, mas aquilo que um candidato representa na mente das pessoas. Posicionar uma candidatura significa fazer com que o candidato ocupe o lugar certo e específico na mente do eleitorado, o único espaço que ele tem pertinência para ocupar e que estava vago justamente à sua espera. Se o posicionamento for bom, ele serve apenas para aquele candidato e cria uma espécie de linha clara e própria de conversa com seu eleitor. Quanto mais baseado em verdade e na trajetória do candidato, portanto, mais eficiente o posicionamento será.

Este posicionamento deverá ser sintetizado em um conceito ou slogan. A versão mais comum sobre a palavra slogan diz que sua origem é gaélica. *Sluagh-ghairm* significava, na velha Escócia, o grito de guerra de um clã. Os ingleses, já no século XIX, adotaram o termo como divisa de um partido e palavra de ordem eleitoral. Mas foram os americanos que levaram a expressão para a propaganda comercial. Em outras palavras, o slogan ou conceito é uma ideia que comandará todo o esforço de construção ou fortalecimento da imagem do candidato e de sua campanha, ao mesmo tempo em que deve contribuir para reforçar os atributos positivos e a pertinência daquela candidatura para o momento político e de vida do eleitor.

É o conceito, portanto, que, basicamente, traduz publicamente o posicionamento de uma candidatura. No conceito está se definindo porque e para que a candidatura existe, a que ela se destina naquele momento e para que tipo de eleitor. Um bom conceito já traz, em si, uma razão para o voto naquele candidato, além de instigar os sentimentos e as emoções certos sobre sua presença na eleição. Um bom conceito expõe de forma curta e certeira a motivação para o voto, pois carrega a ideia central de toda a campanha em apenas uma frase. Ele deve explicar, em poucas e precisas palavras, sensações, ideias, sentimentos e concepções profundos, não apenas sintetizando-os ou simplificando-os, mas captando sua essência mais verdadeira.

Por isso, um bom slogan ou conceito basta-se a si mesmo. Como diria o publicitário Cid Pacheco: "O slogan é. Dispensa explicações, teorias e exegeses". Por isso, o conceito ideal tem que ser único, real, crível, engajador, limitador do adversário, forte e sonoro. Olhando por este prisma, conceitos que dizem coisas vagas como "Um novo tempo para o Brasil", "Trabalho e coragem" ou "O melhor para tal município" tendem a ser apenas frases que nascem e morrem no mesmo lugar. Um posicionamento e conceito que servem para qualquer um não servem para ninguém. Pense em "Venceu a inflação, vai vencer o desemprego" ou "Pro Brasil continuar mudando". Só um candidato poderia dizer aquilo. Foram conceitos fortes e únicos que já davam, neles mesmos, a razão para o voto. E que permitiam, também, colocar todo o Programa de Governo sobre eles, de forma que os tijolos fossem todos para o mesmo muro.

Contudo, não é todo candidato que pode ocupar qualquer espaço com naturalidade ou preenchê-lo apenas porque o espaço está aberto. O posicionamento e o conceito precisam ser coerentes com a história pessoal, com a trajetória política e com as coisas que se irá propor na eleição. E tudo deve ser feito olhando sempre para o eleitor e não para o candidato. É aquilo que o eleitor pensa e sente que deve orientar a construção do posicionamento e do conceito. Porque não vemos as coisas como elas são, vemos as coisas como nós somos. Por isso, fato e verdade não são sinônimos. Fato é aquilo que acontece, enquanto verdade é aquilo que nós pensamos sobre o fato. É sobre esta sutil diferença que a construção do posicionamento deve trabalhar.

Também é importante lembrar que as pessoas não se comunicam só com palavras. Da mesma forma, um discurso de campanha não é feito apenas daquilo que é dito ou escrito. Toda a identidade da campanha, desde os textos até o visual, as composições verbal e gráfica e também as linguagens corporal e estética, comunica e forma um todo de imagem da candidatura, construindo de forma simbiótica o seu discurso. Dito isso, o primeiro ponto de atenção é um erro repetido com bastante frequência: os materiais de campanha (adesivo, jingle, slogan, fotografia, folhetos, bandeiras) não são apenas peças de propaganda, elas são peças de construção de discurso e de imagem. Em muitos casos, serão os únicos pontos de contato que o candidato terá com seus potenciais eleitores, já que não é possível (exceto em cidades muito pequenas) ter contato pessoal com a maioria dos votantes. Portanto, estas peças devem traduzir o posicionamento e a identidade da candidatura, e devem ajudar a estabelecer uma conexão do posicionamento com as propostas que o candidato defende. Tudo deve estar alinhado. A própria linguagem do Programa de Governo deve estar em consonância com a linguagem das demais peças de campanha. Da mesma forma, um candidato que se posicione como contemporâneo, com propostas inovadoras, não pode usar códigos estéticos que remetam a um político antigo. Claro que é preciso, sempre, olhar para a gestão dos detalhes. Muitas vezes, as coisas podem se combinar para gerar um efeito pretendido de meio termo, evitando que sejam hiperbólicas. Assim, um candidato muito jovem e moderno, dependendo do seu posicionamento, pode optar por uma linguagem visual mais sóbria. Há sempre que se olhar para a construção da imagem de forma a ser a mais natural e precisa possível, cuidando para que não haja excessos que deixem a candidatura caricata ou estereotipada. Por isso, é fundamental estabelecer a conceituação e a identidade destas peças de campanha de forma que elas estejam alinhadas com a imagem pregressa do candidato para serem críveis; alinhadas com o contexto da cidade para serem atuais; alinhadas com o posicionamento e a identidade da candidatura para serem coerentes; e alinhadas com o Programa de Governo que será apresentado para serem verdadeiras.

A melhor maneira de entender tudo isso é imaginarmos a construção da letra do jingle de campanha. Um bom jingle é um discurso cantado e não apenas uma música bonitinha que se repete sem parar. Muitos optam por uma música "chiclé de ouvido", que gruda na cabeça com um refrão de fácil memorização. Mas este não deve ser o objetivo do jingle. O melhor é que ele seja o discurso cantado, posicionando a campanha e dando razões para o voto. Assim, quando estamos fazendo frases para o conceito da campanha e quando estamos escrevendo frases-chave de nossas propostas, também estamos escrevendo coisas que podem ir para a letra do jingle. Ao fazer isso, estamos construindo uma linha narrativa que vai acabar sendo naturalizada nos discursos de campanha, nas peças de propaganda e na boca dos cabos eleitorais, ajudando a colocar os tijolos todos no mesmo muro. O jingle é, portanto, uma peça-chave, porque ele une a emoção da música com a razão da letra, formando uma dupla poderosa de convencimento. Cada frase da letra deve ter uma razão de estar lá e deve ajudar a construir um raciocínio de posicionamento e razões para o voto. E, por óbvio, o slogan/conceito também deve estar lá.

Nesta questão do discurso, há um aspecto muito importante, que é a capacidade de escolha dos pontos centrais para a estruturação narrativa da campanha. Numa campanha, tudo comunica, mas não se comunica tudo. Imagine um enorme iceberg. Apenas uma parte é visível acima da água. O resto é importante para dar solidez e estrutura, mas não deve ser comunicado. Quem tenta dizer tudo não diz nada, e não dizer nada é o pior erro de um candidato. Outro bom exercício de imaginação: pegue seis bolinhas de tênis. Escreva um assunto diferente em cada uma. Jogue para alguém e peça para tentar pegar todas. Provavelmente a pessoa não conseguirá pegar nenhuma, no máximo, uma das bolinhas. Agora, faça diferente. Antes de jogar, coloque uma hierarquia nas bolinhas. E jogue apenas as duas mais importantes. Ela provavelmente conseguirá pegar ambas. Se pegar apenas uma, ainda assim você sabe que ela pegou uma das duas coisas mais importantes que você tinha a dizer. No discurso eleitoral é igual. Lembre-se de que campanha política é como vender na beira da estrada: a gente deve dizer sempre a mesma coisa porque os carros (os eleitores) que passam são sempre diferentes.

Em síntese, tudo numa campanha eleitoral deve ser feito para reforçar dois pontos: o que o candidato é e o que ele representa. Nesta segunda parte está a importância do conceito e do discurso. É preciso haver coerência entre atributos pessoais, posicionamento, identidade, discurso e propostas. É esta coerência que gera o sentimento de autenticidade e o verdadeiro engajamento do eleitor.

Por fim, lembre-se: o voto é dado por pessoas, e pessoas são movidas por sentimentos. Uma frase clássica e fundamental em campanhas políticas foi dita pelo neurologista Donald Caine: "Os seres humanos são movidos pela emoção e não pela razão. A diferença essencial entre emoção e razão é que a primeira leva à ação, enquanto a segunda leva a conclusões". É exatamente por causa disso que não adianta ser um bom candidato e ter o melhor Programa de Governo se não conseguirmos comunicar de forma correta para a população. Nunca se esqueça que o juízo de valor das pessoas muda conforme a emoção que elas sentem. Ou seja: se alguém não vota em você, é preciso "emocionalizá-lo" para que ele possa alterar sua visão sobre a candidatura. Não é a razão ou uma proposta concreta que fará isso, é a emoção. E emoção não é apenas fazer chorar. Raiva, medo, ódio, alegria, esperança, pertencimento, compaixão, a lista de emoções é enorme e todas elas podem cumprir o papel de atrair a atenção do eleitor de forma a alterar ou confirmar o seu juízo de valor. Emoção vem do latim *emotionem*, que significa se mover em direção a alguma coisa. No nosso caso, em direção ao voto.

Fábio Bernardi é publicitário, vice-presidente do CAMP e um dos criativos mais premiados do Sul do país. Coordenou mais de 15 campanhas eleitorais majoritárias, entre elas a do atual governador do Rio Grande do Sul, Eduardo Leite.

# A IMPORTÂNCIA DO DESIGN DA PERSONA POLÍTICA EM CAMPANHAS ELEITORAIS. OU O MÍTICO, O MÉTRICO E O MÂNTRICO

*Ricardo Amado*

Enfiado na ilha de edição da produtora, finalizando o programa eleitoral de um candidato a senador que seria consagrado com mais de 2,5 milhões de votos, vi pelo reflexo no monitor desligado o jovem alto plantado junto à porta feito um guardião. Era o filho do candidato, que naquela mesma eleição, aos 24 anos, concorria a deputado estadual. Estamos em 2014, Pernambuco. Antes de sairmos, pergunto como anda a campanha e o jovem me surpreende ao dizer que aquela eleição era pra ele uma preparação para a peleja principal, dali a dois anos: "Eu vou ser prefeito da minha cidade", vaticinou, com uma convicção tão sólida, que quase dava para tocar. Ele sabia que estava predestinado àquela missão.

Essa determinação de quem avoca para si a responsabilidade de mudar a realidade das pessoas, e acredita que nasceu para isso, encaixa-se perfeitamente na jornada do herói, um dos arquétipos que cada vez me desperta mais interesse nas campanhas eleitorais; como um forte e fundamental instrumento para aproximar a imagem dos candidatos da expectativa dos eleitores. Mitos como o do herói ajudam a acessar o que o psiquiatra suíço Carl Jung chamou de "imagens primordiais" do ser humano, aquelas informações inatas ou tácitas, presentes no inconsciente de cada um e que são acessadas para tomar decisões e fazer escolhas.

Para suscitar essa conexão, tenho utilizado com sucesso o recurso do design da persona política, baseado nas ideias do mítico, do métrico e do mântrico, um tripé de abstrações que funcionam como arquétipos, conectando a persona política do candidato com o inconsciente coletivo. Foi o que fizemos ao voltar a Pernambuco, dois anos depois daquela conversa na ilha. O jovem filho do senador fora eleito deputado estadual com mais de 50 mil votos e agora partia para realizar o sonho de administrar sua cidade natal.

Nos dois anos de Legislativo, destacou-se por uma cena que se repetia, sempre a partir das quintas-feiras. Com um caixote colorido sob os braços, partia para sua cidade, visitava os municípios do Vale do São Francisco, para conhecer ainda mais as demandas e para estar ainda mais próximo das pessoas da região. Os moradores faziam fila para subir no caixote e, um por um, usar o púlpito improvisado para pedir geradores de energia elétrica, sistemas de abastecimento d'água, projetos de irrigação, e sempre eram atendidos. Se o mítico era a jornada do herói predestinado, que ainda jovem foi à luta e venceu, que foi ao encontro das pessoas para ouvi-las, nosso candidato contava também com o métrico. Tanto pela força política da família, cujo sobrenome era sinônimo de obras marcantes, quanto pelo repertório próprio de entregas originadas das caravanas do caixote.

O mântrico veio embalado em um belo jingle, que reuniu os três pilares da campanha e conquistou o coração dos eleitores. "Tá na sua história / Tá na sua escolha / Tá na sua educação / Tá na sua memória / Na sua trajetória / Tá na sua vocação / Tá no seu destino / Desde menino / É sua paixão / Tá na cabeça, tá / Tá no coração, tá / Tá na razão e tá na emoção / O futuro tá na nossa mão".

O jovem foi eleito com uma diferença de 20 mil votos acima do adversário. E após quatro anos de uma gestão que se tornou exemplo de excelência no estado, na região e no país, reelegeu-se em 2020 com uma campanha novamente baseada no tripé do mítico, métrico e mântrico. E uma supersafra de obras, que consolidaram sua imagem de gestor competente, fortaleceram os laços com a população e o transformaram no prefeito mais bem votado do Norte e Nordeste, superando os 70% de votos.

## "Presente!"

Em 2018, o tripé do mítico, métrico e mântrico também serviu de chão e teto para construirmos a campanha para governador de um dos mais importantes estados da Amazônia. Era uma parada dura e começamos desde cedo a estudar com profundidade aquele cenário, usando o arsenal de ferramentas disponíveis, como as pesquisas quanti e quali, grupos focais, SWOT, análise de cenários e neurociência, para compreender o contexto histórico, entender a conjuntura socioeconômica, saber o que afligia as pessoas e ter domínio sobre a trajetória, os propósitos, as potencialidades e fraquezas de quem desejávamos eleger.

Numa das reuniões para avaliar os resultados das últimas pesquisas, estava sentado à cabeceira da mesa de madeira maciça um dos mais importantes políticos do país: senador de peso, duas vezes governador, três vezes ministro e que chegou a presidente do Congresso Nacional. De um lado, o filho candidato; de outro, o filho coordenador da campanha. Em alguns momentos, o pai erguia apenas uma sobrancelha – como fazem os líderes e os atores que os interpretam no cinema –, revelando que registrara uma informação importante.

Eu estava na lateral da mesa, perto do telão, mas mirava a cabeceira, em contraplano ao olhar do senador. Aquela cena acendeu o *insight*. Uma imagem litúrgica, que simboliza poder, decisão, firmeza, liderança. A cena do filho ao lado do pai emulava a natural sucessão em família. Revelava que o jovem predestinado a renovar o peso político do seu sobrenome estava pronto para assumir a cabeceira. Pronto para enfrentar os 20 anos de poder da oligarquia dominante, como um corajoso infante. Mítico concebido.

O métrico resgatava a experiência do candidato como gestor. Ele fora duas vezes prefeito da segunda maior cidade do estado. Em quatro anos, foi ministro de três pastas importantes para o país e para toda a região amazônica. Entregou centenas de obras e percorreu os mais de 100 municípios do estado, incluindo aqueles cujo solo nunca fora pisado pelo então governador que, agora, depois do seu terceiro mandato, tentava emplacar o sucessor. Antes dos ministérios, nosso candidato vencera, em 2014, o primeiro turno de uma eleição duríssima contra esse mesmo governador, que acabaria reeleito no segundo turno. O que nos deu um argumento importante, repetido pelo candidato: "Deus me fechou uma porta, mas abriu uma janela fantástica para trabalhar pelo meu estado como ministro da Amazônia".

Tínhamos o mítico e o métrico bem construídos e o sólido conceito da presença trabalhado, no mântrico, como um bem de valor insuperável, explorado no discurso político como a antítese do grupo adversário, cujo chefão era apontado como ausente e indolente. A presença tornou-se, mais que ideia central do conceito de comunicação, a mais perfeita tradução do posicionamento político.

Para abrir a campanha, como primeiro programa da noite, um filme, com linguagem de apurado cinema: a trajetória da "carta ao coração" dos eleitores (um recurso clássico do marketing, ali repaginado com maestria). Escrita de próprio punho pelo candidato, a mensagem viajou pela Amazônia mais profunda, pelas estradas e rios, cidades e povoados, levando aos destinatários a esperança e o compromisso de um governo presente em todos os lugares e na vida de todas as pessoas, em texto lido às vezes pela voz potente do candidato, às vezes pelos próprios destinatários: todo o povo do estado, por todo o estado. Puro *storytelling*.

O filme, que emocionava até eleitores declarados do adversário e revertia votos nos grupos focais, terminava com a cena da convenção. Arquibancadas lotadas, a plateia gritando em coro o nome do candidato. Era um clamor, que foi atendido pelo futuro governador. Ele interrompeu o discurso, olhou em volta e aguardou o silêncio para em seguida, com a voz embargada e rouca, responder: "Presente!"

Era quase um presságio do resultado final daquela jornada, em que o nosso candidato foi eleito governador com muito mais votos do que a soma da votação do segundo e do terceiro colocados. Uma vitória que iniciou um novo capítulo na história daquele estado.

## Fio de Ariadne

Nessas campanhas, ao criar o design da persona política, procuramos sintonizar os candidatos, a partir de suas próprias experiências e valores, aos sentimentos, desejos, sonhos e necessidades da sociedade. O mito do herói produz a sensação de segurança e força, projeta o sonho do bem-estar, oferece uma identidade simbólica para ser admirada. A métrica funciona como uma garantia de competência, experiência, habilidade, além de ser palpável e mensurável nas biografias do candidato e do adversário. O mantra carrega a magia do encantamento e o poder da sensibilidade. É o condutor da mente e do coração, produzindo o efeito de uma verdade reafirmada.

Ao apropriar-se dessas referências, o marketing é mais do que um veículo para transportar as mensagens do candidato. É o fio condutor da campanha pelo caminho mais seguro, como o fio de Ariadne, na mitologia, indicou a Teseu o único percurso possível para sair do labirinto de Creta, a casa do Minotauro. O mítico, o métrico e o mântrico, do mesmo modo, abriram caminho para duas viradas históricas em municípios do Pará, onde a derrota era tão certa como o triunfo do Minotauro. Só que não...

No município menor, o prefeito em segundo mandato tentava fazer a sucessora, mas escolhera como candidata uma neófita na política. Era tímida na expressão, sem experiência em gestão e aparentemente desprovida de carisma. No município maior, o prefeito estava no terceiro mandato e tentava a reeleição, em um cenário de fadiga da imagem, acentuado pelas incertezas da pandemia e pela atuação pífia da comunicação da prefeitura durante essas três gestões, sobretudo naquela que se encerrava em 2020.

Nesta cidade maior, o adversário também já fora prefeito e agora se apresentava como um recordista de obras. Além disso, ele passou quase quatro anos fustigando nosso candidato, com ataques nas redes sociais e publicações de *fake news* na imprensa. Era preciso colocar os pingos nos "is", com o "redesign" da persona política do prefeito, então desgastada pelos ataques sistemáticos, pelo cenário adverso da pandemia e pelo *gap* na comunicação da prefeitura.

Na construção do mítico, reacendemos na memória das pessoas a trajetória do nosso herói: pioneiro do município, ligado a movimentos populares, missionário e professor movido pelo mesmo propósito: mudar a realidade da população. No métrico, resgatamos o belo acervo de obras não de um, mas de três mandatos, o que restaurava a importância dessas gestões na transformação do município em uma das cinco mais importantes cidades da balança comercial brasileira e com lugar destacado no PIB do estado.

"O jovem valente / De alma pioneira / Filho de raça guerreira / Que por aqui abriu fronteiras", lembrava o jingle. "A história do prefeito / Competente, sério, fazedor / O prefeito da gente / Este, sim, homem de valor", continuava a letra, enumerando dezenas de obras. E finalmente agregava o mítico, o métrico e o mântrico no refrão que caiu no gosto popular: "Deixa o homem seguir / Trabalhando / Deixa o homem seguir / Melhorando / Deixa o homem seguir / Avançando / O homem já fez tanto / Deixa o homem fazer mais".

No final, mesmo com a propaganda eleitoral de TV suspensa por decisão do juiz local, nosso herói tornou-se prefeito pela quarta vez, um feito inédito em um município de 30 anos, conquistando mais que o dobro dos votos do segundo colocado e quase o triplo do terceiro lugar.

## Empoderamento

No outro município, o tripé do mítico, métrico e mântrico nos ajudou a extrair do zero o design da persona política da candidata, cujo adversário era um feroz inimigo do prefeito que a apoiava. Radialista populista, que comandava a campanha de difamação do gestor e tratava a candidata com desdém, machismo e misoginia, nosso opositor via nas supostas fraquezas da nossa candidata (inclusive o fato de ser mulher) o terreno ideal para um massacre. Pisou na própria mina.

Combatemos o discurso de ódio com o discurso da paz e trouxemos à tona a questão de gênero. Aquela eleição era uma luta da mulher, valente e guerreira, contra um homem machista e insidioso. A mulher equilibrada contra o homem fanfarrão. A honestidade contra a corrupção. Quanto mais batiam, mais ela subia nas pesquisas. Não apenas pela sororidade, mas pela percepção de sua jornada, seus valores, sua autoridade moral.

Sem um repertório de obras para apresentar, construímos o métrico a partir da aproximação da candidata com o legado do prefeito que a apoiava. Estabelecemos para isso um argumento plausível, que além de fazer essa ligação também revelava sinceridade e capacidade de realização. "Assumo o compromisso de manter o que está bom, melhorar o que precisa ser melhorado e fazer o que ainda não foi feito", ela passou a repetir, como um mantra, em toda a campanha.

O resultado? A candidata estreante na política foi eleita com 60% dos votos contra 32% do adversário. E o prefeito, antes desgastado, deixaria o cargo com 70% de aprovação.

## Angústia e método

Como se vê, nada é aleatório na concepção do design (que pode ser "redesign") da persona política pelo recurso do mítico, métrico e mântrico. A narrativa da campanha vai sendo construída a partir do estudo dos cenários e a percepção da expectativa das pessoas. Esse manancial de conhecimento é utilizado para ordenar, analisar, avaliar e aferir a perspectiva do eleitor diante da oferta de soluções, de confiança e de esperança, que só ganharão crédito (e voto) se estiverem devidamente lubrificadas pela realidade.

O design da persona política não é a maquiagem feita para iludir; é a moldura que vai revestir, realçar e preservar a verdade do candidato, restaurada e adaptada às demandas da sociedade pelo verniz do marketing. Trajar um candidato com uma roupa que não lhe cabe para forjar uma ligação que não existe é um passo para deixá-lo nu. Como no antigo conto, escrito pelo dinamarquês Hans Cristian Andersen, em que o rei desfila pelado diante dos súditos porque acredita que seu traje era feito por um tecido especial. O que torna um candidato de fato competitivo na campanha é quando sua persona política vira um símbolo do desejo da sociedade e da necessidade coletiva de encontrar esse legítimo representante. Quando a persona traduz, incorpora e, às vezes, até tangibiliza o que chamamos de projeto político.

Numa entrevista para a escritora Edla van Steen, Dias Gomes resumiu em uma frase como era o processo de criação de um autor conhecido pelo manejo do realismo fantástico, repleto de enredos que vão além da imaginação. "O que vem primeiro? A história, o ambiente ou os personagens?", perguntou Edla. "O que vem primeiro é a angústia", falou Dias Gomes.

Não é diferente no marketing político e eleitoral. O que vem primeiro não é o personagem, o enredo, a estratégia ou o cenário que serão desenvolvidos quase simultaneamente. O que vem primeiro é a angústia. E eu só conheço um caminho para amenizar essa angústia: trabalho, método. Para traçar design fino, trabalho duro. Para estruturar estratégia fluida, dores na coluna. Horas de ilha de edição, madrugadas em laptops, em iphones, em eterna vigília. Até o ato final. E a consagração, pelo voto, do personagem que você ajudou a lapidar. E o espoucar das palmas. Ou não.

Ricardo Amado atua como profissional de marketing político há mais de 30 anos. Participou de campanhas majoritárias no Brasil, Argentina, República Dominicana, Angola e Portugal. Foi eleito em 2021 Melhor Consultor Político em Língua Portuguesa pelo Napolitan Victory Awards, premiação concedida pela *Washington Academy of Political Arts and Sciences.*

# A IMPORTÂNCIA DA DIREÇÃO DE ARTE NA CAMPANHA POLÍTICA

*Tarcísio Dantas*

Foi por amor à imaginação e à criatividade que me apaixonei pela criação e pela direção de arte. Trabalhar com direção de arte é gostar da ideia de ter ideias. É entender como traduzir o que está por trás do que parece óbvio, mas não é. É ter acesso ao que está no imaginário – no seu e no do público que será atendido.

E se você é apaixonado por reimaginar um mundo que inspira quem o vê, então você vai saber se apaixonar pela direção de arte também na propaganda política.

Digo isso por experiência própria: eu não gostava de campanha política. Consolidei minha carreira em publicidade e propaganda, na direção de arte de campanhas nacionais e internacionais de muita evidência e repercussão: fazer campanha para política parecia "algo menor". Demorei muito até ser convencido pelo meu parceiro e dupla de criação Duda Mendonça, com quem trabalhei ininterruptamente por 35 anos. Duda me convenceu que aquilo seria um trabalho promissor no futuro – ele estava certo.

Quando comecei a trabalhar com campanhas políticas, quase ninguém sabia o que era direção de arte nessa área, o diretor de arte ficava lendo jornal enquanto esperava um texto ou uma ideia chegar – criada por um redator. Somente depois disso é que viriam a marca, as fotos, a estratégia. Diretor de arte ficava sentado esperando, já pensou?

Um diretor de arte nunca deve trabalhar esperando pelo redator em campanhas de marcas ou de produtos e o mesmo vale para campanhas políticas. É preciso mão na massa e estratégia: conceituar, imaginar, mergulhar fundo no que estará por trás de tudo, nas ideias do que será "aquele produto", as quais o público atenderá e que diferença "aquela marca" espera fazer. E ainda hoje é assim que deve ser quando se pensa em toda uma campanha de um candidato a cargo público, seja senador, governador, deputado federal ou estadual, vereador e presidente da República. Ela tem que ter uma identidade. A começar por uma marca. Que exatamente vai dizer quem vem por aí.

## Direção de arte em uma campanha: o que pensar, por onde começar e o que precisaremos saber

Nas conversas de criação para uma campanha de um candidato (reunião de *briefing*), quais perguntas fazer?

### 1º – Cores

Um dos primeiros itens que o diretor de arte deve considerar são as cores que o candidato deve usar, a cor do partido, as cores do seu estado, uma cor utilizada nas campanhas anteriores, ou não. É fundamental saber também as cores utilizadas pelos adversários. O que cada tipo de cor representa?

No caso de uma conjuntura em que o partido possui uma maior rejeição que o candidato, ou seja, o candidato é maior que o partido – pode ser estratégico o uso de cores diferentes. O mesmo vale quando existe uma necessidade de mostrar um candidato de mais idade ou muito sisudo, que se utilize cores mais vivas, ou no inverso, um candidato muito jovem ou que precise de passar uma imagem mais séria, pode-se escolher cores mais frias, como azul, cinza ou mesmo preto.

**2º – Origens**

O perfil do candidato, saber da sua história política e pessoal e o que ele representa ou representou para o seu público em campanhas anteriores ou não. É preciso saber suas origens. Tudo pode ter implicações gráficas.

**3º – Temas**

Que "bandeira" vai levantar para a campanha? Quais os principais assuntos e desafios da campanha? Quais as necessidades e o que foi pensado estrategicamente? Todo candidato sempre tem um projeto em mente, dependendo da necessidade da sua região.

**4º – Sentimento**

O que dizem as pesquisas é fundamental. Ali tem tudo ou quase tudo sobre o candidato, além de mostrar seu poder de voto e conhecimento de seu público. É sempre bom e importante saber sobre a percepção do público não só sobre o candidato, mas sobre o sentimento dele sobre a cidade, estado ou país. Com certeza existirão bons elementos para uma boa marca.

**5º – Detalhe**

A marca deve ser simples, mas não simplória. Se fala muito em marca para um candidato, que pode ser também um logotipo ou mesmo o nome simplesmente, porém com algo a mais. Um detalhe, por mais simples que seja, faz a diferença em meio a tantos candidatos espalhados por aí em uma eleição. E o detalhe comunica. O detalhe pode e deve representar o diferencial do candidato sobre os outros.

**6º – Fonte**

Uma marca merece um estudo de fontes com infinidades de desenhos diferentes, para facilitar a escolha pelo próprio criador e diretor de arte. As fontes com serifa merecem uma atenção especial, a depender do nome do candidato pode acontecer uma pequena dificuldade de leitura, e fontes sem serifa levam uma vantagem nesse ponto.

**7º – Marcante**

Nomes curtos têm uma tendência maior a ser gravado na memória do eleitor. Como já falei – e reforço isso –, a escolha do tipo de letra que tenha um desenho marcante e ao mesmo tempo fuja do lugar comum fortalece e acrescenta bastante. O tempo de uma campanha é curto e a marca precisa ser rapidamente memorizada, ou seja, gravada na memória do eleitor.

**8º – Foto**

Um dos pontos mais importantes da parte gráfica: a foto do candidato, pois nela estará contida sua personalidade, e a sua apresentação é fundamental para que ele tenha o carinho dos eleitores e a simpatia, mesmo de quem não é eleitor. Essa foto não pode ser feita por um fotógrafo que não tenha experiência com gente. Na foto, temos que extrair uma simpatia saudável, sem falsidade. O brilho nos olhos vai dizer tudo o que ele pensa. Ali estará toda a sua verdade. São frações de segundos que vão ficar gravadas numa única foto e que conquistarão seus eleitores. Procuro sempre nos momentos que antecedem uma foto, e juntamente com o fotógrafo, "fazer uma fala" com o candidato, uma espécie de treinamento, perguntando-lhe por exemplo: se ele estivesse à frente de uma multidão naquele momento, o que ele faria? Isso gera uma grande facilidade. O candidato vai se soltando e ficando à vontade. E todas as reações que ele tem ficam claras na hora do "click". O resultado sempre é surpreendente.

**9º – Cartaz**

Por último e não menos importante, é primordial ter uma arte mestra que possua todos os elementos necessários para serem replicados em outras peças, que vão do website da campanha, à TV, adesivos, arte de carros, peças de internet etc.

Nada mais gráfico que um cartaz. O cartaz da sua campanha deve possuir todos esses componentes: marca, cores, foto e uma série de outros elementos gráficos que transmitam informações de forma direta ou subliminar.

Tudo pode ser um elemento, um detalhe para compor uma marca, que muitas vezes está numa frase ou em uma estratégia de campanha inserida na própria marca. Quanto mais informação tiver, mais viável se torna fazer um bom trabalho.

**"O texto diz uma coisa, a imagem diz outra coisa, juntos, os dois precisam dizer a mesma coisa."**

Entender isso é fundamental para a direção de arte em qualquer campanha, e isso também serve para o candidato. E trabalhar em criação exige criar junto para que os resultados no marketing político sejam eficientes e mais precisos.

As estratégias para estruturar e lançar uma campanha de um candidato a um cargo público devem ser tão importantes e robustas quanto megacampanhas para o lançamento de um carro novo, de uma coleção de grife ou de uma linha de geladeiras - senão grandes, pelo menos sérias em criação e respaldo artístico.

Em qualquer esfera - municipal ou federal, para vereador ou senador - era e ainda é preciso dedicar toda criatividade, inovação, senso de valor e de verdade ao trabalho.

Se um candidato vai prestar serviço e contas ao povo em todos os âmbitos econômicos e sociais, precisamos entender e fazer com que as pessoas entendam suas crenças, valores, história, propostas e intenções. Um desafio: a direção de arte faz isso, mesmo quando tudo isso ainda não está claro para o próprio candidato. Como a cabeça dele ou dela funciona? O que os leva a se candidatar?

Conheci um Brasil que desvalorizava por completo o marketing político e a direção de arte em campanhas políticas. Depois de incontáveis campanhas e candidatos, posso afirmar que essa realidade mudou muito mesmo.

Todo diretor de arte sabe bem qual o impacto que a qualidade gráfica nas estratégias de cada peça possui no êxito da campanha como um todo. Seriedade e investimento em direção de arte são fundamentais para causar este impacto, para construir os atributos e símbolos que o candidato representa. Somente com esses elementos gráficos que detalhamos acima.

Enfim: não importa de que partido ou ideologia política é o candidato. O diretor de arte precisa ser capaz de entender, extrair e traçar a melhor marca, o melhor caminho para aquele personagem. A política caiu em descrédito? As pessoas não acreditam mais em políticos? Não importa. As pessoas gostam do que é bonito, do que é bem-feito e bem comunicado.

Direção de arte em campanha política não pode ser pensada como um trabalho passageiro para ser feito de qualquer jeito, por qualquer tipo de profissional, muito menos copiado. "Poderíamos repetir o que foi feito para fulano?" Não vai dar certo. Cada candidato tem que ter sua marca própria que fale quem é ele e porque está sendo candidato.

O trabalho precisa ser inovador e criativo e deve traduzir uma verdade nada óbvia para o público. Não importa se você vai vender uma caixa de fósforos, um novo carro de última geração ou uma pessoa que tem a proposta de mudar a realidade de uma sociedade. Empenhe-se. A importância de uma marca, mesmo que seja por pouco tempo de campanha, vai ficar na cabeça das pessoas, ainda mais se o candidato for vitorioso.

Tarcísio Dantas é diretor de arte reconhecido no Brasil, Argentina, Colômbia, Bolívia, Chile, Panamá e Europa, onde trabalhou em inúmeras campanhas presidenciais, ao governo, prefeituras e de parlamentares. É cofundador do CAMP e considerado um dos precursores do Marketing Político no Brasil, junto com Duda Mendonça – seu dupla de criação – com quem trabalhou por mais de três décadas.

# CRIATIVIDADE NAS CAMPANHAS POLÍTICAS

*Lucas de Ouro*

Existe mais criatividade nas campanhas políticas do que você imagina. Quem nunca fez uma campanha talvez ache que este não seja o terreno mais fértil para ideias ou até mesmo lance aquele olhar de preconceito para um tipo de trabalho que não vai parar num rolo de Cannes. Mas a realidade é que fazer uma campanha política exige foco e criatividade como em poucos outros trabalhos. Colocar as ideias para fora e defendê-las, desde a apresentação ao candidato até a repercussão das pesquisas não é uma tarefa simples pois há muita coisa em jogo e quase nunca há espaço para erros, diante de uma competição acirrada e monitorada a cada segundo. Criar é um ato de coragem e fazer uma campanha exige muito arrojo. Isso, quem já fez campanhas, há de concordar.

## Bem-vindos à gincana criativa

Quem mergulha no universo das campanhas eleitorais descobre o mundo fascinante das gincanas criativas. Durante uma campanha, você convive intensamente com profissionais de diversas áreas, testa os limites da sua produção de novas ideias e põe a sua criatividade à prova, ao vivo e sem tempo para "pedir ajuda aos universitários".

É claro que chamar esse trabalho complexo de "gincana", é considerar que, apesar dos altos níveis de cortisol, uma campanha política também pode ser muito divertida, principalmente se você tiver a sorte de contar com uma equipe talentosa e um líder confiante. *Spoiler alert:* nem sempre isso acontece. Mas a adrenalina de entregar os programas eleitorais dentro do prazo e as noites viradas no estúdio, já são suficientes para um espírito criativo experienciar boas histórias para colecionar com alguns momentos agradáveis, em meio à correria.

Trabalhar em uma campanha política é colocar as suas ideias para correr. Pensar rápido e ter boas "cartas na manga" são pré-requisitos fundamentais para o sucesso e a longevidade de um profissional que deseja fazer carreira nesta área. Sem falar, é claro, da inteligência emocional para lidar com adversidades, momentos de tensão e cansaço extremo. É como uma maratona para a criatividade, em que os atletas são profissionais que produzem roteiros geniais em poucas horas, que fazem layouts em minutos ou que trazem saídas estratégicas para situações complexas. Nesta corrida, a consistência é tão importante quanto a velocidade.

## Equipes incríveis irão te tirar da zona de conforto

Ao unir diferentes talentos em uma mesma missão, são evidenciadas as habilidades que cada profissional traz para a mesa. Essa mistura é um dos fatores mais interessantes de trabalhar nessa área: conhecer profissionais excelentes, de todos os cantos do país. É possível conviver com o publicitário que criou aquela campanha que virou bordão nacional, com o jornalista que você lê todas as manhãs no jornal, com diretores acostumados a lidar com atrizes globais, com cenógrafos de filmes de Hollywood, com redatores tão brilhantes que poderiam fazer *stand up comedy*, com editores que fizeram os videoclipes da sua banda preferida ou com diretores de arte que criaram marcas que você conhece desde a infância.

Sigmund Freud postulou que as ideias são geradas no "aparelho psíquico" e são fruto da combinação de *inputs* externos, somados às emoções. Ou seja, combinar estímulos externos com a sua subjetividade e singularidade interna forma as suas ideias. Assim, estar rodeado de tanta gente inspiradora já é metade do caminho para você criar mais e melhor. Basta você fazer a sua parte.

## Como ter ideias vencedoras

O grande desafio é criar algo que não tenha sido feito anteriormente e, inevitavelmente, a expectativa de criar algo novo é massacrante quando fixamos no conceito de originalidade. Afinal, como ser original, trabalhando para candidatos pouco originais? Ou, como ser original, quando já fizeram milhares de campanhas antes? Para encontrar essas respostas, a solução é trabalhar o conceito de "combinatividade", e entender que não há o que seja criado "do nada" e que a criatividade se dá na combinação de diferentes referências para elaborar novas ideias. Por isso, um excelente caminho é buscar inspirações de fora do ambiente político para aplicá-las dentro das campanhas e afrouxar os padrões impostos pelas convenções, sempre que possível, subvertendo o que se espera de uma campanha eleitoral, trazendo elementos do entretenimento, da música, das artes plásticas e da poesia corriqueira da vida cotidiana.

Todos conhecem o conceito de "*Déjà Vu*", é aquela sensação de que já vimos algo antes, quando presenciamos algo novo. Numa campanha política, o desafio é praticar conscientemente o "*Vujà Dé*", que é criar a sensação de ver algo novo, quando é apresentado algo que já conhecemos. O criativo está se renovando constantemente para que as campanhas não sejam todas iguais e para conquistar a atenção e um lugar na cabeça e no coração do eleitorado. Não é uma tarefa fácil, mas é possível, e o Brasil tem muitos *cases* que levaram a comunicação de candidatos muito além do horário eleitoral.

Lembre-se que uma campanha é mergulho profundo no contexto. É necessário conhecer os candidatos, o cenário, os concorrentes e, claro, buscar clareza e objetividade na hora de comunicar. É estar atento a tudo isso, com um *deadline* apertado e um extenso cronograma de entregas. O que levaria dois meses para acontecer em uma agência de propaganda, só precisa de dois dias em uma campanha política. Isso vale para a velocidade do trabalho de criação, produção e também para perceber se um determinado colega se encaixa, ou não, na equipe. Por isso, é necessário ser criativo até na forma de apresentar as ideias para o coletivo. Afinal, se a própria equipe não comprar a sua ideia, dificilmente ela ganhará força na rua.

## Existe vida (e ideias) após campanha

Curiosamente, muitos nomes importantes no marketing político vieram de outras áreas de atuação como vendas, literatura e artes. Isso reforça a tese de que, além de uma boa percepção do cenário político, a principal habilidade necessária para um profissional de destaque, é saber lidar com pessoas. É importante saber defender suas ideias e muitas vezes seguir a própria intuição e contrariar dados de pesquisas.

Uma campanha é uma experiência muito intensa e os meses de trabalho ininterrupto podem sugar boa parte da energia criativa de quem se deixa desequilibrar pela pressão. Mas também é possível utilizar a alta velocidade, que se atinge no processo criativo de uma campanha, para impulsionar e acelerar outros projetos. É uma experiência incrível para quem trabalha com criatividade.

Para finalizar, aí vai uma dica para um profissional criativo ou uma profissional criativa que vai trabalhar em campanha política: é importante lembrar que a Estratégia é a bússola e a Criatividade é o diferencial, mas a Verdade tem que ser a matéria-prima para as ideias.

Lucas de Ouro é diretor de arte, baiano, foi eleito Profissional de Propaganda do Ano N/NE pelo Prêmio Colunistas 2015. Diretor do Clube de Criação da Bahia com mais de 35 prêmios, já trabalhou para campanhas presidenciais no Brasil, Argentina e Chile.

# O PODER DA IMAGEM NA CONSTRUÇÃO DA NARRATIVA POLÍTICA

*Marcelo Weiss*

*"O objetivo de tirar fotos é para que você não precise explicar as coisas com palavras."*
**Elliott Erwitt**

A frase acima expressa a essência e a importância das imagens: contar histórias. Narrativas que podem ser construídas não apenas através das imagens estáticas da fotografia, mas também dos filmes e vídeos que hoje se tornaram expressões cotidianas, acessíveis a todos, na palma da mão. Elliott Erwitt, o autor da frase, não fotografou para políticos, mas fotografava a vida, e a vida humana é, fundamentalmente, política. Também não há política sem emoção.

Nessa busca, Erwitt chegou a ir a Cuba, em 1964, com a desculpa de fotografar a paisagem, mas seu objetivo era registrar aqueles líderes que acabavam de mudar os rumos de um país. São dele as icônicas fotos de Che Guevara[1], relaxado, fumando charutos, ou ainda a famosa fotografia "*The Kitchen Debate*", imagem do então vice-presidente Richard Nixon "enquadrando" Nikita Khrushchev[2], com o dedo em seu peito, tirada em 1959, durante uma exposição de produtos americanos, em Moscou. Todas grandes histórias, repletas de emoção e simbolismo.

1 Imagem em:tinyurl.com/FotoCheGuevara

2 Imagem em: tinyurl.com/NixonKhrushchev

Por isso, ao escrever esse capítulo, a finalidade principal não é tratar de assuntos técnicos, como listar equipamentos e recursos, mas sim formar um pensamento sobre a construção de uma imagem alinhada a objetivos específicos na política, seja por meio de selfies espontâneos, filmes e vídeos produzidos profissionalmente ou retratos oficiais, pois tudo deve ser pensado e cuidado a cada passo, cada detalhe e o tempo todo. Mas, qual é o ponto de partida?

Ao longo dos vários capítulos deste livro, você tem a oportunidade de estar em contato com todos os componentes necessários para se compreender como estruturar a comunicação política e eleitoral para sua carreira ou para quem você assessora. Por isso, vamos focar aqui nas perguntas que já precisam estar respondidas ao se iniciar o processo de consolidação da imagem que tanto a fotografia quanto os vídeos precisam captar e transmitir: o que você ou o seu cliente representa? Qual é a síntese da ideia a ser expressada em uma imagem? Para responder a essas perguntas, o primeiro passo é compreender o conceito dos arquétipos aplicados à liderança política.

## Arquétipos na construção da imagem

Os arquétipos foram apresentados por Carl Jung, que descreveu 12 perfis que acreditava representarem as figuras que compõem cada um de nós. Esse conceito da Psicologia se popularizou e vem sendo aplicado desde a construção de narrativas literárias, até o desenvolvimento de marcas comerciais e, logicamente, na comunicação política. Baseado nesse pensamento e por meio do estudo de inúmeras campanhas eleitorais e de líderes, o político e sociólogo francês Roger-Gérard Schwartzenberg categorizou e condensou esses arquétipos, chegando a quatro perfis, que ele descreve em seu livro "O Estado Espetáculo", lançado incialmente no final dos anos 1970 e que ganhou atualização, décadas depois, incluindo estudo sobre nomes da atualidade, como Angela Merkel, por exemplo. Sendo assim, por questões didáticas, práticas e que considero eficientes, vou trabalhar aqui com base nos arquétipos de Schwartzenberg. Então, vamos lá, relembrar, de forma bem sintetizada, quais são os quatro arquétipos:

- Herói ou Heroína – que tem coragem, que soluciona problemas, que não tem medo, que é incansável;
- O Pai ou a Mãe – pessoa que cuida, que provê, mas que também tem autoridade, que pode ser rígida com aqueles que estão sob seus cuidados;
- O Homem ou Mulher Simples, do Povo – pessoa que veio das bases, que venceu dificuldades, as superou para se tornar líder. Por isso, entende os problemas do povo, tem uma conexão direta com ele;
- O ou a Líder Charme – pessoa carismática, empática, educada, eloquente, líder que trata a política com charme e sedução.

Listados os arquétipos, é importante entender que não existe uma fórmula mágica para se trabalhar a comunicação política, mas algumas experiências são válidas e importantes de serem compartilhadas. No que se refere ao nosso tema, tenha em mente que não se pode criar uma imagem a partir do nada, apenas porque naquele momento os anseios da população apontam para determinado perfil, pois os elementos básicos que compõem a personalidade e a história de vida do candidato ou candidata precisam estar presentes. Por exemplo, um político de origem simples, que traga consigo traços dessa simplicidade e tenha apoiado-se nessa narrativa, não pode, de uma hora para outra, tentar se apresentar como um "Líder Charme". A imagem tem que ser verdadeira e estar em sintonia com a essência da pessoa. Tentar transformar o ex-presidente Fernando Henrique Cardoso[3], um sociólogo eloquente, com extensa formação acadêmica, vindo de família tradicional e rica, em um homem simples, que passou privações, não seria possível mesmo num momento em que o eleitor almejasse isso. É possível, sim, alguns ajustes ou uso de recursos que aproximem o candidato ao perfil desejado, desde que feitos com bom senso.

3 Imagem em: tinyurl.com/FotoFHC

Um exemplo de que gosto muito é o da ex-prefeita de São Paulo e ex--senadora, Marta Suplicy. Uma mulher que fez sua carreira política principalmente no PT, tratando sobre temas sociais, com discurso de quem entende os mais pobres, que se preocupa com eles, o que numa avaliação superficial poderia descrevê-la como "Mulher Simples". Mas, Marta Suplicy é uma pessoa de família tradicional, bem-educada e preparada que, embora tenha essa conexão com as camadas menos favorecidas, não se apresenta como simples. Ela aparece sempre muito bem-vestida e, mesmo que esteja numa comunidade, andando em ruas de barro, vestida informalmente com jeans e tênis[4], mantém-se dentro da sua persona "Charme", impecavelmente arrumada. São a essas sutilezas que se precisa prestar atenção.

## E quem é que fotografa o dia a dia?

Políticos de sucesso sabem da importância de uma boa comunicação, contratam profissionais especializados em cada função. Ao contrário do que possa parecer, fotografar e filmar são funções incompatíveis. Hoje, com o uso de câmeras DSLR ou até mesmo bons celulares para se fazer as duas coisas, a tendência é que as atividades se confundam. Porém, a realidade é diferente disso. Fotografar é captar um instante que conta uma história. Filmar é ilustrar a história com movimento, fala e continuidade. Um bom fotógrafo pode ser também um bom cinegrafista e vice-versa. Aliás, conheço ótimos profissionais assim, mas nunca devem fazê-lo ao mesmo tempo. Se o fizerem, só conseguirão realizar bem uma das duas coisas, correndo o risco de não serem bons em nenhuma delas.

## Nem todo mundo é Obama, mas seu fotógrafo precisa ter o olhar adequado

Pete Souza foi fotógrafo da Casa Branca na administração de dois presidentes muito diferentes: Ronald Reagan e Barack Obama, mas tornou-se

4 Imagem em: tinyurl.com/FotoMartaSuplicy

uma celebridade na gestão de Obama. Suas fotos captaram momentos icônicos e ajudaram a construir a imagem do herói empático e charmoso, que o mundo aprendeu a admirar.

Ele entendeu que numa situação formal, o "Herói" pode assumir uma atitude informal e se mostrar mais preocupado com as pessoas do que com a formalidade. Essa imagem não seria captada sem seus olhos atentos, mas também não existiria se Obama não fosse realmente assim. A imagem está ligada sempre ao olhar do fotógrafo, aliado à forma de ser do político. Essa sintonia permitiu-lhe conseguir fotos tão inusitadas e diversas como a do Presidente Obama deitado no chão de seu escritório, descontraído, levantando com os braços uma criança vestida de coelho[5]; ou a imagem de um Obama com expressão grave, olhando para cima, absorto em pensamentos de grandes decisões a serem tomadas[6]. Ambos heróis em situações diferentes.

Essa valorização do resultado fotográfico começa na escolha do profissional, mas está sempre ligada diretamente a quem é e como age o político. Está ligada também à dedicação do político ao resultado. Isso pode significar andar um pouco mais devagar em uma caminhada de rua, se o fotógrafo pedir, para que tenha mais tempo de se posicionar. Pode significar tomar outro café com uma liderança, permitindo que o fotógrafo passe para dentro do balcão e tenha uma foto dos dois com os apoiadores no fundo. Pequenos esforços e dedicação permitirão que se obtenha fotos (ou cenas, é sempre importante lembrar) extraordinárias.

Como exemplo, o mesmo Pete Souza, utilizando as mesmas técnicas fotográficas e a mesma dedicação, produziu um portfólio muito diferente para Ronald Reagan. Embora ambos sejam a representação do "Herói", Reagan foi retratado mais "durão", como na foto em que discute com seus secretários em frente a um mapa[7]. Nos momentos de descontração, as

5 Imagem em: tinyurl.com/ObamaFoto1

6 Imagem em: tinyurl.com/ObamaFoto2

7 Imagem em: tinyurl.com/ReganFoto1

brincadeiras eram do *cowboy*, andando a cavalo[8], em sintonia com a imagem que ele sempre cultivou desde os tempos do cinema.

O fotógrafo é um aliado, um parceiro do político, em que os dois buscam sempre o melhor resultado. Isso é o que acontece na fotografia de moda, por exemplo, e deve ser sempre o que devemos buscar na fotografia política.

## Eu não queria, mas vou ter que falar de equipamento

É comum que alguns políticos, principalmente os que já têm algum sucesso, invistam em bons ternos, relógios de grife, celulares de última geração, bons carros etc. Alguns itens que listei acima podem ser importantes para a composição da imagem, dependendo do arquétipo escolhido; ou em outros arquétipos, podem ser inclusive negativos. Isso deve ser pesado e avaliado de forma a expressar a imagem desejada, aquela que passa o que se quer ao eleitor. É só lembrar que José Mujica, ex-presidente do Uruguai, por exemplo, sempre foi lembrado por ser o presidente que ia de Fusca para o trabalho, verdadeiro representante do "Homem Simples".

Independentemente do perfil adotado, infelizmente, na hora de investir em equipamento de imagem para sua equipe, alguns políticos são muito econômicos. Acreditam que basta um celular para se obter as imagens necessárias. Não se preocupam em ter microfones profissionais para suas gravações, obtendo áudios ininteligíveis, cheios de ruídos e com invasão dos barulhos externos. Também a falta de lentes adequadas limita o desempenho do fotógrafo ou do cinegrafista. Por exemplo, uma cena que tenha que ser feita de longe, do alto de um edifício, necessita do uso de uma teleobjetiva, que não é um equipamento barato.

Por outro lado, já vi membros da equipe do candidato/político que exageram nas suas escolhas. Equipamentos excessivamente caros, com resolução ou conjunto de lentes exagerados. O equipamento deve cumprir as necessidades sem que isso comprometa o orçamento da campanha ou do mandato.

8 Imagem em: tinyurl.com/ReganFoto2

E há muita solução com custos razoáveis à disposição hoje em dia. Um bom profissional sabe dimensionar exatamente o que se precisa e a palavra-chave é bom senso.

## Nada deve ser improviso

Quando Obama esteve no Brasil, houve um cuidado muito específico com sua imagem, afinal ele vinha com a missão de nos conquistar. Tudo foi feito de forma orquestrada entre o protocolo e as imagens produzidas, para transmitir a narrativa de um presidente de um país irmão, igual. Desde bandeiras do Brasil e dos EUA, intercaladas, com o mesmo peso, usadas como fundo para seu discurso[9], até a silhueta do Congresso Nacional e do Cristo Redentor como fundo de telas, disponibilizados pela Embaixada Americana no Brasil[10]. Simpatia e empatia com os brasileiros fizeram parte do discurso, das atividades e se refletiram nas imagens captadas pelas lentes.

A fotografia é sempre um todo. Não se tem uma boa imagem com um fundo ruim. Tudo deve ser cuidado de forma impecável. Em uma palestra, as roupas, a postura, os gestos e o *background* fazem parte da imagem a ser transmitida às pessoas e que o fotógrafo ou o cinegrafista vai reproduzir.

A pandemia da covid-19 intensificou a participação dos políticos em *lives* e reuniões virtuais. Mas é comum ver políticos que negligenciam esses momentos, com fundos, luz e áudio inadequados. O que devemos é analisar a mensagem desejada e criar uma cena que transmita isso. Mas sempre em consonância com a verdade do político, como tenho insistido até aqui.

E isso vale, inclusive, para eventos em ambientes menos controlados. O protocolo da campanha ou do mandato recomenda que político e fotógrafo devem estar em sintonia. Por exemplo: muitos políticos têm a tentação de sair em caminhadas com a vestimenta inadequada, usando bonés ou muito simplórios quando a imagem pretendida era a do "Herói", que ficaria

9 Imagem em: tinyurl.com/ObamaFoto3

10 Imagem em: tinyurl.com/ObamaFoto4

muito melhor com uma camisa, como se tivesse acabado de sair do gabinete, incansável. Numa ocasião, tive um cliente que se iniciava na carreira política e ainda era pouco conhecido. Assim, comprou várias camisas iguais, para que aparecesse em qualquer foto ou vídeo como na foto de campanha. São pequenos cuidados de produção que devem estar sempre acertados e alinhados com a estratégia da campanha.

É sabido que Obama sempre ensaiava seu gestual e suas apresentações para transmitir a melhor imagem possível. O livro "*Say it like Obama and win!*" mostra que seu trabalho estudando textos e ensaiando seu gestual acabava gerando muito mais do que bons discursos, geravam imagens memoráveis.

## O importante é sempre contar histórias

Ao longo da história da Humanidade, imagens narram feitos desde as pinturas rupestres deixadas por nossos ancestrais. Lembram da foto "*The Kitchen Debate*" que citei no início do texto? Para os americanos, ela foi usada para passar a imagem de um Nixon forte, confrontando o mundo soviético. Já para os soviéticos, ela serviu para ilustrar a ameaça americana. Uma imagem é algo forte, duradouro, que merece toda a nossa atenção, principalmente na narrativa política.

Os americanos são mestres nisso. Finalizando ainda com o exemplo de Obama que, por meio de Pete Souza, colecionou mais de 2 milhões de fotos, nos 8 anos de mandato. É da quantidade que se extrai a excelência. Isso não quer dizer sair tirando foto de qualquer jeito, mas sim experimentar, brincar, fazer e refazer, buscando sempre a perfeição. Às vezes, é chato, cansativo, mas o resultado pode ser muito gratificante.

O primeiro passo então é escolher um profissional que ame o que está fazendo. Que além de ter ótima base técnica, estude o trabalho de outros profissionais da área. O segundo é o político dar a importância necessária para a sua própria imagem. Tirar um tempo para estudar seus gestos, suas roupas, sua postura. Dedicar alguns minutos conversando com o seu fotógrafo, de forma que ele sinta-se à vontade para lhe pedir para refazer uma foto, se necessário. Para pedir para sincronizar pequenos detalhes para se ter um ótimo resultado, mesmo na correria de uma agenda externa. Isso é ouro no campo da imagem e renderá toda uma história de vida, fundamental para a carreira política.

Marcelo Weiss é consultor político, estrategista de comunicação política, conselheiro do CAMP e diretor da ALACOP no Brasil. Coordenou diversas campanhas no Brasil e na África. Reconhecido por várias premiações no Brasil, na Europa e na América Latina.

# *MEDIA TRAINING* E ORATÓRIA

*Tânia Moreira*

Aqueles que já assistiram ao filme "O discurso do rei", vencedor do Oscar de Melhor Filme em 2011, já adentraram, ao menos um pouco, no mundo do *media training* e da oratória. Para quem ainda não assistiu, a narrativa emocionante traz a história de amizade entre o príncipe Albert, que assumiria o trono como rei George VI, e o fonoaudiólogo Lionel Logue, o qual utiliza diversas técnicas para ajudar o príncipe a superar a gagueira, que o acompanhava desde a infância, revelando, como consequência, sua insegurança. Afinal, há um grande discurso por vir. Mas Logue não ajuda apenas na gagueira. Ele também dá uma verdadeira aula de postura, da maneira mais adequada de falar e se portar, a passar confiança. O que é feito no filme é um exemplo perfeito de *media training*, que nada mais é do que um treinamento àqueles que desejam aprimorar exatamente essas técnicas para a lida com jornalistas e a mídia como um todo. Entrevistas, discursos em eventos, palestras, ou mesmo o *network* clássico de qualquer líder são aperfeiçoados e postos em prática. Aliás, prática é a palavra-chave desse treinamento.

Mas antes de começar a adentrar ainda mais no mundo do *media training* e da oratória, é preciso, desde já, deixar algo claro: ninguém sabe tudo. E, no mundo político, essa prerrogativa é muitas vezes esquecida, dando lugar a problemas de fala, postura inadequada, nervosismo visível e má conduta com os veículos de imprensa. Esse é o grande problema de boa parte dos políticos, quando o assunto é falar com a imprensa. Muitas pessoas julgam entender tudo de comunicação e esquecem que, na comunicação, há especialistas. É preciso entender a Comunicação como uma área; é algo muito mais profundo do que pensamos.

Em geral, empresários, executivos, médicos e políticos não têm formação voltada para a comunicação com a mídia e, por conta disso, não entendem o que é a imprensa, o que faz, como funciona, quais suas demandas. Por isso, eu digo: todos precisam de um *media training*. Essa é a verdade. Pelo menos, todos aqueles que almejam ser porta-vozes eficientes, educados, firmes e com uma boa oratória. Afinal, o que seria do podre príncipe Albert em seu discurso de coroação?

Cada vez se faz mais necessário discutirmos *media training* e oratória. A era digital veio com força. Vivemos em um mundo novo. Tudo é postado, comentado, compartilhado. Qualquer palavra e foto já são prontamente divulgadas nas redes sociais. Assim, torna-se cada vez mais desafiador saber falar, expressar-se, dar uma entrevista, saber escrever um bom texto, conhecer as técnicas e os limites. Vivemos um tempo em que a paciência tem passado longe de nós; em que o próprio tempo dita as regras.

Discutir comunicação significa, sobretudo, preparar-se. Às vezes, o que poderia ser um simples enfrentamento, torna-se uma situação de crise a ser administrada. A comunicação é muitas vezes subestimada. Essa é a grande verdade. Mas saber comunicar-se com clareza e postura não é tão simples quanto parece. A preparação se tornou a principal estratégia da comunicação. E a ferramenta para isso é o *media training*.

Durante o *media training*, são dadas orientações sobre a melhor maneira de se divulgar uma mensagem na mídia. Cuida-se, assim, os conteúdos e a maneira de se falar: a melhor escolha é a transparência, a calma, o conhecimento e a segurança nas palavras. É importante considerar que o *media training* é um treinamento para quem deseja, ou já ocupa, espaços jornalísticos. A imprensa é a via mais abrangente de se falar com centenas ou milhares de pessoas ao mesmo tempo. Afinal, é bom lembrar que comunicação efetiva é aquela em que conversamos com o seu João e a dona Maria, porque comunicação é para todos.

O treinamento é oferecido por jornalistas que atuam no mercado ou por profissionais capacitados. A duração pode ser de um dia ou mais, dependendo da complexidade e da necessidade de aprofundamento de habilidades. No geral, o treinamento divide-se em três grandes partes. A primeira delas é apresentar questões teóricas sobre o assunto: o que é a imprensa, o que ela faz e espera, como se comportar em uma entrevista, como escolher as melhores palavras, como manter um relacionamento bom com os jornalistas. O figurino, antes tido como um dos itens mais importantes a ser trabalhado, hoje, na minha visão, deve ser traduzido em conforto. Ou seja, para ir a uma entrevista é sempre bom utilizar o bom senso, claro, mas, sobretudo, sentir-se confortável com a roupa e os adereços que se usa. A pessoa precisa conseguir carregar a roupa. O fundamental é ser quem se é, inclusive no figurino.

No segundo momento, é simulada uma entrevista, gravada para que depois possa ser vista e revista quantas vezes forem necessárias. Neste momento, o porta-voz é analisado com extrema criticidade pelo ministrante do *media training*. É aí que vem a terceira parte do curso, em que o ministrante dá o *feedback* da entrevista, com comentários sobre o seu desempenho, contendo pontos fortes e fracos, o que deve ser aprimorado e o que está no caminho certo.

Alguns aspectos devem ser levados em consideração na hora de atender à imprensa. Antes de mais nada, é preciso preparar-se, estudar os assuntos a serem debatidos, ser interessado, pesquisar a fundo e treinar. Nada acontece direito sem muita prática. É de suma importância estar sempre bem informado sobre o que acontece na sua cidade, no seu estado, país, mundo. Quanto mais fortes em conhecimento, mais seguros e firmes estaremos diante de perguntas em uma entrevista ou de um debate.

Com conhecimento, há outra palavra fundamental para todos que querem desenvolver suas habilidades de oratória e sua lida com a imprensa: a simplicidade. Não precisa inventar. Simplicidade, objetividade e clareza são os três pontos absolutamente necessários na relação com a imprensa. E, ao falar, é preciso ser claro. Aproveitar as oportunidades para transmitir a mensagem desejada de maneira eficiente é uma estratégia prioritária na comunicação. E ser objetivo não significa falar rápido, ser econômico nas palavras, ser grosseiro. Significa assertividade. Não há necessidade de encher a fala de palavras rebuscadas. Em geral, respostas longas, recheadas de termos técnicos, mais atrapalham que ajudam. Não são números exatos de leis ou dados e mais dados que mostram que temos conhecimento, mas sim a nossa capacidade de síntese.

Outro ponto crucial, quando entramos em contato com o *media training*, é que honestidade, consigo e com os outros, é crucial. Um porta-voz com posições bem definidas e verdadeiro é ouvido com muito mais atenção. Não é mais tolerável que uma figura pública, ainda mais um político, não assuma um lado, não tenha um posicionamento estabelecido. É preciso falar a verdade, sempre. Muitas vezes acontece de candidatos mais populares quererem parecer mais intelectuais, candidatos mais velhos quererem parecer mais jovens, candidatos com sotaque quererem deixar de ter o sotaque. É preciso ser natural, ser quem se é em todos os momentos. Pessoas verdadeiras consigo acabam cativando os outros.

Lembre-se: *media training* e oratória são duas faces da mesma moeda. Uma não vive sem a outra.

## Relação entre comunicação e política

Comunicação e política estão cada vez mais entrelaçadas, já que a política tem se tornado um prato cheio para a imprensa. Em períodos eleitorais, a mídia e a política estão ainda mais ligadas. Afinal, este é o maior momento de falar nas plataformas para o grande público. E, aqui, há uma completa mistura de sugestões e ideias que chegam aos candidatos de todas as formas possíveis. O problema é quando o candidato acredita que falar tudo o que pensa sobre toda e qualquer área é o mais eficaz. Quando isso acontece, as campanhas tornam-se verdadeiros espetáculos sem início, meio e fim. O resultado trágico disso é que o eleitor se afasta cada vez mais, prevalecendo o desinteresse.

Tendo em vista isso, o treinamento para a mídia deve iniciar muito antes da campanha propriamente dita. A palavra-chave, aqui, é: *preparação*. O profissional precisa estudar sobre a vida do candidato, entender suas manifestações nas redes, compreender quem ele é e como quer chegar ao fim de uma eleição. Cada aparição na mídia é uma oportunidade preciosa que não pode ser desperdiçada.

## Gerenciamento de crise

Ninguém gosta de situações de crise, seja em um casamento ou na vida profissional. Mas um bom político deve estar preparado para enfrentar esse tipo de problema. O *media training* também auxilia no gerenciamento de crises que podem - e vão, em algum momento - surgir. Nesses casos, a mídia pode ser aliada ou inimiga, tudo depende de como lidamos com ela, do que é dito e de que forma. É preciso clareza na transmissão das informações, passar credibilidade em palavras e comportamentos.

## O que é notícia

Pode parecer bobagem esse título, mas além de tudo o que já falamos aqui, o *media training* exige que saibamos exatamente o que é uma notícia e quando ela é importante de ser transmitida. Notícia é uma informação a respeito de algum acontecimento ou mudanças recentes. É novidade. E notícia mesmo só é verdadeiramente relevante se for nova. Neste sentido, é crucial cuidar para quem se dá a notícia, avaliar se é o caso de dar uma entrevista exclusiva sobre o que se quer transmitir ou se não é necessário. Às vezes, o silêncio pode ser melhor.

## Os canais de comunicação

Cada veículo de comunicação tem a sua relevância e as suas peculiaridades. E quando falamos em *media training*, devemos falar obrigatoriamente sobre os meios de se comunicar: a televisão, o rádio, o jornal e a internet.

A bem da verdade, sabemos que a televisão segue sendo a grande poderosa, estando presente em quase 100% dos domicílios brasileiros. A internet vem logo depois, expandindo-se pelo mundo com grande força no campo das comunicações instantâneas. A internet é palanque de coisas boas e ruins; é palanque de informação, mas também de desinformação e muitos palpites. É importante, aqui, entender o papel de cada rede social. O rádio segue tendo uma importância significativa em muitos municípios do Brasil. É companheiro fiel de milhares de pessoas. O jornal, por sua vez, nunca deixou de existir, como tantos acreditavam.

É importante ressaltar que vivemos na era da informação. Notícias das mais diversas chegam a nós de milhares de formas diferentes, por todos os meios de comunicação, especialmente através da poderosa internet, a qual, ainda, não possui um filtro para notícias falsas, por exemplo. As redes sociais potencializam falas, atos, fotos, acertos, deslizes. É uma pluralidade imensa de pontos negativos e positivos advindos da internet. E no meio de tudo isso, nunca foi tão importante que uma figura pública cuidasse de seus posicionamentos, suas falas e imagem, no sentido mais amplo da palavra.

Além disso, um dos pontos mais importantes para a vida política de alguém é procurar manter o melhor relacionamento possível com a mídia, ou seja: um relacionamento sério e com muito respeito. Afinal, um relacionamento ruim com a mídia pode afetar, e muito, a imagem e reputação de um agente político e, assim, ter aspectos negativos lá na frente, nas urnas. Popularidade nem sempre define, por si só, eleição.

## Oratória

*"Uma das primeiras impressões que eu tive do Brasil foi de um filme que eu assisti com a minha mãe quando era criança; um filme chamado 'Orfeu Negro', que se passava nas favelas do Rio durante o Carnaval. E minha mãe amou aquele filme e todos os cantos e danças em lindas colinas verdes. E o lançamento dele foi aqui no Teatro Municipal. Minha mãe não está mais aqui*

*agora, mas ela nunca imaginaria que a primeira viagem de seu filho ao Brasil seria como presidente dos Estados Unidos. Ela nunca teria imaginado isso."*

As aspas acima são de Barack Obama, ex-presidente dos Estados Unidos, em um de seus discursos. Este, para mim, é um dos mais memoráveis, ocorrido no Teatro Municipal do Rio de Janeiro. É assim que começamos a falar de oratória, este assunto que gera pânico em tantas pessoas, quando precisam falar em público. Diferente de Obama, o príncipe Charles, que falamos lá atrás, não era seguro de si. Pelo contrário: era tímido e extremamente inseguro na fala. Há certas profissões, como a de um príncipe que será, em breve, coroado rei, que exigem falar. E não é só falar: é falar bem. É falar com firmeza. Falar com conhecimento e domínio.

É aí que entra a oratória e a sua importância no mundo de quem precisa se expor publicamente, falar para uma multidão, um público, um eleitor. Sabemos que o discurso é uma arma poderosa. E é exatamente por este motivo que a oratória é uma arte e uma ciência: arte, porque tem um componente subjetivo, que é o carisma; e ciência, porque tem o componente objetivo, que são as técnicas específicas.

Reitero: oratória e *media training* estão absolutamente interligados. Não existe ministrar um *media training* sem praticar oratória. Também não existe treinar oratória sem adentrar no mundo do *media training.*

## Dicas para um bom discurso

- Olhar diretamente para a plateia enquanto fala.
- Se tem microfone, não há necessidade de falar muito alto. Conversar é a melhor estratégia neste caso. Ser enfático não significa gritar.
- Muito cuidado com brincadeiras de mau gosto.
- Evitar citar nomes de famosos que não se conhece bem.
- Linguagem sempre clara, com frases curtas, preferencialmente.
- Muita pesquisa prévia sobre os assuntos a serem abordados. Esquematizar pontos principais.

- Simplicidade no discurso.
- Revisão e prática.
- Fale sempre a verdade.

Conhecemos grandes discursos e locutores na história da Humanidade para o bem e para o mal. Discursos estes que alteraram o rumo de uma nação inteira, que construíram impérios, que mudaram a direção da política e dos valores sociais. Mahatma Gandhi, que promoveu uma revolução pacífica na Índia ao proclamar seu discurso, em 1942; Adolf Hitler, em contrapartida, que, sem fundamento algum, convenceu uma nação da superioridade da raça ariana, apenas com base no preconceito e no discurso de ódio; Martin Luther King, que emocionou uma multidão com seu mais famoso discurso "*I have a dream*", na luta pelos direitos civis nos Estados Unidos; Nelson Mandela, que, em 1964, fez o discurso que seria determinante para a luta de direitos iguais entre negros e brancos na África do Sul e no mundo; Getúlio Vargas, que falou sobre as políticas de regularização do trabalho, em 1951; e Barack Obama, na minha lista pessoal como um dos mais importantes oradores da história. Os discursos de Obama são uma verdadeira aula sobre oratória, porque têm características fundamentais para um bom discurso: boa dicção, postura, firmeza, conhecimento e empatia.

Tânia Moreira, jornalista. Atual secretária de Comunicação do Rio Grande do Sul. Especialista em *media training* e oratória. Já fez mais de 13 campanhas majoritárias na área de rádio e TV.

# FORMAS DE CONTATO COM O ELEITOR I

# A PROPAGANDA ELEITORAL NA TELEVISÃO

*Lula Guimarães*

Luz, câmera, eleição! O Brasil criou um modelo particular de campanha eleitoral na televisão que tornou possível verdadeiros fenômenos de comunicação política. Antes da TV, os jingles políticos já faziam sucesso no rádio brasileiro, mas é a partir da expansão da telinha em redes nacionais que as campanhas passam a ter ainda mais influência, em especial, sobre o eleitor de baixa renda. A ditadura cuida de integrar o país continental e faz da TV o veículo de comunicação com maior presença e influência entre os brasileiros. A Copa do Mundo de 1970 foi acompanhada por 25 milhões de brasileiros pela TV. Nos anos 1980, ela estava em cerca de 64% dos lares brasileiros. Hoje, está em 97% das casas do país.

Com o início da lenta abertura política, o Brasil inaugura um modelo curioso de propaganda política, criada no governo Geisel pelo então ministro da Justiça Armando Falcão. A "Lei Falcão" determina regras rígidas para a exibição do material no rádio e na TV, restringe discursos políticos mais elaborados, permitindo apenas a exibição de uma breve biografia seguida da foto do candidato. Também não eram permitidas músicas com letras, discursos ou imagens ilustrativas. Vale lembrar que a ditadura havia imposto o bipartidarismo e, embora vendesse um discurso de promoção de igualdade entre candidatos, o que o governo militar pretendia era que o MDB, da oposição, não tivesse ferramentas de comunicação muito amplas no embate com seu partido de sustentação, a ARENA. Não é exagero dizer que este formato é pioneiro dos atuais memes, já que, mais do que se informar, o eleitor divertia-se com a exibição das biografias e retratos bizarros dos postulantes. Só em 1984 é que a propaganda eleitoral volta a ser liberada e, a partir daí, se dá início à produção de programas de TV cada vez mais elaborados.

Neste contexto, entram em cena os especialistas, além dos estrategistas, os jornalistas e publicitários, diretores, produtores, atores e todo o time responsável pelos programas de maior audiência na televisão. Agora com imagens, os jingles políticos ganham ainda mais relevância, campanhas de oposição ganham mais impacto com a exibição de reportagens e entrevistas. A partir daí, diversos profissionais, hoje membros do CAMP, produzem materiais históricos.

É justo afirmar que, entre 1984 e 1990, as campanhas na TV tiveram grande influência na decisão de voto, mas vale a pena analisar um cenário que se apresenta a partir da gigantesca mobilização nacional pelas eleições diretas, que resultou na eleição de 1989. A primeira campanha presidencial pós-ditadura militar faz história, com formatos inovadores, apelo para recursos televisivos inéditos que se traduz numa gigantesca força de mobilização. Destacam-se as campanhas do então líder sindical Luiz Inácio da Silva e do ex-governador de Alagoas Fernando Collor de Melo. A campanha de Lula segue passos da bem-sucedida campanha do plebiscito ocorrido um ano antes no Chile, que escolheu pela abreviação do mandato do ditador Augusto Pinochet e por eleições no ano seguinte. O "No[1]", da não continuidade do ditador no poder, vence com uma criativa campanha de TV e com jingle contagiante. Aqui, a campanha de Lula mobiliza e emociona o Brasil com "Lula-lá[2], brilha uma estrela" num videoclipe com a participação de Chico Buarque, Gilberto Gil e Djavan, além de atores globais em esquetes de humor

1 *No* é também título do filme chileno lançado no ano de 2012, dirigido por Pablo Larraín, que narra a campanha do plebiscito nacional de 1988 no país.

2 Jingle do compositor Hilton Accioli a partir do *briefing* e do conceito de Paulo de Tarso da Cunha Santos, membro do CAMP.

saídos do popular TV Pirata, e em excelentes reportagens da Rede Povo, em uma paródia à Rede Globo.

A TV segue como estrela nas campanhas presidenciais e, em 1994, Fernando Henrique Cardoso é protagonista de uma sofisticada campanha, embalada por um time de premiados publicitários[3].

Além dos publicitários, vale destacar o impulso que a propaganda política teve com profissionais vindos do jornalismo. Uma das principais máquinas de produção de campanhas televisivas do país é montada por jornalistas egressos da TV Globo, após o episódio da manipulação da edição do debate do segundo turno entre Lula e Collor, apresentada no Jornal Nacional, retratada no documentário *"Beyond Citizen Kane"*, do diretor britânico Simon Hartog. Um time de pesos-pesados do jornalismo deixa a TV para montar uma poderosa estrutura de comunicação política[4] com estúdios em São Paulo, Brasília e Curitiba, com atuação regional e nacional.

A cada eleição presidencial, os investimentos na TV avolumam-se, já que, neste momento, não há limites para os partidos receberem doações de empresas privadas para seus projetos políticos. As campanhas passam a ter superproduções cinematográficas, com o mesmo padrão do que são hoje as milionárias séries dos *streamings*. Profissionais brasileiros exportam o formato para outras democracias no mundo, em especial na América Latina e África. Em 2002, Lula é personagem de um bem produzido documentário biográfico[5] que conta sua trajetória política e de vida, enquanto José Serra mostra um jingle interpretado por um corpo de baile com mais de 100 integrantes, como um musical da Broadway. Em 2006, imagens grandiosas do Brasil revezam-se na campanha de Lula e Geraldo Alckmin. Em 2010, uma câmera viaja do Oiapoque ao Chuí, mostrando Lula e Dilma trocando ideias a partir dos dois extremos do país. E as cifras não param de aumentar. Somadas, as

3 Nizan Guanaes e membros do CAMP, Nelson Biondi e Rui Rodrigues, entre outros.

4 GW Comunicação, criada pelos jornalistas Woile Guimarães, Francisco Wianey Pinheiro, Luís Gonzales e Gilnei Rampazzo, entre outros.

5 Criação do publicitário Duda Mendonça.

campanhas de Dilma, em 2010 e 2014, batem 1,4 bilhão de reais[6], boa parte destinada a uma superprodução televisiva. Um ciclo que muda de rumo em 2018, quando as campanhas presidenciais passam a não contar mais com dinheiro de empresas e têm que produzir sua propaganda com os recursos do fundo eleitoral.

Esta breve recuperação histórica revela quanto as grandes campanhas nacionais se utilizaram dos melhores e mais caros recursos televisivos para conquistar corações e mentes. No entanto, Brasil afora, em pequenas campanhas regionais, marqueteiros e estrategistas fizeram seus maiores esforços em campanhas muitas vezes com baixo orçamento. É neste contexto que vale discorrer sobre técnicas e recursos mais objetivos para este livro sobre marketing político.

## Clichê do clichê

Jornalismo, entretenimento, humor, dramaturgia, todos os recursos televisivos passaram a fazer parte das campanhas eleitorais pelo Brasil, seguindo o rastro dos programas campeões de audiência das grandes emissoras. O jornalismo, no entanto, tem papel preponderante, tanto em campanhas de oposição como nas dos governos da situação. Os programas de TV passam a seguir uma regra: uma reportagem temática, com problemas sendo apresentados ao eleitor, seguidos de uma participação do candidato mostrando soluções, às vezes pessoalmente, outras com atores, apoiados por infográficos e materiais didáticos. Na sequência, depoimentos de apoiadores, jingles empolgantes cobertos com imagens impactantes, arrematados por uma fala emocionada do postulante. O padrão chegou a tamanha exaustão que uma turma de publicitários gaúchos[7] apresenta, em 2012, um vídeo intitulado "como fazer uma campanha eleitoral" na qual satirizam o formato. O hu-

6 De acordo com a delação premiada do ex-ministro Antonio Palocci. Revista Veja 1 de outubro de 2018.

7 Direção de Pepe Medina, roteiro de Marcos Piangers, Eduardo Mendonça e Thiago Prade, disponível no YouTube.

morista Marcelo Adnet segue a mesma trilha e mostra no programa Global "Tá no Ar" uma paródia dos jingles políticos a partir de cenas que viraram clichês. Impactado a cada dois anos pelo mesmo estilo de propaganda política, o eleitor passa a ter uma exaustão destes formatos que, unidos ao próprio desgaste da política e dos políticos, faz a audiência dos programas na TV cair a cada ano.

Hoje, o desafio é encontrar, no leque de formatos televisivos, o mais eficiente para conquistar o eleitor. A propaganda eleitoral na TV seguirá a tendência do comportamento contemporâneo, com formatos que se renovam como os mesmos desafios das emissoras de TV em busca de audiência. Não descarte se deparar com um programa político em estilo *reality show*, outro no formato de programa de auditório ou mesmo de telejornal policial. Desgastados os antigos clichês, as campanhas perseguirão inovação, já praticada nas redes sociais, reformulada a partir de novos hábitos e novos públicos.

## Regra de ouro

Não se faz campanha de TV eficiente sem emoção e sem um bem-estruturado discurso político. A TV é a representatividade de uma estratégia elaborada bem antes das câmeras começarem a captar as primeiras imagens. Nela, é preciso identificar a ideia central, o fio condutor pelo qual toda a comunicação se dará, um conceito que é o guia estruturante do posicionamento da candidatura. Este fio condutor é o que dá origem para que as equipes criativas possam conceber os roteiros de programas de TV e de inserções de 30 segundos, que competem no horário nobre com os comerciais mais criativos de produtos e serviços. A participação de publicitários neste time, em geral, resulta em ideias criativas eficientes. Mas uma boa campanha só resiste se tiver uma ligação genuína com a realidade de uma cidade, de um estado ou do país. Com exceções, é claro, em geral o cidadão não cai em propaganda enganosa, em maquiagens da realidade, em discursos desconectados do dia a dia, já que a TV segue sendo o veículo com maior impacto na exibição da realidade de um povo.

A TV é ferramenta de comunicação que soma-se às redes sociais, ao rádio e aos materiais impressos. Ela não está apartada do processo e não tem poder maior ou menor que outros veículos. A depender de cada contexto político, ela pode potencializar vitórias ou derrotas. É verdade que o mundo digital passou, de 2014 para cá, a ter grande poder de influência, mas é possível afirmar que já existe enorme desgaste de credibilidade nas redes sociais pelo excesso de *fake news*, especialmente quando se considera que, com ou sem consentimento dos próprios candidatos, circulam pelas redes perfis não oficiais, além de mensagens em grupos privados de aplicativos de comunidades como o WhatsApp e o Telegram. O que difere a propaganda da TV da veiculada na internet é sobretudo que o conteúdo televisivo está sujeito à lei eleitoral, assim como também estão os conteúdos digitais oficiais dos partidos e dos candidatos. Diferente do material apócrifo publicado clandestinamente nas redes sociais, materiais digitais oficiais ou produzidos para veiculação na TV são de responsabilidade do candidato e seu partido, sujeitos a ações judiciais que podem resultar em direitos de resposta, suspensões etc. A depender do crescimento das *fake news*, é possível que o eleitor atribua menor credibilidade ao que consome e compartilha por estas redes sociais informais.

## Indispensáveis

Não há como, num brevíssimo capítulo deste livro, detalhar todos os formatos e possibilidades criativas da propaganda eleitoral na TV. Também não é suficiente citar apenas um ou outro caso de sucesso. É possível, no entanto, apontar estruturas indispensáveis para a produção de materiais eficientes. Uma equipe estratégica com capacidade de interpretar as informações obtidas nas rodadas de pesquisas de diagnóstico de cenários e elaborar conceitos poderosos para posicionamento da candidatura; equipe de criativos capazes de transformar estes conceitos em inserções e programas eleitorais; equipe de diretores, cinegrafistas e editores capazes de dar formato a estas ideias; equipe de produção experiente em colocar de pé as ideias concebidas. Nada disso, no entanto, substitui o ator principal: o candidato.

Depois de anos com formatos televisivos repetitivos, com o telespectador habituado aos apelos deste estilo de propaganda, é possível afirmar que o eleitor passou a ser mais exigente em relação ao conteúdo e ao desempenho dos candidatos. Hoje, quem domina melhor as técnicas de comunicação tem maior potencial de convencimento, porque atua melhor não apenas na TV, mas nos materiais para redes sociais, debates e eventos públicos. É possível afirmar, com base nas pesquisas qualitativas que acompanham programas eleitorais na TV, que candidatos mais espontâneos parecem mais preparados para os cargos que disputam. Em geral, parecem mais despreparados os que utilizam o teleprompter, com desempenho mais robotizado e, portanto, aparentemente mais falso. De alguma maneira, o eleitor passou a ter a sensação que discursos lidos desta forma engessada não são autênticos e parecem ser produzidos e escritos por alguém que não o próprio candidato, sem a sua verdade. Como resultado, nos últimos anos, temos visto com maior frequência os candidatos atuando como entrevistados de um documentário, interagindo de maneira mais espontânea para a câmera, o que denota mais sinceridade e autenticidade, num formato que predomina na linguagem das redes sociais. Vale ressaltar que o uso das câmeras dos aparelhos celulares e os canais de redes sociais revolucionaram a produção dos vídeos para a TV. Elas estão na mão de todas as pessoas, que gravam seus vídeos cotidianos da maneira mais espontânea e verdadeira, sem superprodução. A rede social passou a ser o *behind the scenes* da vida real, com os vídeos que mostram a realidade sem filtros. Não raro, os candidatos passaram a produzir, para a TV, vídeos que mostram seu cotidiano, seus hábitos, com o intuito de "humanizar" sua imagem, distanciá-los da potencial falsidade que a TV pode ter criado em anos de propaganda política. É uma evolução.

Hoje, televisão e redes sociais se retroalimentam com linguagens complementares que não são mais propriamente distintas. A produção de conteúdo é a mesma, o que muda é a plataforma de veiculação. Se há alguma recomendação para profissionais que estão entrando no mercado, é o investimento em treinamento na potencialização da comunicação de seus candidatos, em geral conduzido por profissionais que orientam atores, que ajudam o candidato a se expressar com maior espontaneidade, eliminando vícios de discursos, melhorando sua linguagem corporal, mas, sobretudo, tendo domínio absoluto do seu conteúdo. Uma boa referência é o filme "O Discurso do Rei", de 2010, vencedor de quatro Oscars, que conta a história do rei George VI que contratou um fonoaudiólogo para ajudar a superar a gagueira. Candidatos que sabem o que falam, que têm convicção de suas ideias e que investem em técnicas de comunicação eficientes serão mais bem-sucedidos. Marqueteiros e profissionais de TV que conseguem captar o *zeitgeist* de cada disputa eleitoral, trazendo a realidade para o vídeo terão também mais chances de vitória. A boa notícia é que não há regras e nem fórmulas prontas. A maravilha é que neste campo tudo ainda está por ser descoberto.

Lula Guimarães é formado em jornalismo, 20 anos em campanhas eleitorais, duas delas para presidente, 2018 com Geraldo Alckmin, PSDB; e 2014 com Eduardo Campos e Marina Silva, PSB. Em 2016, com João Doria - PSDB, eleito prefeito da cidade de São Paulo no primeiro turno.

# RÁDIO: DE CHATÔ A BOLSONARO

*Marcus Vinícius Queiroz*

A primeira experiência com o rádio no Brasil aconteceu em 1922, ano da Semana de Arte Moderna, no século das inovações. No ano seguinte, em 1923, foi instalada a primeira emissora de rádio no país, a Rádio Sociedade, do Rio de Janeiro.

Até o início da década de 1930, o rádio permaneceu em caráter experimental e com uma programação voltada para uma pequena e segmentada parcela da população. Mas, a partir da oficialização e regulação, no governo Getúlio Vargas, o rádio ganhou importante presença no dia a dia das pessoas, expandindo suas frequências e criando novos costumes e hábitos na cultura brasileira.

A evolução do rádio no Brasil abre portas para a criatividade e produção artística. Uma nova linguagem começa a dar vida a programas humorísticos, radionovelas, radiojornalismo, programas de calouros e variedades, criando ícones, artistas, cantores, apresentadores e locutores-âncoras que passaram a influenciar a vida de milhões de brasileiros.

O rádio encurtou as distâncias do gigantesco geográfico brasileiro. Trouxe o mundo e os sonhos para dentro de casa. Com todos esses avanços e a influência abrangente chegando a vários cantos do Brasil e nos milhares de lares brasileiros, Getúlio Vargas foi um dos pioneiros políticos brasileiros a usar esse novo meio para divulgar e difundir o seu projeto político e pedagógico do "Estado Novo", buscando unificar um sentimento pátrio e demonstrar os avanços, a cultura, as realizações e o civismo desse novo "pacto nacional".

Estava inaugurada "A Hora do Brasil", o primeiro programa oficial em rede nacional, ou seja, transmitido e retransmitido por todas as emissoras do país. Uma estratégia e mecanismo inteligentes para manter sob controle os meios de comunicação e divulgar, de forma didática e catequizadora, uma nova ideologia no país. Desde então, esta mídia vem sendo um eficiente instrumento de conexão estratégica entre os políticos e os seus eleitores.

## A "Era do Rádio" no Brasil

Olhando para trás, parece que foi ontem!

Em 1930, havia 16 emissoras de rádio no Brasil. No início, a escuta era individual, mas com avanços e estudos tecnológicos, logo a escuta tornou-se coletiva.

Com ampliação de emissoras e ouvintes e com a regulação e permissão para propaganda, o rádio acelerou a sua evolução, participação e influência na sociedade, na economia e na política brasileira. O rádio influenciou, criou entretenimento, realizou sonhos, divertiu e começou também a vender produtos.

O rádio foi o companheiro do brasileiro de todas as horas. Criou astros, estrelas, cantores e cantoras, jornalistas, humoristas e influenciadores. Aumentou sua influência e o número de ouvintes, sempre inovando em sua programação, com radionovelas, programas de auditório, concursos, promoções, festivais, distribuição de brindes, dentre outros. E passou, então, a ser o veículo das multidões, o veículo interativo, democrático e político do Brasil. Assim como o futebol, o rádio se transformou no ópio do povo. Veículo de massa e da massa.

Da música ao futebol. Da política ao Repórter Esso. Das radionovelas aos programas de auditório. Das transmissões em rede aos grandes e famosos festivais, os avanços da tecnologia e a evolução da indústria proporcionaram ao rádio popularizar-se e caber no orçamento do trabalhador brasileiro. Do radinho de ouvido ao aparelho mais sofisticado, o rádio invadiu os rincões brasileiros e transformou-se no *"vox populi"* nacional.

## O rádio e a política: conexão direta com o eleitor

O veículo mais democrático e popular do Brasil tornou-se, ainda na "Era Vargas", um porta-voz e influenciador do eleitor brasileiro. O uso estratégico e eficiente do rádio por Getúlio Vargas na difusão da nova ideologia do Estado Novo, com propostas, realizações, inovações, iniciou uma nova era de transformações sociais e culturais no país.

A política, então, viu na música, no radiojornalismo, na radionovela e nos locutores-âncora e influenciadores, o caminho mais eficiente para converter propostas e mensagens em uma comunicação certeira, popular e estratégica no contato dos políticos com seus eleitores.

O crescimento do alcance e da influência do rádio implicou no aumento dos custos de inserção. Sabendo da eficácia e penetração desse veículo, a classe política brasileira oficializou então o horário de propaganda eleitoral gratuito em rádio e televisão. Com espaços gratuitos, os partidos políticos inauguraram uma nova forma de fazer programas eleitorais, aproveitando o ambiente e a audiência dos veículos.

## De Chatô a Bolsonaro!

Buscando nos capítulos da história política brasileira evidências da importância do rádio como veículo de conexão com o eleitor, vale destacar a campanha de eleição ao Senado em que o candidato, empresário de comunicação Assis Chateaubriand inovou em sua forma de comunicar com a população, mesmo estando ausente. O rádio estava ainda no início de sua expansão e não chegava a todas as regiões e estados brasileiros. Chateaubriand criou, então, uma folclórica forma de se conectar com seus eleitores no interior do Maranhão, como relata Fernando Morais em seu livro "Chatô, o rei do Brasil": "Como o candidato Assis Chateaubriand não podia estar presencialmente em uma cidade e seus eleitores cobravam suas mensagens e propostas, ele instalou um par de alto-falantes na praça principal e gravou sua mensagem para ser reproduzida na hora da reunião/comício: o sucesso e a inovação surpreendeu a todos".

Com esta solução de fazer uma retransmissão, inspirada no veículo rádio, Chateaubriand virou referência com a TV e Rádio Tupi. Este caso ilustra a importância e a eficiência do veículo na conexão com os eleitores.

Outros casos de campanhas decididas, ou viradas de resultado espetaculares promovidas por um bom jingle ou uma música adaptada, fazem parte de muitas histórias da política brasileira.

Na campanha de 1982 para governador em Minas Gerais, o sucesso de Beth Carvalho "Samba da Virada" sensibilizou o eleitorado mineiro, provocando uma virada na pesquisa e dando a vitória a Tancredo Neves, que sempre aparecia em segundo lugar contra o primeiro colocado, Francelino Pereira. Tancredo virou governador.

Vamos lembrar, também, do mantra nacional do programa do presidente Sarney para falar com o Brasil: "Brasileiras e Brasileiros...". Programas como "Bom dia com o Presidente", "Bom dia com o Governador", "Bom dia com o Prefeito", se multiplicaram no cenário brasileiro, utilizando a eficiência e a audiência no rádio.

Países de cultura mais musical, como a Colômbia, têm no rádio uma eficiência e uma importância maiores do que jornal e televisão para falar com seus eleitores. Em 2014, participei de uma campanha presidencial naquele país, assessorando, no primeiro turno, a candidata de esquerda Clara Lopez. As peças de comunicação da campanha eram, essencialmente, veiculadas em rádio, o que fez com que a esquerda colombiana tivesse uma votação histórica. O resultado credenciou-me a assessorar o presidente Juan Manuel Santos no segundo turno de sua reeleição e a utilização da música "*Sí, sí, Colombia*", do maestro Zumaquê, importante em celebrações colombianas, mudou os ânimos da campanha e do eleitorado. O presidente foi reeleito.

Consultores políticos criativos usam o rádio hoje para solucionar as burocráticas agendas de visita dos candidatos às cidades durante uma campanha.

Peças musicais e cantadas são criadas para contemplar e valorizar geograficamente municípios, estados e regiões, substituindo ou reforçando a presença corpo a corpo dos candidatos por meio de uma conexão que cativa os eleitores.

Prestação de contas e propostas de candidatos ganharam formas e execuções que chegam aos ouvidos dos eleitores com mais impacto e relevância.

Os consagrados *storytellings* ficaram mais emocionantes e convincentes com a linguagem do rádio. Os discursos, muitas vezes entediantes, viraram diálogos com os eleitores. Os âncoras do formato radiojornalismo, e até mesmo os locutores de vários segmentos, transformaram-se em influenciadores na decisão do eleitor.

Para quem sabe usar, o rádio virou uma plataforma criativa que se identifica e se conecta com todo o eleitorado, independentemente de cor, status, religião ou posição geográfica.

Na história recente da política brasileira, o rádio proporcionou vários *cases* em debates e campanhas eleitorais. A profissionalização dos assessores de marketing, com novos planejamentos e estratégias criativas, fez do veículo rádio um eficiente e decisivo instrumento na conquista do voto. As peças criativas deixaram de ser uma mera reprodução dos áudios dos programas de televisão e passaram a ser produções de linguagem específica e direcionada, que sensibilizam e conquistam racional e emocionalmente o eleitor.

## Conclusão

Olhando hoje, parece que já é amanhã!

Nos últimos 20 anos, o rádio brasileiro parece ter dado um verdadeiro salto quântico. Quando todos pensaram que o rádio entraria em extinção pelas inovações tecnológicas, novos canais de comunicação, redes sociais, blogs, programas de web e outros, o rádio se reinventou e se ressignificou com a chegada da internet.

O rádio virou TV. As ondas médias e de frequências moduladas se ampliaram e se transformaram, também, em *streaming*. De forma disruptiva, com aplicativos e novos canais de transmissão on-line, o rádio está nos celulares, tablets e computadores. Rádio passou a ser sinônimo de plataforma de comunicação.

O rádio não é mais rádio. É mais que rádio, é o veículo de maior penetração social no Brasil e no mundo, com audiência coletiva e conectada.

Para ilustrar a evolução e a ressignificação do rádio neste contexto de convergência midiática, vale lembrar ainda um grande *case* recente na história do Brasil: a eleição de Bolsonaro. O rádio virou televisão e rede social. O rádio virou rua, cidade, campo e povo.

Sobre o resultado desta eleição, os perdedores terão sempre uma justificativa: "foi a facada". Posso afirmar que não. O rádio que virou TV viralizou uma mensagem que poucos políticos acreditaram, mas o povo e o eleitor conectaram-se com ela.

Que venha 2022. O rádio que virou TV está ainda mais preparado para alcançar e se conectar com o eleitorado brasileiro. Com a internet e as inovações tecnológicas, é o veículo multiplataforma de integração nacional. É o veículo musical, das notícias, do *podcast*, é o mais versátil.

As regiões, mesmo com culturas e sotaques diferentes, têm na música o idioma convergente entre o Norte, Nordeste, Centro-Oeste, o Sul e o Sudeste. O maracatu, o frevo, o axé, o arrocha, a lambada, o funk, o rock pop, o sertanejo, o samba... o país é plural! Com isso, os jingles, que sempre foram os *hits* das campanhas, passam a ter uma grande importância nos planejamentos estratégicos de pleitos regionais e presidenciais. O debate político passa por linguagem e discurso musical. Os jingles popularizam as propostas e conceitos de campanhas e candidatos.

A música é o idioma mais democrático e eficiente de uma campanha. Há jingles que são "chicletes" na cabeça do eleitorado. Com toda essa importância e penetração, o rádio não pode ser mais o patinho feio das campanhas. Não pode ser mais o áudio do programa de televisão.

O Brasil tem excelentes profissionais criativos, especialistas em planejamento e produção de campanhas para rádio. Temos excelentes "jingleiros".

Temos músicos e letristas que sabem compor lendo pesquisas e estratégias. Não é só mais a inspiração política. Há um trabalho minucioso para se atingir o público-alvo com a mensagem certa, criando *cases* de sucesso.

Existem *cases* memoráveis para campanhas, utilizando músicas de autores conhecidos para cantar propostas, cenários e até mesmo a personalidade dos candidatos. São experiências que muitas vezes sensibilizam o eleitorado e acabam criando verdadeiros *hits*. Assim como muitas músicas que estão no inconsciente coletivo das pessoas, relacionadas a temas de vitória ou de algum ídolo, muitas vezes podem ser trilhas que acompanham o desenvolvimento de peças da campanha por fazerem uma sinergia e uma sintonia emocional muito rapidamente.

É importante ressaltar que a música é universal. Conheço vários *cases* de sucesso em que a música, em outros países, também tem resultado em campanhas políticas. Basta conhecer um pouco melhor a cultura local, mesmo quando se trabalha em outro país, para poder desenvolver campanhas memoráveis e que possam entrar no dia a dia das pessoas. É trazer a cultura do povo para dentro da política, já que o político anda muito distante do povo.

O rádio é de tamanha importância que não mais aceita improviso em sua utilização como veículo no horário gratuito do TRE. Candidatos, coordenadores de campanha, equipes de planejamento, criação e produção têm que defender boa participação da verba para contratação de profissionais especialistas e produtores que tenham *know how* em produções de programas e peças para rádio.

O rádio, hoje, é a voz e a cara do Brasil!

Marcus Vinícius Queiroz é publicitário, especialista em comunicação estratégica, consultor e assessor em campanhas políticas, corporativas e de mercado. Participou de vários momentos políticos importantes no Brasil e na Colômbia. Sócio-fundador do CAMP. Campanha presidência OAB/GO Lúcio Flávio, 2015-2018.

# IMPRESSOS - PERDERAM O BRILHO, MAS NÃO DEVEM SER DESPREZADOS

*Hélio Doyle*

Há não muito tempo, os candidatos e seus estrategistas de campanha tinham uma preocupação muito especial com os jornais e as revistas, os denominados meios impressos. Acompanhar atentamente o noticiário, os artigos e as colunas; estar pronto a responder às acusações neles veiculadas ou repercutir matérias positivas; ter boas relações com diretores, editores e repórteres; plantar notas e matérias favoráveis; cavar entrevistas e até frases e citações; planejar agendas visando à repercussão nos meios impressos – enfim, dispor de uma eficiente e muitas vezes numerosa assessoria de imprensa para fazer tudo isso e lidar com os meios impressos era uma prioridade em qualquer campanha.

Os jornais e as revistas tinham muitos leitores, de diferentes segmentos da população, inclusive os mais pobres, informados pelos jornais populares e, depois, pelos veículos distribuídos gratuitamente. Mas, nos órgãos de imprensa destinados especialmente aos segmentos formadores de opinião, o que publicavam sobre um candidato tinha grande repercussão. Uma manchete ou uma capa de revista poderia eleger ou derrotar alguém. Uma nota venenosa em uma coluna com alto índice de leitura poderia destruir uma candidatura. A divulgação de um escândalo em uma revista semanal poderia ser assunto durante toda a semana.

Ainda é assim, mas não há como comparar o impacto que os meios impressos tinham alguns anos atrás com o que têm hoje.

Quando não existia a televisão no Brasil, os eleitores informavam-se pelo rádio e pelos meios impressos. São conhecidas as imagens de pessoas se aglomerando na frente de prédios onde funcionavam jornais para ter notícias da Segunda Guerra Mundial ou para saberem sobre um evento mais relevante. O que era divulgado pelas emissoras de rádio se perdia no ar, o que os jornais publicavam estava registrado para sempre.

O surgimento da televisão alterou esse quadro, mas, enquanto as emissoras de rádio e TV, como concessões públicas, tinham (e ainda têm) limites legais para falar das campanhas e das ideias dos candidatos, os jornais eram (e ainda são) livres para publicar o que quisessem em seus espaços editoriais. Os jornais e revistas, pela força da palavra escrita, tinham mais credibilidade do que os meios eletrônicos e era usual batalhar por matérias nos impressos que eram depois reproduzidas em imagens na televisão e leitura nas rádios, com esse "selo de confiança" dado pelas letras no papel.

Com o surgimento da internet e sua rapidíssima evolução, os meios impressos foram perdendo leitores e o monopólio que praticamente detinham na difusão de notícias, análises e comentários. Os mais jovens migraram seus hábitos de leitura, quando os têm, para os novos meios digitais. Os altos custos de impressão e distribuição passaram a ser confrontados com a economia proporcionada pela internet, que, oferecendo mais alternativas, espaço e instantaneidade, levou à predominância dos meios digitais.

Alguns jornais e revistas fecharam e muitos passaram a ter edições digitais em paralelo às impressas. Poucos se mantêm exclusivamente como impressos, com tiragens mínimas, por razões de prestígio ou para faturar com balanços de empresas públicas e privadas e com publicidade legal e governamental.

Os jornais e revistas e o jornalismo não deixaram de existir — simplesmente deixaram de ser apenas meios impressos para serem também meios digitais.

É natural, portanto, que não haja mais tanta preocupação dos candidatos e seus estrategistas com os meios impressos, que agora se tornaram poucos, menores, quase irrelevantes em termos de audiência e sem muita repercussão do que publicam. Não há como negar que jornais e revistas, de modo geral, tornaram-se menos relevantes em uma campanha eleitoral, diante das redes sociais e da televisão. E quando impressos, menos relevantes ainda. "Ninguém mais lê jornal" é uma frase recorrente entre comunicadores e estrategistas de campanha.

É preciso cuidado, porém. Os meios impressos perderam importância e leitores, mas não vale a pena, para candidatos e estrategistas, ignorá-los totalmente nas campanhas e pré-campanhas. Existem ainda, por exemplo, jornais que têm repercussão nacional, como O Globo, Folha de S.Paulo e O Estado de S. Paulo (Estadão), além de alguns com relevância nos estados em que são publicados. E, embora sem o brilho e o charme que já tiveram, algumas revistas ainda sobrevivem.

Todos têm edições digitais, o que por si só justificaria a preocupação dos candidatos em ter uma eficiente assessoria de imprensa para manter um bom relacionamento com os jornalistas e resultados positivos para as campanhas e candidaturas. As edições digitais e impressas têm diferenças, na forma e no conteúdo, mas interagem, complementam-se. É um erro pensar apenas no que é publicado pela internet, desprezando o que é impresso. Os impressos ainda têm peculiaridades e vantagens que podem ser bem aproveitadas.

Em primeiro lugar, as poucas pessoas que ainda manuseiam páginas de jornais e revistas são, de modo geral, as que formam opinião. São mais velhas, com educação formal avançada, interessadas em aprofundar o conhecimento de alguns temas além da leitura rápida na internet ou dos resumos apresentados pela televisão. São minoria, mas sua posição na sociedade faz com que influenciem os círculos mais próximos e contribuam para a formação da imagem de um candidato.

O aprofundamento de um tema, possibilitado pelos meios impressos, deve ser aproveitado pelas campanhas. Os leitores de jornais e revistas estão habituados a textos mais longos e profundos, diferentemente dos leitores de meios digitais. Os meios impressos possibilitam a publicação de perfis mais elaborados dos candidatos, de entrevistas de perguntas e respostas. São elementos que contribuem para construir ou reforçar a imagem do candidato perante os formadores de opinião.

A publicação de notícias sobre a campanha e dos bastidores das conversas, negociações políticas, situações inusitadas, seja no noticiário, seja em colunas, também pode ajudar os candidatos. Notas em colunas, aliás, continuam sendo um excelente instrumento para dar visibilidade a um candidato e a suas propostas, bem como para prejudicar a imagem de adversários.

Por incrível que pareça, tendo em vista a natureza de cada um deles, os jornais ainda hoje pautam os meios eletrônicos. Deveria ser ao contrário, com as notícias veiculadas pelos meios instantâneos pautando o aprofundamento nos impressos. Mas, com frequência, as notícias vistas na televisão ou ouvidas no rádio foram, antes, publicadas em jornais.

As análises publicadas nos meios impressos são, geralmente, reproduzidas nos meios digitais e nas redes sociais. O mesmo acontece com os artigos assinados pelo candidato, que expressam a opinião dele de forma estruturada e, por isso, nunca devem ser minimizados. Talvez como resquício do prestígio que tinham antes, a credibilidade dos meios impressos ainda dá um peso maior a esses textos.

Apesar da enorme facilidade com que as imagens podem ser gravadas, para muitos, o que está impresso continua tendo mais credibilidade documental. "Saiu no jornal", ou "está no jornal", são expressões ainda correntes, apesar da força superior que, naturalmente, têm as imagens.

Todos os que já trabalharam em campanhas eleitorais certamente conhecem um caso como este: a assessoria de imprensa do candidato trabalha para que alguma notícia seja publicada em jornal ou revista; a matéria, então, é apresentada no programa eleitoral gratuito do candidato, com o crédito ao veículo impresso que a publicou. Se o conteúdo fosse divulgado apenas no programa eleitoral, não teria a credibilidade dada pelo jornal ou revista.

O mesmo acontece com pesquisas de opinião, que ganham mais credibilidade quando são publicadas antes em um jornal com alguma respeitabilidade. Em 2014, os assessores de um candidato que aparecia como já derrotado em todas as pesquisas, poucos dias antes da eleição, acharam que tinham tido uma ideia genial: contrataram uma pesquisa fraudada, mostrando o candidato à frente, e publicaram os resultados em um jornal da cidade.

No programa eleitoral, a "grande virada" foi apresentada com a chancela do instituto fraudador e do jornal que aceitou participar da manobra. De nada adiantou, e o candidato – que talvez tenha sido também enganado pelos assessores – perdeu a eleição.

Seja para lidar com meios impressos ou digitais, a campanha precisa de uma boa assessoria de imprensa, com profissionais que conheçam as peculiaridades de ambos, saibam como lidar com jornalistas e seus patrões e se esforcem para que haja uma cobertura ampla e positiva do candidato.

As possibilidades de utilização dos meios impressos em uma campanha, porém, vão além do jornalismo, pois há também as inserções de anúncios pagos de propaganda eleitoral. A legislação permite a publicação, em meios impressos, de anúncios pagos pela campanha, limitando apenas a dimensão e a frequência das inserções.

Os candidatos podem, pela lei atual (e leis sobre eleições estão sempre mudando) publicar até 10 anúncios em um meio impresso, em dias diferentes. Esses anúncios pagos podem ter o tamanho de 1/8 (um oitavo) de página de jornal standard ou ¼ (um quarto) de página de jornal tablóide ou revista. O último dia para publicação é a antevéspera da eleição.

Os anúncios pagos em meios impressos não atingem grandes audiências, mas podem ser reproduzidos nos meios digitais. Geralmente são apenas a propaganda tradicional, com nome, número, foto, slogan e algumas propostas do candidato. Mas, como atingem principalmente os formadores de opinião, muitas vezes são usados para se defender de um ataque ou para atacar o adversário. Podem também comunicar eventos da campanha ou publicar nomes de apoiadores. Nesse caso, a decisão de recorrer ou não aos anúncios pagos em meios impressos cabe aos publicitários da campanha, e não à assessoria de imprensa.

Os meios impressos estão acabando, mas enquanto existirem merecem, pelo menos, um pouco da atenção dos candidatos e de suas equipes de campanha.

Hélio Doyle é mestre em Comunicação, jornalista, professor da UnB e sócio e consultor da WHD Pesquisa e Estratégia. Foi estrategista e coordenou, entre outras, quatro campanhas para governador do DF, três delas vitoriosas. Foi secretário de Estado em três gestões.

# MOBILIZAÇÃO: VOCÊ BUSCA O VOTO OU O ELEITOR?

*Daniel Machado*

Muitos insistem em chamar de estratégias as práticas que estão distanciando cada vez mais o eleitor do candidato. Essas práticas implementadas para garantir o voto, na verdade, criam um abismo cada vez maior entre eleitorado e candidato. É preciso entender o que é de fato marketing político para diferenciá-lo da propaganda pela propaganda simplesmente. E, sabendo o que realmente vem a ser o marketing político, é hora de começar a fazer mobilização como uma das estratégias de marketing. Ou passamos rapidamente a buscar o eleitor, ou o voto nunca virá.

Posso dizer que não há muito de novo no que aqui escrevo. Há mais de 2000 anos, alguém já nos ensinou o jeito certo de mobilizar multidões. Falamos muito dele, mas pouco o conhecemos: Yeshua ou simplesmente Jesus de Nazaré, o maior comunicador e mobilizador de todos os tempos. Jesus, como ninguém, organizou a propagação de suas mensagens: primeiro escolhendo doze homens para ser seus discípulos, colaboradores, que, em convivência com ele, foram se tornando suas testemunhas. Estavam sempre ao seu lado, ajudando-o a reunir as pessoas que se juntavam para ouvir seus ensinamentos, transmitidos por meio de parábolas. Contava histórias para ensinar e, para que memorizassem suas mensagens, utilizava-se de linguagem simples, adequada a seu público. "Ide e pregai, ide e anunciai. Fazei isso em memória de mim", são palavras que o Mestre pregava a seus seguidores.

Essa capacidade de cativar o público por meio de narrativas tem sido resgatada como estratégia de marketing e ganhou nome na área: *storytelling*, ferramenta indicada para compartilhar ideias, conhecimentos e demais interesses, de forma a estreitar o contato entre comunicador e seu público.

Trazendo isso para o contexto das campanhas políticas, falo aqui da minha experiência como organizador. Quando sou convidado a organizar uma campanha, muitos candidatos esperam receber algo pronto, ou mesmo obter fórmulas mágicas para simplesmente ser aplicadas. Nessa hora, lanço a pergunta: você me quer para buscar o voto ou o eleitor? Diante dessa questão, cuja resposta parece óbvia, respondem: o voto, é claro! Outros chegam a questionar: "não é uma coisa só"? Bom lembrar que o voto pertence ao eleitor, e, antes de qualquer coisa, precisamos entender como esse eleitor define sua escolha. Então, ouvi-lo se torna a tarefa mais importante de toda campanha.

Crescemos convencidos de que o político deve falar bem, ser bom de oratória e capaz de levar as pessoas a acreditar nas suas propostas. Por isso, temos de buscar uma mobilização durante toda a campanha, pois essa é a forma que o candidato tem de ouvir a população, seja pessoalmente, seja por meio da sua equipe.

Nesses anos de trabalho, fui percebendo a dificuldade de interação, de diálogo e, principalmente, de encontro do candidato com seu eleitorado. Em razão disso, é que comecei a formar tanto o candidato quanto as suas equipes. Não adiantava apenas apresentar um plano estratégico, ideias para a comunicação e mesmo propor materiais diferentes, se a própria equipe não era capaz de compreender para que tudo aquilo estava sendo feito. A formação tornou-se um dos pilares de uma campanha exitosa.

Hoje sabemos que a mobilização de rua se tornou ainda mais necessária, mesmo com o surgimento das redes sociais. Mas mobilizar não é sair pelas ruas sem um motivo, ou mesmo se reunir em um espaço de improviso. A concorrência por atenção é grande, e o cidadão/eleitor encontra-se disperso em meio a tantas informações. Hoje convivemos com as *fake news*. Não que a fofoca, o boato, e mesmo a "mentira", nunca tenham sido utilizados como "arma" de campanha, mas, com as redes sociais, o uso disso se tornou uma ameaça. A mobilização é capaz de ajudar a combater algo que possa sair do controle e prejudicar a candidatura. É preciso o olho no olho.

A era digital veio para ficar, e a pandemia da covid-19 mostrou como o virtual ocupa lugar importante nas relações sociais e, atualmente, nas de trabalho. Mais do que nunca as redes foram responsáveis pela interação entre as pessoas neste tempo de pandemia. Mas, hoje, isso acontece em um ambiente controlado. Estamos deixando rastros. Nossas "pegadas" hoje valem bilhões de dólares, já somos mapeados e controlados. E, sem dúvida, as estratégias eleitorais se valem de tudo isso. Foi assim em 2008, na vitória de Obama nos EUA, e, em 2016, na polêmica vitória de Trump, com a utilização da "*Cambridge Analytica*".

Importante mostrar como, na prática, se deu tudo isso que defendo aqui. Das várias experiências que tive nesses anos de trabalho, uma foi marcante: há alguns anos, fui desafiado a eleger a deputado federal um vereador de primeiro mandato, ainda no exercício da sua vereança. Teria apenas 12 meses para trabalhar, não teria muitos recursos, praticamente sem respaldo político, sem prefeitos ou vereadores apoiando o tal projeto. O então vereador participou de um *workshop* que ministrei e, ao final, me desafiou: "Quero ver se o que disse aí na frente, nesses dois dias, é mesmo possível de ser aplicado. Venha ser meu estrategista em um projeto de deputado federal". Disse-lhe que, se ele tivesse disciplina, eu também teria para realizarmos uma campanha totalmente diferente. Foi aí que me lancei a construir sua campanha e, entre as várias estratégias adotadas, destaco uma que foi fundamental para que o projeto tivesse êxito: o "porta a porta". O desafio era grande: tínhamos diante de nós uma região com cerca de 200 mil habitantes, com mais de 72 mil casas, que precisariam ser visitadas em três momentos, em menos de um ano – fase 1: coleta e análise; fase 2: a devolutiva; fase 3: a campanha. A equipe se constituía de 25 pessoas – cinco coordenadores e cinco pessoas no telemarketing, responsáveis em dar retorno pós-visita. Para a execução, treinei um coordenador-geral e fiquei na supervisão e formação de todos da equipe. Não me esqueço do momento em que abrimos o mapa e fui explicando como se daria todas as etapas. Muitos acharam que não seria possível realizar, pois tinham receio de que ninguém recebesse as equipes em suas casas ou mesmo que as pessoas escolhidas não fossem ter comprometimento.

Uma das razões do sucesso do "porta a porta" é o cuidado com a confecção do material a ser entregue. Nessa campanha, tudo foi pensado à luz da estratégia de aproximação e apresentação do candidato e suas propostas. Não poderia mais lançar mão de um "jornalzinho tradicional político" cheio de fotos e textos cansativos. Assim sendo, tive a ideia de criar uma peça gráfica que intitulei "a carta branca". Ao ver o modelo da carta, ouvi do candidato: "Como assim, você me propõe algo tão simples, sem mesmo usar uma foto minha?" Pedi-lhe apenas que confiasse em mim. E posso dizer aqui que foi o material mais utilizado em toda a campanha, justamente por quebrar paradigmas.

Algumas peças de campanha são clássicas e sempre deverão ser utilizadas, como as placas nas casas, os adesivos nos carros, que mostram engajamento e pertencimento, assim como a postagem em perfil de um apoiador que faz referência ao candidato em suas redes sociais, demonstrando publicamente o seu apoio. Afinal, em uma campanha, tudo pode faltar, menos as pessoas, não se esqueça disso.

Depois de várias experiências, de acertos e erros, uma lição aprendi: vence quem erra menos, diante de uma lei eleitoral que acaba proibindo a criatividade na propaganda, deixando, assim, a festa democrática, a cada pleito, mais apagada, sem a possibilidade de participação dos eleitores. No Brasil, tudo já foi permitido, mas hoje praticamente nada se pode fazer em campanhas eleitorais. Todos sabem o quanto isso tem exigido de nós profissionais do marketing político. Não há mais espaços para o amadorismo e o improviso. Não se trata de sorte, mas de estratégia e planejamento.

Nos últimos anos, temos visto a importância das causas e como várias lutas e bandeiras têm tido protagonismo nos comerciais das marcas. É uma tendência global e, no Brasil, isso vem ganhando força. As redes sociais são amplificadoras e têm o poder de organizar tais movimentos. Há alguns anos, já utilizo a estratégia que chamo de "criação de movimentos", que só funciona se implementada antes do início da campanha, no período pré-eleitoral. Esses movimentos são importantes, pois geram engajamento, reúnem pessoas, motivam o convite, acabam organizando voluntários e definindo melhor as pautas e bandeiras. Alguns movimentos que criamos merecem destaque aqui: Acorda BH, Saúde Agora, Plante Ideias e Colha Soluções, Cidade Segura, Nova Ideias Já, entre outros.

A mobilização é o coração de uma campanha eleitoral, é a vida de todo processo, principalmente nas campanhas proporcionais, já que não tem espaço de exposição nos programas eleitorais gratuitos e mesmo nas inserções no rádio e na TV. É fundamental que o candidato entenda que ele precisará sempre ir ao encontro do eleitorado para ouvir e dialogar. É preciso ter um cronograma de eventos e atividades, com objetivos claros – desde uma simples visita até uma caminhada pelas ruas. Um dos componentes mais importantes de uma campanha é a agenda do candidato. É aí que muitos se perdem, por não se organizarem no tempo ou mesmo nas ações. A pessoa encarregada da tarefa deve ter total conhecimento das pautas, organização do espaço e dos possíveis convidados.

A campanha eleitoral deve ser vista como uma empresa e justamente o RH, muitas vezes, fica relegado a segundo plano. Não podemos achar que qualquer pessoa serve para trabalhar na equipe. Quando mencionei a ação "porta a porta", o grande acerto foi na seleção da equipe. Traçamos o perfil e fomos selecionando um a um. É preciso ter uma equipe preparada e formada para a mobilização. Se você acertar na equipe, o resultado certamente virá, caso contrário, será um desperdício de tempo e recursos financeiros. O "entregador de santinho" e mesmo a "moça da bandeira" precisam estar representados por pessoas que não só entreguem o material ou agitem a bandeira, mas que consigam dialogar e mostrar engajamento, porque eles serão o "rosto" que sua campanha terá.

Hoje em dia, tornou-se necessário entender os diferentes perfis dos eleitores, ou seja, ampliar para a chamada microssegmentação ou *microtargeting*, o que quer dizer que é necessário olhar mais o indivíduo e os grupos de que fazem parte. O velho mapa na parede colado no isopor cheio de alfinetes está dando lugar a *softwares* avançados de análises através das redes sociais, buscas no Google, entre outras formas de identificar o que pensa, deseja e espera cada cidadão. Assim, quando você visita uma casa, como fizemos no "porta a porta", ou mesmo quando organiza uma mobilização pelas redes sociais, principalmente utilizando o WhatsApp, é fundamental que a coleta de dados seja permanente, pois só assim teremos informações específicas: se tem um animal de estimação, se acessa o Facebook, se tem perfil no Instagram, entre outros. Precisamos ter essa porta de entrada para poder chamar as pessoas pelo nome, de forma que elas se sintam valorizadas, pois só personalizando cada ação é que a política tem a chance de entrar na casa de cada eleitor(a).

Um dos grandes equívocos de uma campanha é separar a mobilização das demais estratégias, principalmente a de criação de peças gráficas ou de posts para as redes sociais. Poucos sabem que mais ou menos 70% dos materiais clássicos de campanha (santinho e jornalzinho) deixados nas portas e portões são amassados e jogados no lixo antes de serem lidos. Existe, pois, um grande desperdício. Isso me fez procurar por formas de estimular o interesse no eleitor, levá-lo a ter a curiosidade de pelo menos ler o que lhe é entregue.

Essas constatações foram levadas em conta em várias campanhas em que atuei e que foram exitosas. Houve uma, em especial, que muito me marcou: a reeleição de um prefeito. Fui chamado em cima da hora, faltando menos de dois meses para o pleito. Recebi os resultados de pesquisas e vi que o candidato que me procurou tinha 64% de rejeição e estava em quarto lugar

– cenário assustador, quase impossível de reverter. Mas quem tem medo de dados não deve nunca trabalhar com campanhas. É preciso mergulhar na pesquisa e fazer os cruzamentos corretos. Ao analisar todo o cenário, vi que o candidato tinha o que mostrar. Percebi que se tratava mais de uma crise de popularidade do que de credibilidade. Ainda bem, porque senão seria uma grande perda de tempo. Foi aí que, ao apresentar uma proposta de estratégia, sugeri colocar 60 pessoas nas ruas para poder realizar uma mobilização intensa. Também já tinha definido quatro materiais principais, todos baseados na estratégia de não parecerem as tradicionais peças do enxoval de campanha. Tínhamos que realizar três visitas por casa em 45 dias, e nada poderia se atrasar. Foram seis candidatos, e todos estavam nas redes sociais atacando justamente o prefeito (meu cliente). A decisão deveria ser tomada: entraríamos na guerra das redes ou iríamos para as ruas? Orientei a coordenação a deixar as redes sociais para uma equipe de controle e ir "apagando os incêndios" mais graves. Não deveríamos nos preocupar em alcançar aqueles que já estavam evangelizados digitalmente, focaríamos na mobilização de ruas. Comecei a treinar as equipes, a elaborar os materiais e a explicar as ideias a serem levadas a cada visita. Recebia os *feedbacks* e ia adaptando o que era necessário. A campanha aconteceu e foi impressionante perceber o efeito bolha nas redes sociais. A maioria da população não tinha acesso àqueles ataques diretamente e quando começamos a realizar as ações de visitas e eventos, com a presença do prefeito nas ruas, o sentimento de rejeição mudava positivamente. O resultado foi surpreendente, pois, apesar de não termos vencido o pleito, a diferença foi de apenas 23 votos em relação ao número alcançado pelo vencedor. Isso em um colégio eleitoral de mais de 45 mil votantes. Vencer nem sempre é obter mais votos, é fazer que seu candidato saia maior do que entrou na disputa.

Por fim, a mobilização é a estratégia mais eficaz de campanha, mas, para que ela de fato aconteça, é necessário que se tenha confiança no trabalho do consultor, estrategista, ou até do "marqueteiro", como alguns gostam de nos chamar. É preciso se apoiar no tripé estratégia-formação-comunicação, para que o candidato possa buscar o eleitor antes do voto. É importante ter quem possa testemunhar seus feitos e assim ampliar sua rede de contatos. Nenhuma campanha virtual deve substituir o olho no olho. O eleitor precisa confiar, sentir que seu representante está ciente de seus problemas. Ele quer saber se o candidato sabe onde ele mora e trabalha.

Chegou o momento de sairmos um pouco de nossos laboratórios, que analisa e propõe, para que possamos entrar nesta grande "oficina social", onde cada prática importa, onde cada questão deverá ser testada.

Se você chegou até este ponto do texto, tenho um convite especial a lhe fazer: vamos para a rua?

Daniel Machado é historiador, especialista em marketing político pela USP. Consultor em diversas campanhas pelo Brasil. Trabalha na formação de lideranças em projetos como o RENOVA BR. Com estratégias inovadoras de mobilização, coleciona vitórias por todo o país.

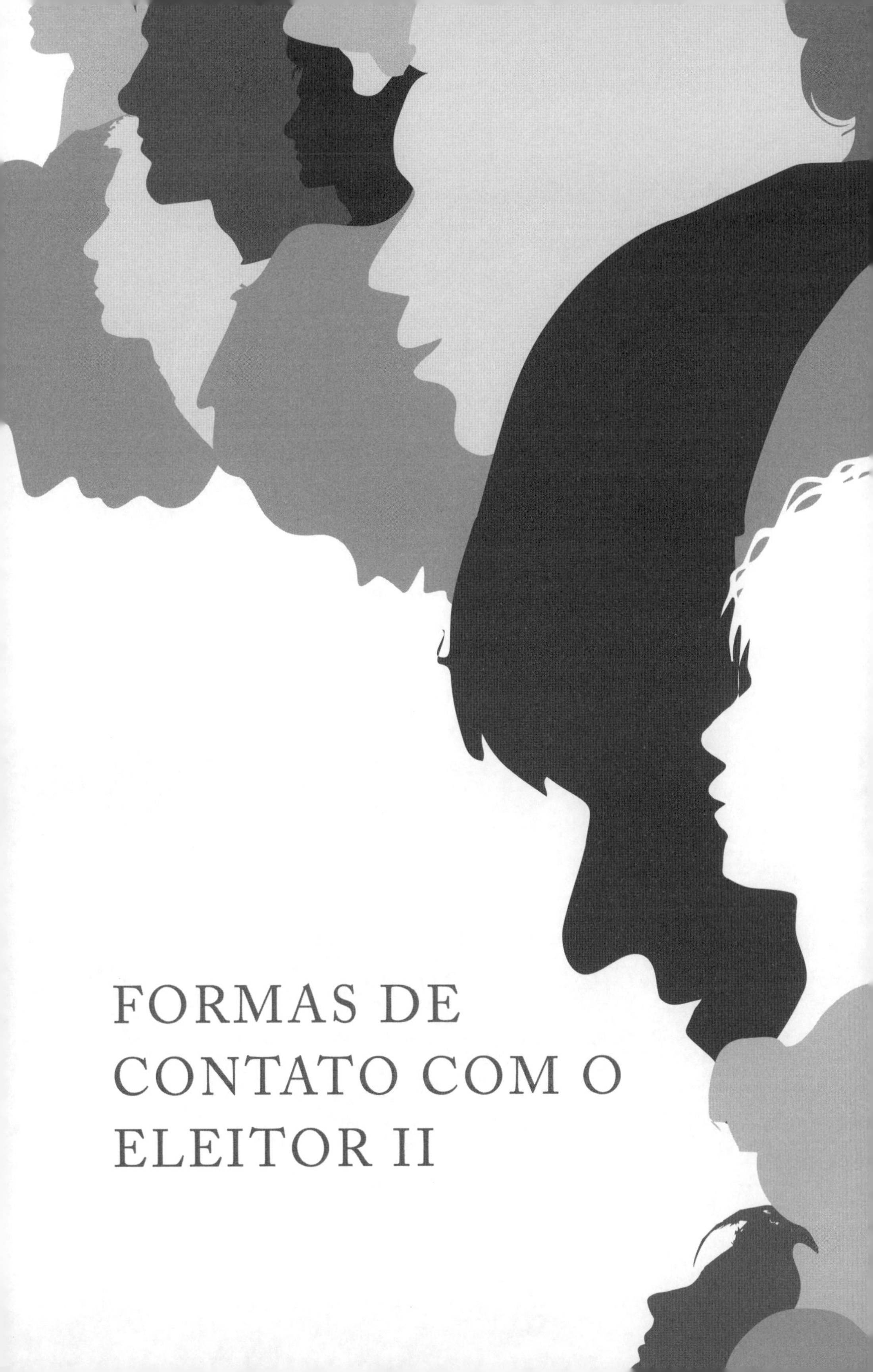

# FORMAS DE CONTATO COM O ELEITOR II

# APLICAÇÃO DA ESTRATÉGIA NO AMBIENTE DIGITAL (SÓ QUE NÃO)

*Moriael Paiva*

A vida contemporânea copia o pop de antigamente e faz a gente se sentir um pouquinho titânico. É tudo ao mesmo tempo agora de novo.

Pessoas trombam. Mídias se cruzam. Ferramentas evoluem. Plataformas se multiplicam. Fatos confundem mais do que explicam. Boatos posam de verdade na maior cara de pau.

O meio nunca foi tanto a mensagem. E faz tanto tempo que o design é função, que ninguém mais se recorda de quando ele era apenas forma. E aí, como promover uma comunicação política eficiente diante de toda esta complexidade?

A aventura do marketing político continua a se conectar – fazer chegar aos eleitores mensagens posicionadas de candidatas, candidatos e *candidates.*

Mas a criação jamais deveu tanto à estruturação de redes. A construção de caminhos – mais e mais digitais – ombreia a produção dos conteúdos na liderança pela modelagem das estratégias.

E onde está sua majestade, o eleitor, neste momento? Provavelmente se movendo aceleradamente, freneticamente, nervosamente pelas redes. No Brasil, em busca da sobrevivência em condições bastante adversas e de extrema desigualdade, refém de uma cena política enfezada ou pragmática em excesso.

O eleitor não é (e talvez nunca tenha sido) um ponto fixo. Está mais pra uma imagem fluida que se desloca e muda a todo instante.

Opa! Olha um eleitor ali! *Gadget* na mão. Sem fone bacana. Teclando sem parar. Atordoado em meio ao barulho da cidade. Bombardeado por milhares de versões, na maioria *fake news*.

## Macunaíma

Não tá fácil pra ninguém, né?

Eu, daqui, acrescento: como escrever um texto a partir de uma sugestão de título que considero um pensamento equivocado? Este é o meu desafio de largada.

Falar em "aplicação da estratégia no ambiente digital" é – mal comparando e já me desculpando por usar uma imagem politicamente incorreta e *over cringe* – como acender um cigarro pós-amor antes mesmo de brincar, como diria Macunaíma.

Não vou me lastimar à moda do herói modernista de Mário de Andrade e soltar: "Ai, que preguiça!". Não, não e não. Mãos à obra.

Entrei no mercado de campanhas eleitorais em 1994. Oportunidade é tudo. Antes de completar 20 anos, fui jogado no caos. E gostei. Nunca mais saí da loucura. E aprendi a me fortalecer na entropia eleitoral. *This land is my land*. Encontrei meu habitat.

Naquele tempo, o que fazíamos era "coisa da TI". O digital nascia no Brasil, mas não na política, já no fim dos anos 90. Mas a mistura do marketing político com esse tal digital tinha tudo pra acontecer e já dava pra perceber que quando se encontrassem seria uma revolução.

Chegamos à virada do século.

## Digital era TI

Lembro bem de uma grande campanha de 2002 na qual o time digital era chamado de os "meninos da informática".

Era uma campanha presidencial e nem mesmo os quase 20 milhões de "internautas" de então sensibilizavam os caras do "Olimpo" do marketing a dar atenção pro digital.

Pra galera dos "meninos da informática", sobravam uns ossos aqui e ali, nada suculento, porque naquele mundo de 20 anos atrás ninguém no comando das campanhas no Brasil entendia nem queria entender o potencial do digital.

O tempo passou rápido e há uns 15 anos já vejo parcerias com quem percebeu que o digital cresceu e apareceu, deixando de ser parte decorativa pra se transformar em fundação sobre a qual se erguem as estruturas vitoriosas das campanhas eleitorais.

Estamos todos no mercado pressionados por um *zeitgeist* que informa: estruturar uma campanha tem tudo a ver com estruturar uma rede. Tem tudo a ver com articular pessoas, grupos, nichos, interesses comuns, eleitores.

Espera-se, portanto, que o marketing político que se quer atualmente não tema adaptar-se a estes novos tempos digitais.

## #Prontofalei

Hoje, podemos ver experiências no mercado eleitoral incríveis, que enquadram esta transformação como um processo de inovação e não como rendição. #Prontofalei.

Pode soar pretencioso porque venho desse mercado? Por favor, não é esta a intenção. O ponto é a importância de jogar luz no realismo que não pode dourar a pílula pra fazer média com uma tradição – que muito respeito e admiro –, mas que resiste em sair da vida pra entrar na história.

Direto ao assunto: pensar que é possível desenhar hoje uma estratégia eleitoral pra só depois adequá-la às redes sociais é botar a carroça da campanha na frente dos burros. Assim não se avança. Jogo perdido.

O que a experiência tem apontado é a necessidade de se balizar a estratégia a partir do digital.

Em bom português: estratégias eleitorais exitosas cada vez mais nascem de análises quantitativas e qualitativas e de dados disponíveis em ambientes digitais.

Crises nascem e são potencializadas no digital. Imagens pessoais são construídas e destruídas (ou melhor, canceladas) no digital. Ideias fluem e morrem com mais velocidade no digital. Pessoas são convencidas e desconvencidas no digital. A nossa vida ficou toda mais digital. Ponto.

E, com isso, a busca por entender a cabeça do eleitor no Brasil - e no mundo em que o voto legitima o exercício do poder - tem no ecossistema da internet um campo fértil a ser explorado de forma legal e incontornável neste momento de transição democrática.

Falo em transição porque a democracia está em transe nesta travessia global do marketing político off-line pro on-line. Não faltam teorias sobre a disrupção deste contexto hegemônico das mídias sociais e a ameaça do tecnopopulismo.

## Humildade

Vou tentar aqui não cair em debates acadêmicos (importantes, mas arcanos) e nem oscilar entre um otimismo infantil ou um pessimismo paralisante.

Como costumo dizer para os clientes, o desafio imediato pra se escrever uma narrativa eleitoral é se permitir entender que as estratégias forjadas na mentalidade das redes são as mais capazes de inovar o marketing político.

Usar a conjuntura atual como trampolim é aceitar que as estratégias eleitorais precisam se fundamentar em análises digitais. Aliás, os diagnósticos e monitoramentos de mídias sociais desenvolvem-se numa velocidade espantosa, aprofundando o conhecimento sobre os eleitores e seus desejos, valores e sonhos.

Esta virada de chave digital, em que a inteligência de redes ganha centralidade na estratégia, impõe modelos de coordenação de campanhas mais horizontalizados, nos quais o marqueteiro com ares de guru vira folclore.

Muita calma agora. Ninguém propõe aqui desprezar o talento no marketing político. Não se trata disso. O que vem mudando com as novas tecnologias são as condições objetivas das disputas eleitorais, as prioridades das campanhas e as ferramentas de criação. Todo este cenário impacta na estratégia, sem dúvida.

Por isso, ler com consistência o contexto em busca de argumentos confiáveis pra escrever uma narrativa eleitoral sugere hoje uma compreensão cuidadosa sobre dinâmicas de redes. Requer capacidade de decifrar *big datas*. Abertura pra falar nas diversas linguagens das plataformas. Humildade pra captar a sabedoria das telas. Paixão pela diversidade dos *pixels*.

Nada disso significa, claro, se deixar escravizar pela lógica dos dados ou da superexposição dos influenciadores. Não indico a ninguém virar *geek* ou *youtuber* na tentativa de se qualificar como coordenador de campanha. Mas entre se submeter ao digital e negligenciar as redes existe um abismo. E curtir esta queda virtual vertiginosa sem preconceito é solução e não problema.

## Desconforto

A gente vive uma mudança cultural avassaladora no marketing político. É evidente que tal processo cause muito desconforto. Sabemos que as coisas dão certo até darem errado. A história não tem fim – e toda solução de hoje será inexoravelmente desafiada pela destruição criativa.

Dito isso, sou transparente ao compartilhar que, nesta quadra da minha vida, um consenso profissional tem se popularizado nas campanhas políticas do futuro: a estratégia brota no digital também. E tem de ser uma estratégia única executada por uma organização enxuta, sem hierarquias fetichistas, cooperando mais do que competindo.

Quem deve dar o exemplo e primeiro se adaptar às mudanças em curso é, portanto, o marqueteiro, o publicitário, o jornalista, o patrão ou o nome que se queira dar ao chefe da comunicação de uma campanha.

Anota aí e pode me cobrar. Este reposicionamento do digital, com foco em ocupar um lugar de destaque na coordenação da campanha e na definição da estratégia, tende a ser uma vantagem comparativa capaz de fazer a diferença entre vitórias e derrotas nas urnas.

A própria dinâmica das redes sociais explicita os fundamentos da participação e do engajamento de pessoas. Pessoas, repito. Ao longo da minha jornada de quase 30 anos em campanhas, posso cravar qual o maior erro que percebi: a tentativa equivocada de ver o digital como um ajuntamento de *gadgets*.

Não, senhores! As redes são humanas, demasiado humanas, e reúnem interesses, sentimentos, necessidades. E uma dessas necessidades é a interação que faz pulsar o coração da internet.

Interatividade, vias de mão dupla, *ondemand*, conexões não lineares – eis conceitos que definem o digital e que passam longe do que a propaganda off-line sempre entregou "goela abaixo".

## Pressão

Em 2008, vibramos eufóricos com a campanha de Barack Obama, o maior *case* de marketing político até então. Pouco antes do "*Yes, we can*", naquele mesmo ano, acompanhei de perto a equipe de digital numa campanha vitoriosa pra prefeito de capital.

Já dava pra ver – como vemos hoje – a internet como um grande palco de conversas. Como agora, pouco importa o formato dos conteúdos – até porque naquele momento não existiam as plataformas sociais populares e nem toda essa capilaridade *mobile*.

A campanha tinha um objetivo que se anunciava singelo, mas era ambicioso: chamar a metrópole pra uma grande conversa. Sem forçar nada, a campanha trabalhou pra conectar quem estivesse disposto a conversar na esfera digital. E conseguiu estimular um envolvimento natural, autêntico, crescente e poderoso. A estratégia ajudou a incentivar no eleitor-internauta que interagiu um sentimento de pertencimento, de participação, uma sensação de que o futuro de uma megacidade estava sendo construído junto.

Ali já ficou cristalizado que só o digital passaria a poder estabelecer nas democracias as bases sólidas de um "nós" (ou de um "nós contra eles", claro, mas aí é outro papo) que aproxima candidatos dos eleitores. Uma década depois, Emicida bradaria: "*Tudo que nois tem é nois*". É isso, né?

Em 2014, uma campanha estadual apresentou uma daquelas disputas políticas que dariam um belo argumento de seriado. Uma campanha quase impossível contra um império financeiro e midiático regional que tentava se nacionalizar.

E pra tanto, o desafio da campanha seria o de conectar descontentes, plugar a mensagem com quem estava insatisfeito. "Como fazer isso?" Poderia ser um problema se o país já não estivesse na era em que Facebook, Instagram – entre outras plataformas – já apareciam como palcos da discussão política.

Em resumo, a estratégia de estruturar uma rede forte, distribuir conteúdo por canais próprios e a leitura mais refinada de dados digitais foram decisivas. O que era improvável se tornou uma mobilização digital que fez diferença e, integrada às demais ferramentas do marketing, conquistou redes e o espaço na cabeça dos eleitores já multiconectados.

## Bora

Eu vou pedir licença pra terminar pelo começo, propondo um título diferente pra este meu texto: "Toda estratégia hoje é digital ou não é mais estratégia pra valer". Que tal?

Integração total de pensamento, sem separação entre on e off. Porque não existe mais um eleitor "on" ou "off". Toda estratégia de campanha deve carregar DNA digital de largada, não se adaptar. Estratégia é uma só, saída de conteúdos é outra. Digital não é apenas forma, mas um conceito forte e presente num país que se tornou digital, multiconectado e multiplataforma ao longo dos últimos 20 anos.

Em tempo: parafraseando Noel Rosa, a gente que é digital não quer abafar ninguém no marketing político. Quer apenas mostrar que faz estratégia também. É sambar nas redes pra não sambar na eleição.

Bora ali convencer mais alguém!

Moriael Paiva é publicitário e pioneiro no uso de mídias digitais no segmento político. Desde 2000, lidera campanhas presidenciais, estaduais e municipais no Brasil e no exterior. Atua como consultor, professor e empreendedor de negócios digitais.

# ANTROPOLOGIA DIGITAL

*Abel Lumer*

Donald Trump comendo *junk food* em seu avião particular.

Era este o cenário do que supostamente seria mais uma prosaica publicação no perfil do então presidenciável americano, daquelas que as redes sociais apresentam de forma industrial diariamente.

O objetivo, porém, estava longe de ser simplório como aparentava o inocente post.

E, provavelmente, seja esta a característica mais importante da comunicação e do marketing político: toda a ação atende a um propósito claro e muito bem definido. Quando bem-feita, claro. E é aqui que entram os conceitos e aplicações da antropologia digital.

Antes de compor aquela imagem, estrategistas do Partido Republicano haviam detectado um grande número de eleitores obesos em um dos *swing states*, os estados que, normalmente, decidem eleições nos EUA. Era preciso conquistá-los e influenciar seus votos. A foto de Trump cumpria este objetivo. Dialogava com esse eleitor, criando identificação com seus hábitos alimentares e, especialmente, dando um recado muito poderoso: você pode ser gordo, feliz e muito bem-sucedido – daí a escolha do avião particular de Trump como cenário. Pronto: um dos princípios que Robert Cialdinni trata em seu bestseller "Influência e Persuasão" estava ativado – a aprovação social.

O discípulo velado de Cialdinni, Scott Adams, propõe em "ganhar de lavada", em uma análise sobre as eleições americanas de 2016, estabelecendo uma regra de ouro para a comunicação e o marketing político: a identificação supera a analogia; a analogia supera o pensamento crítico; e o pensamento crítico não supera nada.

Trump comendo *junk food* em seu jato particular se identificava com quem os estrategistas republicanos queriam que ele se identificasse. Bingo!

É disso que trata a chamada antropologia digital. Identificar os comportamentos dos muitos grupos que formam uma sociedade e dialogar de forma segmentada e estratégica com eles.

Se os fins são exatamente os mesmos da era analógica, influenciar o eleitor, os meios se provaram mais eficientes, sofisticados e complexos.

## Sobre pequenos empurrões

Provavelmente, já a esta altura, o leitor deve estar se perguntando se, de posse destes dados, os estrategistas do Partido Republicano não poderiam propor abordagem mais saudável do que naturalizar o consumo de centenas de calorias na forma dos irresistíveis, porém, ameaçadores carboidratos refinados. Claro que sim. Sempre há.

Talvez uma proposta dos conhecidos "antes e depois", de pessoas comuns superando a obesidade não surtisse o mesmo impacto eleitoral, mas certamente inspiraria, a quem estivesse disposto a se inspirar, a mudar seus hábitos alimentares.

Uma pausa aqui se faz necessária para reforçarmos o "a quem estivesse disposto a se inspirar".

Por óbvio, cada indivíduo é dono de seu próprio destino e não existe a mínima intenção de estabelecer relação de causa e efeito entre obesidade e infelicidade. Nosso tema é a comunicação e marketing político e nem sequer tangencia qualquer sorte de proselitismo alimentar ou comportamental.

Dito isto.

Mesmo avaliando como pouco elegante a abordagem adotada, não há como negar, sob pena de romper com a realidade, sua eficácia.

O desafio ao lidar com essa quantidade de informações, em forma de dados tão facilmente aplicados, é conciliar legalidade, eficiência e ética. E caberá sempre ao eleitor, soberano de suas decisões, avaliar cada um dos quesitos sob sua própria regra de valores e princípios.

O ganhador do Prêmio Nobel de Economia Richard Thaler propõe diversas estratégias para influenciar positivamente o comportamento humano, em sua obra obrigatória "Nudge: o empurrão para a escolha certa".

E é exatamente disso que o uso de dados, com todas suas possibilidades, trata: escolha.

Não importa se partindo das tradicionais pesquisas de opinião ou tratando informações obtidas por meio do "*big data*", político e eleitores sempre fizeram, fazem e farão escolhas sobre as formas de diálogo e representação.

Responsabilizar o meio, e não estas escolhas, é a maneira mais fácil, porém, menos honesta, de análise desta nova dinâmica de comunicação.

## A demonização do "*big data*"

Depois de vir à tona os episódios de vazamento de dados do Facebook, explorados pela *Cambridge Analytica*, e que supostamente teriam influenciado as eleições de 2016 nos EUA e o plebiscito sobre o Brexit, no Reino Unido, a simples menção ao termo "*big data*" desperta gatilhos de suspeição e manipulação. Mas isso está longe de ser verdade. Ao menos, toda ela.

Não há dúvidas que a internet amplificou a capacidade de análise do comportamento humano (antropologia digital, lembra?). Com nossas atividades, preferências, hábitos e opiniões sendo rastreadas 24/7, a compilação e uso destas informações tornaram-se o Santo Graal do universo corporativo e político. O que antes era restrito a pequenos grupos de pessoas em pesquisas quantitativas e grupos focais ganhou dimensões gigantescas, deixando diagnósticos poderosíssimos a um clique de distância.

Para o bem e para o mal.

Este é um caminho sem volta.

A Lei Geral de Proteção de Dados no Brasil, a GDPR nos EUA e iniciativas semelhantes em outras partes do planeta visam resguardar a privacidade do cidadão, que deve optar de forma clara e inequívoca por compartilhar seus dados com determinada empresa ou iniciativa. As ações são extremamente válidas, mas ainda assim não impedem o uso de nossos dados. E isto não é necessariamente ruim.

Quem não gosta de ver sugestões de séries e filmes similares ao que já apreciamos na Netflix? Ou ser socorrido por um serviço de *concierge* prestado pelas montadoras de automóveis, na hora do aperto ou de algum acidente? Que tal usar um aplicativo que vai salvar preciosos minutos do seu dia fazendo com que você evite aquele trânsito infernal ao sugerir uma rota menos congestionada? Todas estas soluções encantadoras partem de algoritmos vigilantes aos nossos gostos pessoais, trajetos diários e toda sorte de hábitos que adotamos em nossa rotina.

E a gente adora isso.

Na política não é diferente.

Especialmente as redes sociais que proporcionam informações relevantes sobre nossos valores e princípios ou até mesmo a falta deles.

Com estratégias que obedecem rigorosamente todas as leis de proteções de dados, é possível traçar o perfil psicográfico de grupos de eleitores e dialogar, tendo como insumo seus medos, anseios, preferências e hábitos. Estes dados estão e estarão cada vez mais disponíveis; isto é um fato.

Mas é fato também que estão disponíveis para todos, democratizando e barateando campanhas, dando oportunidade para entrada de novos atores, que antes não teriam sequer os recursos iniciais para se aventurar em uma campanha política. Multiplicam-se mundo afora o número de políticos eleitos fazendo uso exclusivo do ambiente digital, e isto é um baita avanço da democracia.

O "*big data*" ou sua versão mais sofisticada, o "*thick data*", podem ainda ser ferramentas muito valiosas na gestão pública. Uma rua com um buraco perigoso, atividades suspeitas em determinadas regiões, ou mau funcionamento de equipamentos públicos, tudo pode ser monitorado, quantificado e qualificado, auxiliando, e muito, gestores em todas as esferas do serviço público.

Mesmo com as restrições impostas pelo Facebook, ainda é possível, por meio de canais proprietários bem trabalhados e monitorados, identificar demandas legítimas dos cidadãos e abreviar o tempo entre o diagnóstico e a solução.

Como toda grande revolução, a mineração e o uso de dados carecem de vigilância constante, mas parece ser, como de hábito, questão de foro íntimo olhar para o copo meio cheio ou meio vazio.

## Se macumba ganhasse jogo, campeonato baiano terminava empatado

A máxima do "filósofo" do futebol Neném Prancha aplica-se perfeitamente na análise dos efeitos do uso da antropologia digital em campanhas eleitorais. Disponível para todos os candidatos, em seus mais variados níveis, o que faria com que o uso desta massa gigantesca de informações tivesse papel determinante em uma eleição? A resposta é a mesma desde os primórdios deste lindo regime chamado democracia: a fricção entre discurso e realidade.

Não é o propósito deste capítulo fazer análises eleitorais específicas, mas é inevitável ao objetivo traçado abordar a discrepância dos diagnósticos de causa e efeito em determinadas eleições. Especialmente após a vitória de Donald Trump em 2016, surgiram diversas obras que pretendiam provar que a democracia estava sob ataque. Muitas delas, atribuindo ao digital o veneno que teria ferido de morte o regime em todo o mundo. Nada mais distante da verdade.

O fato é que grande parte destes autores fez uma análise de trás para frente, tomando como ponto de partida um resultado eleitoral que os desagradou para colher evidências que comprovavam a teoria já formulada, desprezando tudo que caminhasse em outro rumo. Ou seja, o contrário do método científico.

A verdade é que determinadas vitórias - muitas vezes realmente desagradáveis - nascem de insatisfação popular e demanda reprimida absolutamente legítima do eleitor. O fato de nos desagradarem estética ou ideologicamente não estabelece correlação entre o uso de determinado ambiente, disponível e aproveitado por todos, e o eventual êxito. Não é minimamente razoável atribuir adjetivos a grupos de eleitores, que muitas vezes oscilam entre os extremos ideológicos, de acordo com nossas convicções pessoais. Denominações como fascistas, comunistas, supremacistas, estúpidos ou inteligentes quando atribuídas de acordo com os vieses de seus autores, configuram, estas sim, verdadeira ameaça à democracia, tentando usurpar o direito de escolha e ameaçando liberdades individuais.

O uso da antropologia digital não cria realidades. Mesmo a utilização mais vulgar de dados não é capaz de gerar desemprego, inflação ou crises na segurança pública. O eleitor atribui tais situações, por vezes de forma injusta, é verdade, a determinado político ou partido. E toma sua decisão de voto a partir da percepção desta realidade e da forma com que ela é apresentada. Se a comunicação e o marketing político podem interferir na segunda, jamais serão capazes de criar a primeira.

## Por fim...

A antropologia digital é, antes de tudo, antropologia pura e simples.

Formas inovadoras de estudar e avaliar o comportamento humano em todas as suas maravilhosas diferenças. Se estão disponíveis novos meios para nos conhecermos ainda melhor, seria impensável não utilizá-los na construção de uma sociedade mais justa e evoluída para todos. Tais possibilidades foram capazes de solucionar antigos problemas e criar outros novos.

Que assim seja.

Que nós, operários da democracia, nos empenhemos o máximo para tirar o melhor proveito deste novo mundo que se transforma vertiginosamente diante de nossos olhos. Proveito que este otimista autor espera que o leitor tenha tido ao terminar este capítulo.

Abel Lumer é consultor político, sócio-diretor da Lumer Comunicação, responsável por diversas campanhas e coordenação de comunicação de mandato. Professor e palestrante, com mais de 1.000 alunos formados em eventos no Brasil e no exterior.

# PRESENÇA DIGITAL, COMO VAI SUA REPUTAÇÃO?

*Bruno Hoffmann*

A reputação de indivíduos nunca esteve inserida em um contexto tão complexo, com tantas variáveis e possíveis interpretações.

Desde a Idade Média, reis e rainhas, grandes conquistadores, líderes políticos e militares, até os dias de hoje - sempre houveram novos meios, mídias e formas de Comunicação sendo inseridos. Da escrita, às cartas, impressos, fotografias, rádios, TVs e, claro, mais recentemente, a internet.

Tudo agora é mais dinâmico – e tudo pode ser agora. Em um passado não muito distante, nos anos 2000 por exemplo, se uma organização estudantil quisesse promover uma manifestação em prol de melhores condições de ensino, ela precisava ser marcada com semanas de antecedência - tempo necessário para produzir, imprimir e distribuir *flyers* e para que organizadores pudessem passar de sala em sala conclamando a participação dos estudantes. Já nos dias atuais, os leitores aqui sabem muito bem quão mais fácil seria realizar esse tipo de evento.

Isso ilustra um pouco o contexto atual e como uma liderança política, que queira construir sua reputação, precisa ficar atenta a todos os meios disponíveis nos tempos atuais.

Todo candidato precisa de uma boa reputação.

Apesar disso tudo, vemos grandes lideranças políticas que não têm ideia do atual status da sua "presença digital", ou mesmo desconhecem o termo ou sua importância.

Muitos políticos consideram que estar bem avaliados em pesquisas, serem reconhecidos nas ruas e possuírem bons contatos com *stakeholders* (outros políticos, empresários, terceiro setor, imprensa, celebridades etc.) seja o suficiente. No entanto, não fazem a menor ideia se esse sentimento positivo de reputação que eles veem nas ruas (off-line) se reflete no ambiente digital (on-line). E isso é essencial nos dias atuais.

## Qual o resultado no Google?

Caro(a) leitor(a), vamos lá, pause essa leitura e faça um teste. Seja no seu nome, no nome do candidato que está assessorando ou de uma liderança política que lhe interesse.

Presença e reputação digital passam por vários elementos, entre eles:

- Resultado do nome (e potenciais variações) em buscadores (Google, Bing, Yahoo etc.) incluindo:
  - Resultado na página principal
  - Resultado de notícias
  - Resultado de imagens
  - Resultado de vídeos
- Verificar também resultado de busca no YouTube
- Verbete de Wikipédia
- Presença e relevância das principais redes sociais nos resultados

Os resultados são da pessoa em questão ou de um homônimo com maior relevância digital? Quais resultados são positivos e negativos? Quais dos resultados estão sob controle do político? Seu site? Suas redes? Notícias do site da organização que ele lidera? É importante ter um assessor acompanhando esses resultados e registrando-os, no mínimo, uma vez por mês.

O conjunto de resultados é a sua apresentação on-line. Ele está de acordo com o que deseja? Vai de encontro com a percepção da reputação na rua?

## Conte a sua história

Tenha o controle. Com presença digital, observando seus resultados e ativamente criando e ocupando espaços, você conta sua história. Formadores de opinião fazem essa pesquisa, a imprensa e todos os usuários comuns. Mas em sua maioria, essa pesquisa é um momento raro, quando a história do candidato ainda é uma página em branco. Essa é uma oportunidade única e essencial na formação de opinião do eleitor sobre para quem destinará seu voto.

Em tempos digitais pré-Obama – sim, eles existem.

Vale você, leitor, pesquisar mais sobre a campanha presidencial do democrata Howard Dean em 2004, a primeira campanha que cresceu ao mostrar o potencial de campanhas operadas com ferramentas digitais. Tudo antes das redes sociais que conhecemos hoje. Histórias surpreendentes dessa época não faltam.

Mas, antes, o primeiro passo para uma presença digital profissional é possuir um website. Seja de campanha, seja de mandatário de cargo, seja como pré-candidato, ou apenas de um profissional. Um espaço em que você tenha controle e possa se apresentar da melhor maneira possível, dentro dos objetivos estratégicos já traçados.

O website é insubstituível. Se bem-feito, ele é a sua casa. Onde você organiza, conta sua história e recebe aqueles interessados em você. Ali, você pode acompanhar quem entrou, quais "quartos" (editorias) e páginas foram acessados, o histórico geral das visitas. Tudo isso é informação valiosa. É primordial que o website possua um "livro de assinaturas", ou seja, um local de cadastro. Nome, e-mail e telefone são fundamentais. E, se possível, um cadastro completo, contendo endereço, interesse em determinados assuntos e como cada um desses usuários potencialmente poderia se voluntariar para a campanha.

As primeiras campanhas presidenciais a possuírem website foram em 1996 nos EUA, ano que Bill Clinton foi eleito. Na eleição seguinte, no ano 2000, o veterano de Guerra da Marinha, John McCain, foi candidato e divulgava o endereço do site da sua campanha em todas as suas comunicações de campanha (comerciais de TV, adesivos, totens em discursos, no ônibus da campanha, placas de jardim etc.) Ali era o início do *crossmedia*, algo essencial que mais de 20 anos depois ainda encontra resistência no Brasil.

Outra história do republicano John McCain que vale ser contada neste artigo – desta vez em 2008, na sua segunda candidatura à presidência, quando blogs especializados e "tuiteiros" de plantão revelaram antes da confirmação oficial da campanha quem seria a candidata à vice-presidência de McCain.

Muitos nomes superconhecidos eram aventados por especialistas nas TVs, mas quase ninguém mencionou a escolhida. Quem descobriu que seria a então governadora do Alaska, Sarah Palin, foram colaboradores da Wikipédia, que identificaram uma movimentação atípica na edição do verbete dela. A informação viralizou até ganhar espaço na grande mídia – o que depois foi confirmado pela campanha.

Pegou a lição? Não se pode lançar um nome a um cargo importante sem pensar na sua reputação digital, assim como colocar em prática inúmeras táticas de Comunicação para maximizar a captação de *leads* e a repercussão positiva na mídia.

## Website

Comece com a escolha de um bom domínio, de preferência da forma como o candidato é conhecido. "Fulanodetal.com.br" são os melhores, pois poderão ser utilizados em toda a sua carreira. Na falta dele, versões com o número do partido ou o número que será digitado na urna também podem ser boas opções.

Um site de campanha pode e deve voltar a ser o site do cidadão no dia seguinte às eleições. É comum políticos não terem site ou terem apenas durante o período eleitoral. Com isso, abandonam seu principal ativo de presença digital.

Ao registrar o domínio do site, cadastre no CPF do próprio candidato e vincule a um e-mail que o candidato ou alguém de confiança sempre terá acesso. Não utilize eventuais e-mails temporários. É fundamental manter os pagamentos em dia – para não passar vergonha e perder seu próprio domínio.

As possibilidades de um site são inúmeras e sua disposição de elementos e conteúdos dependem do candidato, da conjuntura e do cargo que busca. Mas os sites devem possuir áreas como "Biografia", "Realizações", "Propostas", "Seja um voluntário", "Notícias", "Material de campanha", "Agenda" e outras páginas que, dependendo da campanha, podem evoluir para área de "Arrecadação" para doação de fundos, área de "Transparência", que disponibiliza todos os custos da campanha, e páginas com áreas de "Fotos", "Vídeos", "Jingles", "Spots de TV e Rádio", "Sala de Imprensa", áreas de cadastros, acesso direto ao WhatsApp da campanha, acesso a redes sociais, além de um "Participe", com áreas que oferecem o passo a passo para muitas formas de participação. Tudo isso e muito mais. Importante não só ter uma equipe capaz de desenvolver um site robusto, mas que também seja capaz de fazê-lo com rapidez e que respeite as melhores regras de SEO. E um ponto básico: o site não é uma entrega final, não é estático, a equipe deve estar sempre à disposição durante uma campanha política. Ele deve estar em constante mudança e evolução até o final da campanha e, posteriormente, para a alteração do site voltada a um novo objetivo.

Por fim, por que não ter uma presença institucional, como uma página de biografia em sites relacionados ao candidato? Seja o site de uma empresa que a liderança faça parte, de uma associação, instituição de ensino etc – esse pode ser mais um espaço positivo figurando entre os principais resultados de busca no Google – caso sejam sites estruturados e com técnicas de SEO bem aplicadas.

## Presença ativa nas redes

Quais as principais redes sociais hoje? Qual a abrangência e o público de cada uma delas? Em qual já possui presença e em qual faz sentido entrar para buscar novos eleitores? No exemplo acima do site, vimos que lá é a nossa casa. Já as redes são as praças. Estar onde os eleitores estão para poder apresentar sua mensagem. E nesse mundo virtual, as relações são as mesmas do mundo real. A sua forma de apresentação - da roupa à linguagem - seria totalmente diferente se você fosse a um evento em uma embaixada ou em um churrasco com amigos. São redes sociais diferentes. As redes e públicos também exigem posturas diferentes para nos comunicarmos melhor. Além disso, quando você investe nesses espaços, você também está fortalecendo sua presença digital. A presença em redes passa a contar sua história e ocupa um lugar valioso entre os primeiros resultados positivos nos buscadores. E, de novo, um resultado não só positivo, mas controlado por você.

## Presença em mídia

Aparições em sites noticiosos são vitais para pessoas públicas, não só para a presença digital propriamente dita, mas obviamente para manter o nome "fresco" na cabeça dos eleitores.

Muitos políticos, porém, conhecem bem alguns editores e jornalistas de grandes jornais, revistas, rádios e TVs, mas se perguntarmos o nome do editor do principal site noticioso da cidade, ele provavelmente não vai conhecer. Percebeu o erro? E, aí, vamos além. Quais os podcasts mais escutados na sua região? Quais os principais influenciadores, seja da política, seja de outros temas? Um bom relacionamento com eles pode render grandes frutos e gerar um impacto muito maior do que ser capa de uma revista de negócios, por exemplo.

Busque esses influenciadores, aproxime-se de forma relevante e construa uma relação positiva.

## Wikipédia

Assim como vimos no caso da Sarah Palin relatado acima, presença na Wikipédia é essencial. Claro que nem todo candidato possui notoriedade para possuir um verbete no site.

E isso diz muito sobre a plataforma. A Wiki possui um ambiente altamente regulado e bem-organizado por um coletivo de administradores, com regras internas claras. Tentar controlar a sua presença dentro da Wikipédia não é bem-visto e nem aconselhável pela comunidade. O ideal é possuir notoriedade digital, com um bom volume de notícias, em diferentes sites noticiosos de relevância sobre a liderança. Dessa forma, existe uma boa chance do verbete da Wikipédia espelhar esse enfoque. E, claro, quanto mais relevante o trabalho, mais atenção terá de bons editores da Wikipédia que incluem conteúdos importantes e positivos.

No passado, vimos ministros de estados protagonizando batalhas judiciais contra a plataforma, que não resultaram em nada, além da mídia negativa e mais publicidade ao que a pessoa pública queria evitar. Isso mostrou um desentendimento completo da pessoa e sua equipe de como a Wikipédia funciona.

Presença digital e reputação andam juntas.

Reputação digital é tão ou mais importante quanto a reputação "ao vivo".

Você já deve ter visto nos excelentes textos que me precederam neste livro do CAMP, que tudo na Comunicação é construção de imagem, desde a direção de arte ao figurino, foto, voz, aperto de mão, gestual, enfim, tudo. É o conjunto da obra.

Perceba ao seu redor. Utilizamos elementos parecidos quando decidimos comprar um produto ou quando queremos estreitar relações com as pessoas que estão próximas.

No marketing político que devemos praticar, tudo é verdadeiro. E assim como qualquer ciência ou área de conhecimento, ele se utiliza da *expertise* dos seus profissionais para apresentar o melhor de cada um. Por uma sociedade melhor.

Bruno Hoffmann é Presidente do CAMP e CEO da ESPLANADA Comunicação Estratégica. Mestre em *Political Management* pela George Washington University e especialização na Harvard Kennedy School. Laureado nos EUA, Europa e Brasil com mais de 20 prêmios das entidades mais importantes da consultoria política.

# MONITORAMENTO DIGITAL: O FIM DA ERA DO ACHISMO

*Nara Alves*

Na linha tênue que separa o sucesso do fracasso em uma campanha política, um monitoramento digital bem-feito pode representar a diferença entre a vitória e a derrota de uma candidatura. No mínimo, ajuda a traçar estratégias eleitorais mais certeiras, na medida em que substitui o palpite e o "achismo" pelo acompanhamento e análise do que está sendo reverberado nas redes sociais. Também pode subsidiar a criação de novas leis e políticas públicas. Neste sentido, este artigo procura mostrar porque o monitoramento digital se tornou um dos elementos fundamentais do marketing político e, em última análise, como pode contribuir para a manutenção e a modernização da própria democracia. O artigo agrega informações obtidas a partir de experiências de monitoramento em campanhas eleitorais e mandatos políticos que estão inovando neste campo – com técnica e ética –, e levanta algumas questões que virão com os desafios do futuro.

A principal função do monitoramento é ouvir o que está sendo dito nas redes. Não apenas ouvir, mas contextualizar e interpretar, incluindo aquilo que não está sendo dito explicitamente, a partir da observação de comportamentos e experiências de navegação. Para isso, são necessários acesso a dados e sua coleta. Esses subsídios gerarão métricas, originarão relatórios e auxiliarão no diagnóstico, na estratégia, na definição de metas e personas, na gestão de relacionamento com o cidadão, na elaboração de conteúdo, no acompanhamento de indicadores de performance, entre outras tarefas.

Todo esse trabalho pode ser realizado com ou sem uma ferramenta paga. Contratá-las ou não, aliás, é um dilema constante de profissionais do marketing político e seus assessorados. De maneira geral, as ferramentas pagas apresentam, sim, muitas vantagens importantes como *dashboards*, que unificam os dados retirados de diferentes plataformas, facilitando a visualização e compreensão das informações. Também podem ampliar a capacidade de resposta, especialmente quando estão associadas à automação. Podem ajudar no combate a *fake news*, uma vez que é possível criar alertas e configurar mensagens com os esclarecimentos necessários.

No entanto, desde o caso da "Cambridge Analytica", que usou informações de milhões de usuários para fins de manipulação eleitoral em 2016 (revelado em 2018), alterações na política de APIs do Facebook e Instagram têm limitado o acesso a dados por parte das ferramentas pagas de monitoramento. Se antes era possível extrair conteúdo publicado em perfis abertos, hoje as aplicações são restritas a conteúdos publicados em grupos públicos. Com isso, a coleta ficou bastante dependente do Twitter e do YouTube. Ao mesmo tempo, todas essas plataformas, além do Google, disponibilizam ferramentas de análise de métricas e *insights* que podem ser exploradas gratuitamente. Portanto, a depender do perfil do público e do escopo geográfico, temático e temporal, o volume de dados pode não justificar o investimento na contratação do serviço.

Seja paga ou gratuita, nenhuma ferramenta elimina a necessidade de se ter um profissional de monitoramento que reúna tanto qualidades técnicas como de análise política. Ou seja, na pequena escala, o que corresponde à realidade de grande parte das campanhas e mandatos existentes no Brasil, é perfeitamente possível executar um bom monitoramento "a olho nu", utilizando apenas o que está disponível. Isso, claro, desde que o olhar seja de um analista que tenha conhecimento do contexto político local e capacidade de coletar e organizar dados relevantes.

É essencial saber identificar o que é relevante ser monitorado. É preciso, de antemão, mapear hashtags e influenciadores, como perfis oficiais de políticos, partidos, grupos de apoio, imprensa local, nacional e especializada, líderes religiosos, ativistas, micro e nano influenciadores com e sem posicionamento político declarado. Além desses, é importante monitorar também os perfis *fake* de políticos, partidos e grupos de apoio, perfis de blogs e pequenos sites que disseminam notícias tendenciosas e encomendadas, quando não explicitamente enganosas. O monitoramento da biblioteca de anúncios de adversários e aliados políticos, no caso do Facebook e Instagram, principalmente no período eleitoral, também pode revelar informações importantes.

A análise de métricas de anúncios ou até mesmo da simulação de anúncios nessas plataformas traz resultados bastante relevantes e precisos para o monitoramento digital, uma vez que é possível segmentar o público por geolocalização, gênero, faixa etária, áreas de interesse. É possível fazer testes AB, comparando a aderência de públicos diferentes para o mesmo conteúdo e conteúdos diferentes para o mesmo público. Nesse sentido, os dados a serem analisados trazem informações minuciosas e setorizadas, que podem complementar e enriquecer o resultado de uma pesquisa qualitativa e quantitativa de opinião ou intenção de voto realizada por um instituto nas ruas de uma cidade ou em um grupo focal. Diferentemente das pesquisas *in loco*, o monitoramento pode ser realizado em tempo real e os resultados gerados em poucos minutos. E sabemos que cada segundo é precioso para a tomada de decisão durante uma crise de reputação, com aspectos virais de larga escala.

O acompanhamento permanente do conteúdo publicado pelos perfis mapeados deve ser, na medida do possível, sentimentalizado. Quando feito por um robô, sem a revisão do olhar humano, a qualificação automática do sentimento em negativo, positivo ou neutro está sempre susceptível ao erro. Por mais que a automação seja calibrada pelo melhor programador, que irá ensinar a máquina a identificar, por exemplo, um "parabéns" irônico, é muito difícil garantir um acerto de 100%. A nossa linguagem é cheia de nuances regionais e culturais. E calibrar um robô, ou seja, ensiná-lo a desviar das pegadinhas, leva tempo. Além da ironia, outro buraco ainda deixado pelos robôs é a análise daquilo que não é escrito. Fotos e vídeos nem sempre entram na rotina de coleta de dados das ferramentas disponíveis, a não ser que estejam legendados. Isso deixa de fora grande parte do maravilhoso fenômeno dos memes. Para efeito de reverberação positiva ou negativa, um meme viral vale mais do que um milhão de palavras.

Há ferramentas de inteligência artificial disponíveis no mercado que prometem automações com Processamento de Linguagem Natural, o que confere às máquinas a habilidade de entender, processar e manipular o jeito como de fato nós brasileiros nos expressamos no ambiente digital. Também prometem a identificação automática do gênero do publicador e o reconhecimento automático de rostos – um desafio e tanto em tempos de filtros e *deepfake*. Tais tecnologias já estão disponíveis, mas podem facilmente ser enganadas maliciosamente, expondo o cliente ao risco de ter sua imagem desgastada por um erro banal de robô. Como resposta a isso, com o avanço do *deep learning*, cada vez menos será preciso ensinar às máquinas, pois elas mesmas terão a capacidade de aprender sozinhas quando o meme retrata uma "coxinha" e uma "mortadela" como elogios, xingamentos ou apenas como comida. Assim, a automação e a inteligência artificial conseguirão responder de forma mais certeira e ágil a uma crise de reputação.

## WhatsApp e Google

Um dos principais indicadores de performance de um conteúdo é o WhatsApp. Não há, no momento, mecanismos eficientes de monitoramento na plataforma, que recolhe dados pessoais em abundância e os utiliza internamente para viabilizar a microssegmentação de anúncios pagos no Facebook e Instagram, que fazem parte da mesma empresa, formando o tripé bilionário de Mark Zuckerberg, CEO da Meta. Sabe-se que é possível, contudo, programar robôs que criam perfis, entram em grupos abertos, a partir de hashtags de interesse e geolocalização, e realizam escuta passiva ou disparos em massa. Obviamente que essas ações estão em desacordo com os termos de uso e ficam susceptíveis às punições, bloqueios e banimentos, tanto por parte da plataforma como por parte da Justiça Eleitoral e até mesmo da Justiça comum, a depender do conteúdo disparado. Muitos entraves jurídicos acabam impedindo a identificação dos autores dos disparos, até porque há serviços e aplicativos de automação sem sede no Brasil.

A dificuldade em monitorar as conversas em grupos públicos de WhatsApp mostra que o universo possível de ser observado na plataforma é do tamanho daquilo que conseguimos enxergar e ouvir. Como nas pesquisas realizadas face a face, estamos observando apenas as pontas dos icebergs, ouvindo os ruídos mais agudos ou os mais graves. As brechas podem ser preenchidas por meio do monitoramento com uma costura entre as análises de todas as plataformas, somadas à análise de *insights* do Google. Por meio do acompanhamento das informações fornecidas sobre tendências de crescimento de buscas por determinados termos, e também dos termos de pesquisas relacionadas, pode-se ter um panorama daquilo que é de interesse das pessoas, mas que nem sempre é publicado.

Quando realizado dentro de um mandato, o monitoramento ou a escuta tem o papel de expandir o debate do on-line para o off-line, reduzindo o distanciamento do Estado. A ausência do poder público nos ambientes digitais, onde há conversação sobre políticas públicas, é uma barreira que pode começar a ser rompida com a ajuda de um bom monitoramento, que possa quantificar e estruturar opiniões que deverão, juntamente com outros dados, auxiliar na tomada de decisão. O bate-papo cotidiano sobre questões públicas prepara o caminho para as decisões governamentais e para as decisões coletivas, como é o caso da própria eleição.

## E o direito à privacidade?

Não podemos falar de monitoramento digital sem inserirmos no debate a questão fundamental do direito à privacidade. Muito além da chatice de clicar a cada minuto de navegação em "ok, aceito os cookies", todos temos o direito de ser donos dos dados disponíveis a respeito de nós mesmos. No Brasil, o Marco Civil da Internet, em 2014, e a Lei Geral de Proteção de Dados Pessoais (LGPD), de 2018 e vigente desde agosto de 2020, regraram, respectivamente, entre outros aspectos legais, a guarda obrigatória de dados que possam identificar usuários mediante ordem judicial e a garantia do anonimato. Ou seja, as leis se complementam no sentido benéfico de resguardar os dados de cidadãos e, ao mesmo tempo, possibilitar que ele seja identificado em caso de necessidade da Justiça. Por isso, é prudente que o profissional responsável pela elaboração dos relatórios de monitoramento conheça tanto o Marco como a LGPD.

Em janeiro de 2022, a Autoridade Nacional de Proteção de Dados lançou um Guia Orientativo, juntamente com o Tribunal Superior Eleitoral, explicando a LGPD e dando dicas de como realizar o tratamento de dados durante o ano eleitoral. O documento vem a somar ao Guia de Boas Práticas da LGPD publicado em 2020. Em linhas gerais, há uma preocupação quanto à exposição de dados pessoais, o que não impede em absolutamente nada a análise e exposição de dados gerais, tratados de maneira coletiva, como já ocorre no momento em que as plataformas disponibilizam as métricas. Quem opta por utilizar determinada plataforma já aceitou seus termos de uso, que são deliberadamente permissivos quanto à utilização de dados pessoais, até porque essa é a moeda mais valiosa neste modelo de negócio. Entre as orientações baseadas na LGPD está, por exemplo, a necessidade de se anonimizar informações pessoais que não sejam essenciais e necessárias, não expor dados pessoais sensíveis como origem racial ou étnica, opiniões políticas, dados referentes à saúde, convicções religiosas, dados genéticos, e pedir o consentimento tanto para uso destas informações como para formação de banco de dados.

Uma forma de anonimizar dados pessoais obtidos no monitoramento digital é a criação de personas que possam representar e ilustrar informações que precisam ser colocadas publicamente. No caso de o monitoramento ser realizado no âmbito de um mandato executivo, é possível anonimizar dados ao firmar parcerias para a criação coletiva de demandas, reclamações e sugestões rastreadas repetidamente. Foi o caso de uma Secretaria de Comunicação que, ao identificar nas redes sociais uma demanda frequente de usuários idôneos, beneficiários de um programa social, decidiu protocolar junto à Ouvidoria-Geral de seu próprio governo uma reclamação que unificasse todas as vozes monitoradas. A autoria da reclamação, então, passou a ser a própria Secretaria de Comunicação. A partir daí, a demanda foi atendida, o dano à imagem da instituição foi sanado e o procedimento acabou se transformando numa parceria oficial entre a Comunicação, mais especificamente o departamento de monitoramento digital, e a Ouvidoria-Geral.

Uma parceria como a mencionada no exemplo anterior, em que a demanda coletiva ganha relevância com o volume e frequência de casos identificados nas redes, só é legítima quando a repetição não é fruto de uso de spam ou de robôs. A identificação de *bots* e fazendas de likes, aliás, também entra no escopo de atuação do monitoramento e se faz cada vez mais necessária. Sem essa identificação, é impossível acompanhar o desenvolvimento de narrativas, mensurar ameaças, risco de crises e, por fim, evitar a manipulação.

É importante ressalvar que, na legislação, os direitos à privacidade, ao esquecimento e ao anonimato tendem a ser menores do que o interesse público. Ou seja, se uma figura pública vê seu nome publicado e deseja remover o conteúdo detrator, a jurisprudência nestes casos indica que prevalece o interesse público em ter acesso às informações. As exceções são a exposição de dados pessoais e casos específicos de ofensa à honra. Entrar na Justiça, especialmente quando for contra um cidadão comum, e não outra figura ou instituição pública, requer muita análise e cautela. Esse tipo de ação pode ser facilmente interpretado como censura ou como uma tentativa de controle do discurso político, o que remete a imposições ditatoriais. Durante uma campanha, esse recurso deve ser utilizado ainda mais cirurgicamente, até porque o tempo dos processos na Justiça é incompatível com a urgência do processo eleitoral. Melhor seria resolver a questão imediatamente na argumentação e no debate público.

Cabe ao monitoramento digital mapear detratores e, na medida do possível, subsidiar a argumentação ou a decisão de não debater, como é preconizado diante de discursos de ódio. Perante a lei, não é apenas o emissor original da mensagem o responsável pelo seu conteúdo. Quem a compartilha também o é. Logo, cabe ao monitoramento mapear também os compartilhamentos das mensagens. Muitas vezes, esse compartilhamento é realizado por perfis de apoio não oficiais, com ou sem declaração de autoria. Dessa forma, o que poderia ser enquadrado como propaganda eleitoral negativa, caso fosse publicado por perfis oficiais de candidaturas, o que não é permitido por lei, vira crítica política legítima. Desfazer esse disfarce é mais um importante papel desempenhado pelo monitoramento de redes, que pode ser uma verdadeira arma e, ao mesmo tempo, a própria armadilha.

Nara Alves é jornalista e consultora política. Coordenou campanhas, foi subsecretária de Comunicação Digital no DF e diretora de imprensa na Presidência da República. Trabalhou na Globo e no Portal iG. Mestre em Comunicação e Análise de Métricas Digitais.

# POLÍTICA EM TEMPOS DE REDES SOCIAIS

*Guto Araújo*

Historicamente, a sociedade sempre foi composta por redes sociais, que unem os interesses comuns dentro de um grupo específico, seja igreja, clube, escola, trabalho, partido político etc. A hiperaceleração dos meios fez com que todos pudessem de alguma maneira ser incluídos no debate público. Antes, mesmo o cidadão ou a cidadã que pertencesse a um grupo social era apenas um receptor de notícias da mídia tradicional. Quem não fosse uma celebridade ou referência em determinado tema estava fora do debate público. Nesse contexto, não há dúvida de que as redes democratizaram o debate, mas, como toda inovação radical, novas formas de linguagem e de relações interpessoais e interinstitucionais surgiram no bojo dessa transformação. Por exemplo: o que antes era chamado "boato", agora pode ser identificado como *fake news,* e o poder de angariar seguidores ou simpatizantes para qualquer causa ou opinião se multiplicou exponencialmente.

Para que se tenha eficiência na operação das redes é essencial conhecer primeiro aquele *lead* que se quer atingir. Só assim, saberemos qual canal e qual o conteúdo mais interessante e eficiente para atingirmos o alvo. Claro que, na prática, o processo não é tão simples. Muitos *memes* ou fenômenos de internet desafiam as explicações lógicas, racionais. No entanto, estratégias de marketing digital de produtos ou e-commerce podem ser extremamente precisos em seus resultados quando se conhecem as personas ou perfis de usuários ligados a essa marca. Já na política, os cenários são muito mais complexos e é sobre isso que vamos discorrer.

## As redes sociais digitais e a política

O marco zero do uso das redes sociais pela política situa-se em meados dos anos 2000. As campanhas descobriram nessa época que o surgimento do Twiter, Facebook, Myspace e YouTube criava novos e poderosos instrumentos para buscar o engajamento e o voto de eleitores. O Twitter foi inicialmente a rede de maior destaque, o que pode ser atribuído ao fato de que sua interface privilegiava opiniões pessoais de influenciadores ligados à indústria de comunicação e mídia. Posteriormente, outras plataformas, como o Facebook, foram absorvendo esse tipo de conteúdo e ampliando o seu alcance para além do DNA original - conectar pessoas de tribos diversas através da divulgação de seu *lifestyle*.

A campanha de Barack Obama, em 2008, foi um marco no uso das redes sociais para a divulgação de propostas, fortalecimento da militância e ampliação de arrecadação de fundos via doações. Segundo estudo promovido pelo *Pew Internet and American Life Project Post (ElectionSurvey*, 2008), os dados relativos ao uso de redes naquele ano já se mostravam extremamente significativos, e não fosse a participação voluntária de Chris Hughes, cofundador do Facebook, não teria alcançado o sucesso estrondoso entre seus eleitores. Analisando os números com mais proximidade, podemos perceber os incríveis índices alcançados pela participação dos votantes. Se considerarmos somente aqueles que já se declaravam usuários de internet em todas as faixas etárias, obtém-se uma média de mais de 70% entre todas as idades que usaram as redes sociais para fins políticos. Por outro lado, considerando todos os adultos, cerca de 56,5% em média utilizaram as redes para esse fim.

O boom das redes sociais e das relações criadas entre candidato e eleitores certamente foi determinado pelas novas gerações de usuários digitais. As redes da campanha de Obama foram alimentadas por uma maioria jovem constituída pelos nascidos entre 1980 e 1994. Conhecida como geração Y, esse segmento representa os que nasceram e desenvolveram suas capacidades digitais junto com a criação e evolução da internet. Segundo pesquisa realizada pela empresa de consultoria McKinsey & Company, essa geração, considerada a sucessora da geração X (nascidos de 1960 a 1979), caracteriza-se por sua capacidade de questionamento e valorização do "eu". Ela adaptou-se rapidamente às características da web, como as múltiplas realidades e relacionamentos intermediados pelas redes sociais.

Outra parte importante dos eleitores jovens de Obama era composta pelos chamados "nativos digitais" ou geração Z, nascidos a partir de 1995. Segundo estudos da Mackinsey&Co, as motivações desse público são totalmente distintas das anteriores e decorrem das enormes transformações dos últimos 40 anos. Para os Z, é mais importante a expressão da verdade individual, ser totalmente inclusivo, entender diferentes pontos de vista e viver a vida de forma pragmática. O detalhe curioso é que, embora 76% dos integrantes da geração Z sigam alguma religião, a grande maioria é liberal em temas tão polêmicos como a descriminalização da maconha, a legalização do aborto e o casamento entre pessoas do mesmo sexo. Nesse cenário, pode-se perceber porque o mix de novas gerações foi crucial para o sucesso da campanha digital de Obama, baseada em pautas mais humanistas.

Também é importante acrescentar que a estratégia da equipe de Obama foi definida, coordenada e adaptada à linguagem e formato de cada rede social, abrangendo 16 delas. No caso do YouTube, que contava com cerca de 160 milhões de usuários em 2008, a prioridade foi divulgar vídeos protagonizados por celebridades e discursos do então candidato, os quais alcançaram mais de 70 milhões de visualizações. Se considerarmos que o número de eleitores que escolheram Obama foi de quase 70 milhões, pode-se dizer que o YouTube foi a principal rede de disseminação e engajamento à candidatura do futuro presidente.

Além do YouTube, a campanha de Obama alcançou enorme sucesso no Facebook, Myspace, Linkedin e Twitter. O investimento total declarado pela campanha nas redes foi de 16 milhões de dólares, arrecadados num montante de doações de 263 milhões de dólares em 18 meses de campanha. Já a campanha de John McCain, opositor de Obama em 2008, arrecadou um total de 132 milhões de dólares no mesmo período.

A análise do dia da eleição revela ainda que a faixa entre 18 e 29 anos usou ativamente as redes sociais para mobilizar o eleitorado em favor de Obama, o que é fundamental se lembrarmos que o voto nos Estados Unidos é opcional e, sem estímulo, muitos desistem de enfrentar as longas filas que se formam nos locais de votação. Na faixa acima de 50 anos, percebe-se que o envio de textos de incentivo à votação por SMS foi praticamente nulo.

Para alimentar e sustentar a disseminação de informações oficiais da campanha contra a onda de *fake news*, foi criado o "My Barack Obama", popularmente conhecido como "MYBO". Rede mais forte da militância pró-Obama, ela reunia 2 milhões de inscritos e premiava os mais ativos com *upgrades* de reputação dentro daquela comunidade, status altamente desejado. Graças a esse nível de engajamento, foi possível criar milhões de multiplicadores de informações oficiais e propositivas. Além disso, a estratégia *one-to-one* se mostrou extremamente eficiente e certamente economizou alguns milhões de dólares em compra de mídia, pois gerou uma forte mídia espontânea. Essa força de comunicação permitiu que fossem divulgados cerca de 200 mil eventos off-line, criados 35 mil grupos voluntários e realizados 400 mil posts em blogs.

## As consequências no Brasil

Analisando em paralelo os processos eleitorais brasileiros desde 2008, podemos ver a influência que a campanha de Obama provocou na estratégia de comunicação das campanhas sul-americanas. Além disso, deve-se considerar a influência das redes e seu crescimento exponencial no território brasileiro, o que coloca o Brasil em terceiro lugar como um dos países mais conectados do planeta, especialmente pelo número de usuários de smartphones. A evolução das campanhas nas redes no Brasil mostrou forte influência estratégica das sementes lançadas pela campanha de Obama.

Na época, o Twitter foi o principal canal utilizado para disseminar as propostas dos candidatos, em especial aqueles que tinham menor tempo na TV aberta e um eleitorado mais escolarizado. Outras redes, como o Facebook, serviram pela primeira vez como principal plataforma de perfis falsos e produção de *fake news*, o que, posteriormente, levou à revisão da Lei Eleitoral nº 9.504, de 30 de setembro de 1997, e à sanção da Lei nº 13.488, de 6 de outubro de 2017, que estabelecem normas eleitorais e regras para uso de redes sociais pelos candidatos.

A força das redes sociais seria sentida efetivamente nas eleições de 2014, ano em que o Brasil, segundo o IBGE, chegou à marca de 54,4 milhões de internautas (83% concentrados no Facebook) numa população de 200 milhões de habitantes. Mais da metade desses usuários (51,5%) pertencia à faixa entre 10 e 29 anos e, entre estes, cerca de 81% tinham entre 15 e 19 anos, ou seja, a maior parte era composta de novos e jovens eleitores. Na mesma época, o IBGE apontou que 136,6 milhões de brasileiros possuíam um celular, universo equivalente a cerca de 80% da população. Mais popular entre todas as redes, o WhatsApp tinha, naquele ano, 38 milhões de usuários.

Em termos de conteúdo, existe uma diferenciação obrigatória na função das redes sociais. O equilíbrio entre mensagens de engajamento e interação é um fato a ser observado e medido constantemente nas campanhas, já que os detratores de informação e *fake news* alojados em perfis falsos podem tomar um tempo enorme e provocar dispersão das metas traçadas para a comunicação digital. Saber o que responder, o que não responder e o que bloquear é o mais importante e exige equipe preparada e conhecedora do conteúdo político e da legislação. Alguns dados sobre 2014 se mostraram extremamente relevantes e serviram como alerta para o cenário de campanha em 2018. Segundo dados apresentados pelo Facebook, cerca de 346 milhões de interações sobre política foram registradas nessa eleição, o que mostra a poderosa conexão entre usuários. Desse total, 7,6 milhões de compartilhamentos foram gerados pelas páginas dos dois principais candidatos na corrida ao Palácio do Planalto em 2014.

Se 2008 foi o ano de consolidação da internet como ferramenta indissociável do marketing político nos Estados Unidos, o Brasil só atingiu o mesmo potencial para influenciar eleitores 10 anos depois, nas eleições de 2018. O fenômeno ocorrido no Brasil tem relação direta com as eleições norte-americanas de 2016 vencidas pelo presidente Donald Trump. Podemos dizer que, após 2014, uma pressão natural, promovida pela transformação digital, fez com que todos os olhares se voltassem para esses canais, já que ninguém mais negava a importância das redes sociais para o sucesso de uma campanha.

Os profissionais que conseguiram conciliar conhecimento técnico e estratégia de conteúdo colheram os frutos em 2018. Os números da pesquisa DataSenado mostram que 45% do eleitorado se informou somente pelas redes sociais na eleição de 2018, sendo o Facebook, o WhatsApp e o YouTube as redes mais utilizadas. Em comparação com 2014, o Facebook dobrou o número de usuários para 120 milhões, enquanto o WhatsApp teve um crescimento vertiginoso, de 38 para 127 milhões de usuários em apenas quatro anos.

## Biden 2020, o sucesso não acontece por acaso

O ano de 2020, sem dúvida, foi o ano mais atípico da história das campanhas eleitorais por causa da pandemia do novo coronavírus. Independentemente do país, várias adequações foram necessárias para alcançar as metas de mobilização e conquista de votos. A disputa norte-americana entre o então presidente Donald Trump e Joe Biden foi a mais representativa mundialmente. Biden venceu a corrida presidencial com uma estratégia baseada em extrema organização no campo digital, especialmente nas redes sociais. Em seminário promovido pelo CAMP e Renova BR, Kurt Bagley, um dos líderes da campanha, destacou quatro pontos essenciais para o sucesso alcançado: organização digital, boas ferramentas, coleta de dados e anúncios digitais para aumentar as listas de apoiadores. Essa seria a fórmula para engajar e envolver o eleitor indeciso nos debates promovidos pelas redes sociais. Dentro desse universo, foi essencial a construção e o gerenciamento de vários sites temáticos, um arsenal de anúncios digitais, a utilização de várias plataformas de mídias sociais e criação de conteúdo, além de arrecadação on-line de fundos.

O objetivo era fortalecer o time interno de campanha com a estruturação de uma comunidade forte e engajada. Para isso, foi utilizada a ferramenta *Slack* de gestão de projetos e pessoas. Com um time sólido e treinado, foi possível captar mais *leads* através da estratégia de interação com eleitores indecisos. Também foram bastante incentivados o compartilhamento, os comentários e os likes em anúncios nas redes, e foi necessário construir muitas variações sobre os mesmos temas, evitando a repetição e mantendo o nível de interesse do eleitor, principalmente no Instagram e no Facebook. A utilização de dados netnográficos, para formação de pequenas redes com interesses específicos, tornou possível ampliar o alcance da campanha e de apoiadores que trabalhassem como multiplicadores das mensagens.

O "exército digital" de Biden utilizou diversas ferramentas para fortalecer a rede, com o objetivo de integrar *inbound* e *outbound*. Desde a busca simples de palavras-chave em SEO para identificar indecisos ou possíveis apoiadores, passando pelo simples envios para listas pessoais de e-mail, estratégia P2P com envio de SMS. Com os apoiadores já dentro da comunidade, o foco passou a ser o aumento de envolvimento na campanha com pedidos de sugestões, formação de grupos no Facebook e Twitter DM, canais no *Slack* e criação dos grupos de bate-papo no WhatsApp. Segundo Bagley, a chave para manter o "exército" engajado é fornecer um planejamento de ações a ser seguido. O volume e a variedade de conteúdos relevantes e atrativos são a porta para esse sucesso.

Como destaque de narrativas, foram utilizadas peças de incentivo ao diálogo direto com o candidato, cuja motivação pode ter um sentido de dar reputação para um admirador ou de resolver dúvidas de um indeciso. Outros posts trouxeram chamadas no estilo *hackathon*, uma corrida para alcançar uma meta financeira, além de peças *call to action* para o dia da eleição, que tinham como tema o *Build Back Better*, plano de recuperação social e econômica proposto por Biden. Por fim, anúncios específicos focados em comunidades de relevância eleitoral como a Georgia, um dos estados considerados mais importantes na estratégia de campanha.

A estratégia de mobilização no digital e nas redes sociais alcançou todas as metas ao promover o engajamento necessário para que a campanha de Biden convencesse seus eleitores sobre a importância do voto, num momento extremamente delicado da política norte-americana. As ações de engajamento fizeram com que os eleitores se mobilizassem para votar pelos Correios e presencialmente. A ação foi tão eficaz que a votação pelos Correios foi o ponto de contestação mais forte da campanha de Trump e exigiu recontagem para confirmação da vitória.

## Breves conclusões

Muitas conclusões podem ser tiradas dessa rápida retrospectiva das campanhas realizadas nos Estados Unidos e no Brasil, mas existe uma que antecede todas as outras: a era digital modificou definitivamente as relações humanas e continuará exigindo adaptações constantes das estratégias de comunicação. Nesse exato momento, vemos que o mesmo fenômeno que propiciou o crescimento estratosférico do WhatsApp se replica em outras redes. O Instagram já atingiu 99 milhões de usuários no Brasil, e o TikTok aparece com enorme potencial para crescer tanto ou ainda mais.

Alguns estudos já mostram que, se em 2020, antes da pandemia, a média de tempo ideal de um vídeo veiculado no YouTube era de 13 minutos, um ano depois, com a evolução acelerada dos processos digitais por causa do isolamento social, essa média já é de 6 minutos. Como diria o ditado, "o hábito cria o monge", aquele usuário da geração X se adaptou à velocidade do meio, e os nativos digitais da geração Z aceleraram o processo de decodificação das mensagens no novo universo virtual.

Vivemos num mundo cada vez mais instantâneo e sem fórmulas prontas. Todas as metodologias aplicadas ao marketing e ao ecossistema corporativo buscam, nesse momento, acelerar os diagnósticos que possam melhorar os processos inatos a essa evolução. A compreensão desses processos e dos desejos do novo consumidor/eleitor faz parte do mesmo capítulo da história digital. Porém, a comunicação na política considera muitos outros pontos ligados à História, à Sociologia e à Antropologia e, como dito no início, será sempre mais complexa do que essas matérias vistas isoladamente.

Guto Araújo é publicitário com especialização em marketing estratégico, audiovisual e mídias digitais. Possui 25 anos de atuação em campanhas políticas e comunicação governamental. Colaborou em seis campanhas presidenciais no Brasil e na América Latina e outras 15 para governos estaduais e prefeituras.

# MENSAGENS INSTANTÂNEAS, E-MAILS E OUTRAS FERRAMENTAS DE COMUNICAÇÃO DIRETA

*David Meneses*

A importância da comunicação direta foi originalmente estudada nos anos de 1940 por Paul Lazarsfeld, o pai da Sociologia Empírica. Lazarsfeld em seu estudo "A Escolha das Pessoas" demonstrou que este tipo de comunicação é o principal motivo pelo qual um eleitor decide ou modifica seu voto.

Comunicação direta é aquela que não tem nenhum mediador entre as pessoas que estão se comunicando. Desde a chegada dos meios de comunicação tradicionais (imprensa, rádio e televisão), e com a era das redes sociais, a comunicação indireta (aquela que tem um editor entre o emissor da mensagem e o receptor da mesma) tem ganhado muito espaço na forma como as pessoas interagem.

Às vezes, plataformas de mensagens digitais (SMS, WhatsApp, Messenger etc.) e e-mails, por seu formato eletrônico, são categorizados como redes sociais, porém, estas ferramentas de comunicação funcionam com uma lógica totalmente oposta às redes. As conversas são individuais e, mesmo que existam limitações de forma (número de caracteres, formatos de arquivos etc.), as mensagens eletrônicas não têm limitações de conteúdo editorial.

O relacionamento ideal entre o político e seu representado é aquele no qual o segundo está bem-informado e multiplica a mensagem do primeiro. Para isso acontecer, é preciso que as pessoas sintam que têm uma relação direta e especial com seu candidato. A comunicação direta é a ferramenta que vai nos permitir fazer isso. Cada seguidor bem-gerenciado se apaixona e vira um ativista da causa.

As ferramentas de comunicação direta que todo político deve incorporar são:

- Cara a cara/porta a porta
- Telefonia
- Mensagens instantâneas
- Correios eletrônicos

A boa utilização destes meios de comunicação pode ser a diferença entre ganhar ou perder uma eleição. Em 2006, Felipe Calderón ganhou a presidência do México por 0,56% dos votos. Em 2021, Pedro Castillo tornou-se presidente do Peru por uma diferença de menos de 0,5% do eleitorado. Na eleição de 2020, um a cada cinco eleitores brasileiros era idoso[1], 20% do eleitorado tinha nascido antes de 1960 e não acompanhou o desenvolvimento das redes sociais. São pessoas que estão mais confortáveis com correios eletrônicos e mensagens de textos do que com redes sociais. Que percentagem de esforço as campanhas eleitorais colocaram nestes eleitores?

## Linha do tempo

Na história, a política sempre foi feita cara a cara, porta a porta. As cidades eram pequenas e os políticos conheciam, de fato, cada um de seus

1 https://g1.globo.com/politica/eleicoes/2020/eleicao-em-numeros/noticia/2020/09/19/percentual-de-eleitores-idosos-e-o-maior-desde-1992-brasileiros-com-mais-de-60-anos-ja-representam-15-do-eleitorado.ghtml

apoiadores, ou pelo menos os patriarcas, como ainda acontece em cidades do interior. Atenas, berço da democracia e cidade mais populosa da sua época (432 A.C.), tinha uma população de 40.000 cidadãos.

Com o avanço da Medicina e a Revolução Industrial, a população mundial cresceu sem parar. Megacidades apareceram em todos os continentes, menos na Antártica. Por exemplo, em 1800, Nova Iorque tinha uma população de 60.000 habitantes. Já em 1950, era a maior cidade do mundo com 12,5 milhões de pessoas. O desafio do político, então, passou a ser se comunicar com muita gente.

Os meios de comunicação, e posteriormente a internet, apareceram como uma alternativa para nos comunicar em massa, criando-se um fetichismo sobre a TV e agora, com as redes sociais, como uma "bala de prata" da comunicação. No entanto, nós, humanos, somos predefinidos por genética para nos comunicar de maneira direta, respondemos melhor a este tipo de persuasão.

## Questões jurídicas

Com o objetivo de "garantir igualdade" entre os grupos políticos e evitar abuso de poder, na América Latina, com ênfase no Brasil, vem se implementando uma série de regulamentações de como, quando e onde se pode transmitir comunicação política. Essas regras, na prática, limitam a comunicação fluida entre o político e seus representados, que deveria ser o objetivo final da legislação.

Como estamos falando em muitos casos de novas tecnologias, mesmo com reforma eleitoral a cada dois anos, a legislação sempre está atrás dos avanços tecnológicos e nunca contempla as mudanças apropriadamente, deixando zonas vagas ou até contraditórias. Por isso, é indispensável entender o que a legislação permite em cada mudança ou ciclo eleitoral para cada ferramenta.

Igualmente é importante ter presente que, dependendo da interpretação do advogado ou juiz eleitoral, muitas vezes uma ferramenta pode ser permitida ou proibida. Quando estamos falando de novas tecnologias, bases de dados, mensagens instantâneas, é bom ter um advogado que esteja disposto a pensar como utilizar uma ferramenta para que seu uso não seja proibido.

## Bases de dados

Nos USA é onde majoritariamente há um grande desenvolvimento de bases de dados para comunicação política, onde conseguem compilar até 400 dados de cada eleitor, o endereço residencial, qual carro usa, quais revistas lê e quais serviços de *streaming* contrata. O cruzamento destas informações permite uma eficiência na comunicação inigualável. Os grandes partidos estadunidenses, Republicano e Democrata, têm, cada um, suas próprias bases de dados - VoterVault e VoterBuilder –, com a informação de uns 170 milhões de eleitores cada.

Cada país tem suas próprias regulamentações sobre este tema. No Brasil, estamos sometidos à LGPD e, além dela, em campanhas eleitorais existem regulamentações específicas que requerem que as pessoas tenham a opção de entrar nas bases de dados com a possibilidade de descadastro. No caso de comunicação para governos, o tema das bases de dados é mais simples, mas seu uso tem que ter muito cuidado para não ser propaganda política.

Se não se pode comprar e vender bases de dados para fins políticos, estas precisam ser construídas do zero, o que pode simbolizar um custo inicial alto. Muitas vezes, os políticos querem utilizar os resultados das pesquisas quantitativas como bases de dados para segmentação, mas uma pesquisa dificilmente vai ter mais de 2.500 casos, sendo que, para iniciar um bom sistema de segmentação para micro *targeting*, precisaríamos inicialmente de uns 15.000 casos.

Para que estas ferramentas cumpram seus objetivos, é indispensável que tenhamos bases de dados próprias, e estas não se constroem da noite para o dia, são um trabalho de formiga, de coleção de dados em cada reunião, de cada pessoa, de cada participante de um evento, de cada contato que o político tenha. Este trabalho deveria ser feito pelos partidos políticos, mas, às vezes, estes nem têm uma base de dados atualizada de seus afiliados.

## *Softwares* & sistemas de comunicação

Em nossas relações pessoais, somos capazes de "conduzir e dar continuidade" a conversas em diferentes plataformas. Uma conversa que se inicia pessoalmente pode continuar num telefonema e terminar numa videochamada, ou SMS. Com a quantidade de eleitores com que cada político precisa conversar, fica impossível gerenciar estas conversas, mas é muito útil recorrer a *softwares* que permitam que as pessoas sintam que estão num relacionamento pessoal.

Aqui, novamente a legislação brasileira, em matéria eleitoral, limita a comunicação do eleitor com o candidato ao exigir que qualquer plataforma a ser utilizada deve ter servidores/presença no Brasil, sendo que a maior parte da inovação tecnológica tem servidores nos EUA, impedindo muitas vezes a utilização de *softwares* disponíveis gratuitamente em suas versões mais básicas, deixando estes tipos de avanços tecnológicos disponíveis unicamente para candidatos com muitos recursos.

Vale a pena sinalizar que o importante não é o *software*, mas, sim, o tempo e a dedicação sistemática que se dá na entrada de informação e no seu uso, que faz eficiente o sistema de comunicação. Muitas vezes uma campanha investe em *softwares*, mas não na capacitação e dedicação de uma pessoa para seu uso adequado, deixando ferramentas tecnológicas totalmente subutilizadas. Pode ser melhor ter uma ou duas pessoas dedicadas à gestão de informação da comunicação direta sistemática, com planilhas de Excel bem desenhadas e não investir em *softwares*.

As informações mais importantes que vamos querer das pessoas para poder criar as bases de dados e sistema de comunicação direta são, além das informações demográficas, endereço, estado civil, ocupação e dados de contato (WhatsApp, telefone e e-mail). Qualquer outra informação será bem-vinda. A prioridade dos dados a serem coletados depende de cada localidade e causa.

## Segmentação

Os estudos do Dr. Howard Moskowitz para a PepsiCo mostraram que não existia uma Pepsi perfeita que satisfizesse a todos, mas, sim, muitas Pepsis perfeitas para diversos grupos. Igualmente, não existe uma mensagem política perfeita, mas, sim, muitas mensagens perfeitas.

A segmentação é parte integral da comunicação direta. A informação sistematizada permite segmentar as pessoas em diferentes grupos-alvo para os quais, depois, desenvolve-se mensagens específicas. Quanto mais informações, melhor será a segmentação que pode ser feita, e mais certeira será a mensagem.

As ferramentas de comunicação direta somente fazem sentido se houver segmentação. Neste mundo em que o problema é o excesso de informação e a falta de filtros, tem-se poucos segundos para chamar a atenção com uma mensagem. Se a mensagem é sobre algo de interesse do receptor, a mensagem será vista. Caso contrário, não se prestará atenção à mesma.

## Organização

O mundo político dá muita importância aos meios massivos de comunicação, pelo seu alcance, e às redes sociais, deixando geralmente a comunicação direta totalmente de lado, ou fazendo alguma coisa de maneira esporádica, não sistemática e, portanto, sem retorno. Por isso, é recomendável que exista uma pessoa responsável por este tipo de comunicação, que pense com a lógica da comunicação direta. Comunicação direta tem que responder organizacionalmente às mesmas pessoas que a TV, o rádio e as redes sociais respondem, e não estar submetida a estas outras formas de comunicação.

A criação e a manutenção das bases de dados, além da criação e do envio de mensagens específicas, têm um custo muito menor que meios massivos e são muito competitivas com as redes sociais. Mesmo assim, precisa-se que seja atribuído um orçamento independente para cada uma das distintas ferramentas de comunicação direta, assim como para o pessoal que vai trabalhar nisto.

Do mesmo modo que cada ação ou omissão de uma campanha tem que ser coerente com a estratégia geral da mesma, de igual maneira estas ferramentas têm que ser utilizadas para informar e persuadir aqueles públicos o que a estratégia geral determina. Organizacionalmente, a comunicação direta está dentro do leque de mensagens que se acoplam e ajudam a construir a mensagem geral da campanha.

## Ferramentas

### Cara a cara

As pessoas somente confiam em quem elas conhecem. Ver alguém pessoalmente, trocar algumas palavras ou um apertão de mãos é o método mais efetivo para se sentir próximo a alguém. É por isso que, apesar de não ter muito alcance, cara a cara/porta a porta é a mais efetiva ferramenta da comunicação política. Nada vai persuadir mais um eleitor do que o fato de um candidato ou mandatário ter ido ao seu bairro para conversar e passar por sua casa.

Esta ferramenta é a mais simples e mais econômica de todas, mas requer tempo. É melhor ser utilizada em lugares de alta concentração, onde se podem fazer montagens que chamem a atenção das pessoas[2], ou em visitas a bairros, porta a porta. Em ambos os casos, é fundamental que exista um planejamento prévio, que o político esteja devidamente acompanhado e que seja entregue materiais com a mensagem segmentada para o público-alvo. Neste tipo de ação, é muito importante coletar os dados de contato de cada pessoa,

---

2 Como exemplo para campanhas eleitorais se pode ver: https://youtu.be/W2jK8ox1_y0

para posteriormente manter interação por meio de outras ferramentas de comunicação direta.

### Telefone

Esta é outra ferramenta que é pouco aproveitada. Para as campanhas eleitorais, existe a proibição de telemarketing, mas o telefone pode ser utilizado para outras coisas que não sejam pedidos de voto, que é o que converte uma ligação em telemarketing. O telefone pode ser utilizado para arrecadação de dados, para cadastrar apoiadores, para informar as pessoas de fatos ou convidá-las para eventos.

Com os serviços de VoIP, o custo das ligações telefônicas ficou muito baixo. Montar pequenos *call-centers* é bastante simples. O importante nesses casos é ter atendentes bem-treinados(as) e manuais de atuação para eles(as). Para baratear mais ainda os custos, pode-se recorrer também a ligações automatizadas, que podem ser muito úteis para identificar possíveis apoiadores.

Enquanto com um atendente o receptor da ligação fica mais disposto a conversar por mais tempo, com a ligação automatizada as pessoas tendem a não atender, ou até desligar muito mais rápido, com uma taxa de retorno de 1% a 2%. Mesmo com números tão baixos, esta ferramenta não pode ser depreciada: em um estado com 7 milhões de eleitores, esses percentuais equivalem a 140.000 pessoas contatadas.

### Mensagens instantâneas

A primeira mensagem instantânea, o SMS, debutou com tecnologia analógica, e mesmo que atualmente utilize tecnologia digital, mantém o limite de 160 caracteres, o que lhe fez ficar relegado de suas concorrentes que nasceram no mundo digital.

Existe uma faixa de uns 5% a 20% de pessoas que não têm smartfone e que ainda são usuários de SMS. Existem áreas rurais que, pela baixa cobertura de internet, utilizam esta ferramenta como principal forma de comunicação. Dependendo do público-alvo, a ferramenta tem que ser considerada. Para criar maior interação com o receptor, o SMS permite incorporar na mensagem links para internet.

O WhatsApp é atualmente a mais importante plataforma de mensagens instantâneas e, como todas as outras, incorpora continuamente mudanças tecnológicas e de políticas de uso. O responsável pela utilização destas ferramentas tem que estar sempre se atualizando de cada mudança e adaptando-se às mesmas.

Existem, atualmente, API-programas que auxiliam a ter um maior controle sobre nossa comunicação nestas plataformas. Esta solução, desenvolvida para negócios, pode ser facilmente aplicável ao mundo político. No entanto, se não houver um alto índice de utilização destas ferramentas, fica duvidosa sua utilidade.

Se vamos fazer envios às nossas bases de dados, além do requerimento legal para o receptor não se sentir invadido, é necessário que as pessoas saibam como se descadastrar de envios desse tipo, mesmo sem ter que bloquear quem envia. É melhor enviar o aviso de como se descadastrar em uma mensagem seguida, separando as mensagens e simplificando as ideias para o receptor.

As mensagens digitais incorporam os grupos que, no seu funcionamento, são mais similares às redes sociais. Mas já que as plataformas não editam as mensagens dos grupos, estes também devem ser considerados comunicação direta. Como no mundo off-line, em um grupo, as pessoas não dizem as mesmas coisas que dizem em uma conversa privada. Como administradores dos grupos, é muito importante mantê-las sempre focadas no assunto, não deixando que se fale de outras coisas, falando no privado com quem desrespeita as regras e lembrando continuamente a seus membros do assunto para o qual o grupo foi criado.

### Correios eletrônicos

E-mails são utilizados regularmente por uma considerável parte da população, principalmente nas grandes cidades. Os profissionais de escritório preferem esta ferramenta de comunicação sobre outras em 86%. Um profissional recebe, em média, 120 e-mails por dia, dos quais a metade é spam. Por isso, é muito importante que o assunto do e-mail já contenha a mensagem em uma frase, assim, mesmo que não seja aberto, o resumo da mensagem está no assunto. Se o assunto for suficientemente atraente, a mensagem completa será aberta.[3]

O corpo do e-mail deve ser simples, composto principalmente por texto, pois este é o formato para o qual o meio foi criado. Em caso de utilização de formatos mais gráficos, com imagens, é importante considerar que a maior parte dos e-mails é lida em smartfones.

## Conclusões

Com o uso adequado destas ferramentas, pode-se sair do imaginário do "povo" para que haja uma comunicação direta com as pessoas que formam esse "povo", sobre seus interesses, suas preferências, seus desejos, suas motivações ao momento de perceber, eleger e votar.

É muito persuasivo para um cidadão receber mensagens personalizadas em forma de conteúdo e isso permite que seja criada uma relação similar a um relacionamento personalizado, que é o tipo de relacionamento ideal que cada pessoa deveria ter com seu governo e seu representante na política.

A comunicação direta tem algumas vantagens. Estas ferramentas permitem controlar melhor a mensagem porque não dependem de um editor. São eficientes porque já não há uma só mensagem para todos, mas pode-se escolher para quem se fala e sobre o que se fala. Estas ferramentas são de

---

3 https://www.drawerhost.com.br/blog/2018/04/09/quantos-e-mails-sao-enviados-por-dia-e-outras--estatisticas-mal-intencionadas/

baixo custo e permitem experimentar melhor a mensagem, dando instantaneidade e rapidez para chegar às pessoas.

David Meneses é *junkie* político com experiência em investigação da opinião pública, campanhas eleitorais, estratégia e comunicação política. Participou de campanhas de vários portes, de presidente a vereador, em muitos países da América Latina. Advogado pela USFQ-Quito, tem dois mestrados pela GWU-Washington, D.C.

# SEM SEGMENTAÇÃO DE PÚBLICO NÃO EXISTE COMUNICAÇÃO POLÍTICA

*Fred Perillo*

Imagine a seguinte situação: o consultor político e sua equipe de marketing produzem um comercial de TV para um candidato a prefeito de uma capital. O filme, belíssimo, carregado de emoção e *storytelling*, foi protagonizado por uma atriz que interpretava uma jovem eleitora. Ela, a Ana (uma espécie de avatar das eleitoras), representava na peça as jovens mulheres da periferia que, segundo a campanha, estão à margem da política, excluídas voluntária ou involuntariamente. O objetivo do comercial era justamente este: conectar o candidato com este segmento e convencê-lo a sair de casa para votar.

Com o filme pronto, era chegada a hora de executar o plano de mídia.

O profissional responsável pelo tráfego encaminhou o comercial para as emissoras com a seguinte solicitação:

– Este é um comercial dirigido a jovens mulheres, entre 16 e 25 anos, que moram nos bairros periféricos da cidade X.

Em seguida, listou uma série de interesses, comportamentos e hábitos de navegação e consumo de mídia deste nicho. E, *gran finale*, pediu às emissoras que segmentassem o comercial para este público específico.

Seria lindo, não é mesmo? Sim, se fosse possível.

O que eu acabo de relatar não passa de ficção, pois as protagonistas são as tradicionais – e ainda fundamentais – mídias de massa. A televisão, o rádio e o (infelizmente) moribundo jornal impresso fazem parte do ecossistema que genericamente chamamos de mídias tradicionais.

Elas são consideradas de "massa" porque têm a capacidade de impactar milhares/milhões de pessoas – especialmente a televisão, seguida pelo rádio, com sua altíssima capilaridade nos rincões mais profundos do país.

Se, por um lado, elas ainda são fundamentais para que a mensagem política atinja um número significativo de eleitores/cidadãos, por outro aspecto, elas são mídias pouco certeiras. Pouco certeiras porque são limitadas, alcançam um público difuso e não conseguem dialogar com segmentos específicos aos quais determinados conteúdos são direcionados.

O estimado leitor pode considerar: "peraí, mas todo programa de TV ou rádio possui uma audiência com características específicas. Ou seja, de alguma forma, são segmentados". Porém, não com a precisão que necessitamos no marketing político. O público que consome conteúdo nas mídias de massa é, de fato, muito genérico, tornando-se impossível avaliar com exatidão o perfil de quem assistiu a determinado programa – e seu respectivo intervalo comercial. Eu costumo dizer que, nestas mídias, nós damos "tiros de canhão para acertar formigas". Ou seja, conseguimos impactar muita gente, mas não necessariamente públicos específicos.

E, se o mesmo comercial fosse distribuído nos canais digitais, como seria o "plano de mídia"? Aí é outra história e é o que vamos debater a partir de agora.

Escrever este despretensioso artigo para o livro do CAMP, além do natural orgulho de estar ao lado de profissionais que admiro, também serve como uma oportunidade de desabafo.

Os mais próximos a mim sabem que eu sempre fui muito crítico à nossa "incapacidade" de explorar todo o potencial que as mídias on-line nos oferecem.

Não seria um desatino afirmar que estamos, no Brasil, há anos-luz de utilizar de forma inteligente todas as possibilidades de segmentação destes canais, seja nas campanhas eleitorais ou na comunicação dos mandatos. Principalmente, se compararmos com os anúncios políticos produzidos em outros países, como os Estados Unidos ou até mesmo a vizinha Argentina, muito mais avançada neste quesito.

É claro que, para cada regra, existem honrosas exceções. Há bons *cases* no Brasil de anúncios políticos e conteúdo segmentado, mas infelizmente são raros.

No entanto, cabe a mim tratar, neste curto espaço, do "todo" e não da "parte".

É chegada a hora de nós, profissionais de marketing político que trabalham com o digital, fazermos um grande *mea culpa* no tocante ao manejo das mídias digitais e suas possibilidades de segmentação.

Não tenho a menor pretensão de transformar esse artigo em um tratado técnico sobre o tema, até porque estou longe de ser um especialista em gestão de tráfego pago. Manuais técnicos estão abundantemente disponíveis para quem quiser aprender, é só Googlar.

Minha intenção não é dizer o "como fazer", mas trazer alguns *insights* do que pode ser feito, dos recursos disponíveis.

Muito bem, quais são as principais mídias digitais que permitem impulsionamento e segmentação de anúncios políticos? Basicamente, temos o Facebook Ads, que incluiu também o Instagram que, juntos com WhatsApp, formam as joias da coroa de Mark Zuckerberg. E o Google Adwords, que possibilita a compra de links patrocinados para posicionar um site na busca, além de outras formas de mídia não permitidas pela legislação eleitoral, como a Rede de Display. Lembrando que o Twitter, há tempos, aboliu os anúncios políticos de sua plataforma.

E, agora, a pergunta de um milhão de dólares: qual a real serventia da segmentação de conteúdo para um político em campanha ou mandato? É muito simples: para que o seu conteúdo atinja o maior número possível de pessoas potencialmente interessadas em consumi-lo. O que não acontece, repito, nas mídias tradicionais.

Com a segmentação (ou a microssegmentação, ainda mais avançada), podemos ser muito mais certeiros na distribuição de uma mensagem.

Sem falar que a segmentação de conteúdo turbina as métricas de conversão (por exemplo, o engajamento nas publicações ou ações mais específicas como baixar um aplicativo ou acessar um site) e pode até diminuir o custo dos anúncios. E, em especial, o recurso que vale ouro para nós, consultores políticos: a segmentação nos permite obter informações mais amplas e subjetivas sobre o público de uma campanha ou mandato.

Os anúncios podem se transformar em uma espécie de "pesquisa qualitativa" on-line, que nos permite aprofundar o conhecimento sobre os anseios e desejos da nossa audiência.

Nós temos, atualmente, três categorias de profissionais de marketing político "digital":

a. Aqueles que, com suas equipes, criam anúncios regularmente – seja no período eleitoral ou fora dele – com qualidade, segmentação e inteligência.
b. Os que fazem anúncios, mas de forma rudimentar e simplista, sem explorar todos os recursos oferecidos pelas plataformas.
c. Aqueles que simplesmente não fazem anúncios e postam apenas conteúdos orgânicos.

Para os que fazem parte deste último grupo, papo reto: se vocês não se mexerem, em breve estarão fora do jogo – se já não estão. Definitivamente, acabou o "almoço grátis", e o alcance orgânico nas redes sociais está cada dia mais baixo. As principais plataformas estão se assumindo como mídia. "Quer aparecer mais, pague por isso!".

E, sinceramente, não vejo nenhum mal no fato das plataformas cobrarem de políticos, instituições e empresas para aparecerem mais.

Não acho que a existência dos anúncios – que estão cada vez mais caros, diga-se – seja apenas em função da ganância capitalista das plataformas. É claro que o Mark Zuckerberg não faz caridade, e todo o seu ecossistema digital visa lucro.

Mas eu entendo que, se não houver uma limitação no alcance orgânico de perfis empresariais, políticos e institucionais, seremos cada vez menos impactados por conteúdo de amigos (que é a verdadeira lógica das redes sociais), correndo o risco de tornar as redes sociais desinteressantes para os usuários. Enfim, é como diz aquele consultor gozador, "quem vive de orgânico é a Bela Gil".

Eu diria que este artigo é voltado mais para quem se situa no grupo B. Ou seja, faz anúncios, mas poderia fazer melhor. Uma dica importante sobre mídia on-line: na hora de "setar" um anúncio digital, vá além dos dados demográficos do público-alvo.

Via de regra, os anúncios políticos são criados a partir de informações demográficas (como idade, gênero, perfil profissional etc.) e geográficas (bairro, cidade, estado).

Pouco – ou mal – utilizamos a chamada segmentação psicográfica (que inclui os gostos, interesses, sentimentos e histórico de navegação do público que almejamos impactar), de longe a mais poderosa e certeira.

Sem falar no remarketing, também frequentemente menosprezado na área política – e superpopular no marketing empresarial – que permite direcionar o anúncio para quem já interagiu anteriormente com nosso perfil ou conteúdo. Vamos a um exemplo hipotético.

Suponhamos que a Secretaria de Saúde de uma determinada prefeitura necessite veicular uma campanha específica para mulheres idosas que vivem em regiões carentes da cidade. O objetivo será incentivá-las à prática de exercícios físicos para a prevenção de doenças.

Como deveria ser criado este anúncio, por exemplo, no Facebook?

Bastaria que o gestor de tráfego definisse o gênero, apontasse o anúncio para os bairros específicos e inserisse a idade (por exemplo, 60+) do público-alvo? Não. Seria fundamental que ele "buscasse" este segmento de mulheres também por seus gostos, interesses e hábitos de navegação.

Quais são os hábitos das mulheres idosas dos bairros periféricos da cidade X? Como elas se comportam navegando na internet – se é que têm algum acesso à internet. Que sites costumam acessar? Que conteúdos costumam buscar no Google? Qual o perfil das páginas que acessam no Facebook?

A segmentação da mídia on-line nos permite "mergulhar" na alma da nossa audiência.

Se não houvesse a segmentação psicográfica, correríamos o risco do conteúdo impactar mulheres que não fossem o alvo da campanha, gastando-se, assim, tempo e dinheiro.

Mas, por outro lado, muito cuidado com o exagero, a "hiper" segmentação. Neste caso, o erro seria segmentar tanto, que o público ficaria muito restrito e o anúncio impactaria um contingente muito pequeno.

Outra pergunta que me fazem com certa frequência:

– Mas Fred, se eu fizer anúncios regularmente não vai "viciar" a plataforma em relação ao perfil/página? Não ficaremos reféns dos investimentos e os posts orgânicos diminuirão ainda mais o alcance?

Bobagem!

Ninguém conhece a fundo o algoritmo das redes para afirmar que a prática dos anúncios diminua o alcance orgânico das publicações. Os investimentos em mídia paga podem – e devem – ser pontuais e estratégicos. Não precisam ser a regra. O importante é que você, como candidato ou político em mandato, separe uma verba para impulsionamento e performance dentro da sua estratégia de comunicação. E defina previamente valores, datas e objetivos das campanhas.

Agora, falemos de métricas, tão importantes e frequentemente tão menosprezadas no dia a dia da comunicação.

Fazer comunicação com métrica é uma ciência. Sem métrica, superstição.

Outra grande vantagem da segmentação dos anúncios, para o que poucos consultores se atentam, é a extrema facilidade para medir os resultados. Os canais digitais são o "espetáculo das métricas", que nenhuma outra mídia tradicional nos proporciona.

É facílimo medir quantas pessoas viram e clicaram no anúncio, trafegaram pelo nosso site ou baixaram o aplicativo. As ferramentas de análise permitem relatórios complexos, com ótimos *insights* para o consultor.

Recentemente, um aluno, assessor de um deputado, me perguntou durante uma aula quais seriam, realmente, as grandes vantagens dos anúncios segmentados para a comunicação política. Eu dei para ele três exemplos, os quais repetirei agora para finalizar estas mal traçadas linhas.

A primeira grande vantagem é o que chamamos de conscientização, ideal para políticos que não sejam conhecidos. Ou que necessitem se tornar mais conhecidos. Existem anúncios específicos para este tipo de situação: conscientizar sobre a existência de alguém – pessoas ou, também, empresas. Já para aqueles políticos ou instituições que já são relativamente conhecidos, mas que não estão conseguindo engajar o conteúdo, a estratégia é trabalhar a consideração do público. Também existe um conjunto de anúncios para esta necessidade específica. E, por fim, melhorar a conversão, que pode ser o cadastro em uma *landing page*, o *download* de um aplicativo ou até mesmo o tráfego no site institucional.

No fundo, tudo o que falei até aqui trata de marketing de conteúdo. "Marketing político de conteúdo". Ao contrário do que muita gente pensa, o marketing de conteúdo não busca apenas resultados orgânicos. Combinar os conteúdos orgânicos com a mídia paga otimizará os resultados de qualquer político ou órgão público.

E você, o que está esperando para programar seus anúncios políticos, com as boas práticas e as segmentações mais certeiras?

Fred Perillo é consultor, professor e conteudista digital. Atua com marketing político e eleitoral desde 1998 e comunicação digital desde 2010. Foi secretário de Comunicação do Governo de Rondônia e participou de campanhas em 12 estados brasileiros, entre proporcionais ou majoritárias.

# ON-LINE E OFF-LINE: CINCO COISAS QUE VOCÊ PRECISA SABER PARA MOBILIZAR SEUS APOIADORES DESDE A PRÉ-CAMPANHA ATÉ O "DIA D"

*Justino Pereira*

## No princípio, havia a TV

As campanhas eleitorais brasileiras feitas a partir de 1985 (fim da ditadura de 1964) tinham como principal ferramenta comunicacional a publicidade televisiva. Para falar com milhões de pessoas, os partidos formados nos anos 1980 contavam principalmente com os "horários eleitorais", brechas nas programações diárias das redes de TV. Não havia como atingi-las de maneira veloz, planejada e sedutora de outro jeito.

Mas o fato é que essa forma bastante eficiente – e cara – de fazer campanha eleitoral só estava acessível a menos de 2% dos candidatos brasileiros: aqueles que disputavam eleições nacionais, estaduais, em capitais ou nas poucas cidades que alojavam retransmissoras das redes de TV. Os outros 98% precisavam usar de muita criatividade – e dinheiro – para conseguir fazer-se ver e ouvir num ambiente tecnológico-eleitoral muito parecido com o dos anos 1950. Entre outros meios de comunicação, além de milhões de folhetos, estavam: contratação de cabos eleitorais; pintar nomes de candidatos em muros e carros de particulares, cujos donos ganhavam um tanque cheio de gasolina para deixar pintar que "apoiavam fulano"; distribuição de brindes como camisetas e bonés, entre outros meios de divulgação caros.

Nesse período, que vai de 1985 até aproximadamente 2014 (no qual os consultores políticos foram paulatinamente incorporando tecnologia da informação na campanha, como o uso ainda incipiente de redes sociais), as direções das campanhas se preocupavam pouco com a mobilização de apoiadores. E isso por um motivo bastante razoável: além da falta do costume dos cidadãos de participar de campanhas por conta de duas décadas de ditadura, não havia tecnologia que tornasse viável (em relação a custos, gestão de processos, mensagens, equipes e prazos) a mobilização de eleitores de forma massiva para fazer com que esses apoiadores se tornassem "atores-advogados de marca/canais de comunicação/mobilizadores" na propagação das propostas eleitorais e das candidaturas (as principais exceções nessa época eram: partidos de esquerda – que contavam com militantes dispostos a trabalhar de graça – e candidatos conservadores com muitos recursos que tentavam, por exemplo através de gigantescas e caras operações de telemarketing, chegar aos seus eleitores e apoiadores).

Em suma, era muito difícil mobilizar apoiadores nas campanhas até bem pouco tempo.

Aí, chegaram a internet, as redes sociais e os apps de comunicação e tudo mudou.

Com as ferramentas e métodos existentes hoje (que eram inimagináveis apenas 15 anos atrás), resultantes da revolução tecnológica digital, se tornou incrivelmente realista (embora trabalhoso) encontrar, compreender e mobilizar centenas, milhares ou milhões de apoiadores de um candidato ou causa. Apoiadores esses que, em outros tempos, teriam como única ação possível ir votar naquele candidato do qual gostavam ou que defendia a causa com a qual simpatizavam.

Nas últimas eleições, a partir de 2016, muitos candidatos (se bem que ainda uma pequena porcentagem do total) já demonstraram estar antenados com esse novo momento político-tecnológico: prefeitos, vereadores, deputados e governadores se elegeram em grande parte por conta da mobilização de um capital político de apoiadores que os meios digitais permitiram ativar. Entre esses candidatos, muitos deles tinham pouco ou quase nenhum tempo de TV e declararam ter investido pouquíssimo dinheiro na campanha. Alguns nomes, pouco conhecidos fora dos embates nas redes sociais, tiveram expressiva votação; só explicável pelo apoio caloroso e entusiasmado que conseguiram mobilizar nessas mesmas redes.

O exemplo de maior sucesso entre os candidatos que compreenderam e souberam usar o poder mobilizador das novas tecnologias foi Jair Bolsonaro. Candidato a presidente por um partido "nanico" - portanto, sem tempo de TV ou dinheiro sobrando, ao menos no primeiro turno - foi levado ao segundo turno da eleição presidencial de 2018 essencialmente pela mobilização (muitas vezes, independente dos esforços do próprio Bolsonaro) de vontades e opiniões e capitais políticos pulverizados de milhões de apoiadores, que as ferramentas digitais como Facebook e WhatsApp tornaram possível se manifestar e influir no rumo da disputa.

## Mas muitos partidos e candidatos ainda não assimilaram a mudança

Ainda assim, apesar dos já muitos *cases* de sucesso eleitoral propiciados pelas tecnologias, um grande número de candidatos e partidos (talvez a maioria), que disputaram as últimas três eleições, ainda não se deram conta dessas novas e enormes possibilidades táticas que deixaram definitivamente para trás as práticas de campanha do século XX.

É verdade que todas as campanhas eleitorais sempre dedicam, ao menos nominalmente, parte dos seus esforços para mobilizar apoiadores fervorosos e gratuitos de forma on-line e off-line. Também é verdade que a maioria das campanhas falha em alcançar esse objetivo. Por que isso acontece?

Neste artigo, vamos apresentar uma técnica de mobilização em cinco passos que, já aplicada na prática, tem ajudado a tornar a campanha mais fácil (ou menos difícil), mais consistente, mais participativa e muito mais barata.

## Antes de mais nada: por que apostar na mobilização de apoiadores?

A resposta mais cidadã a essa questão é: quanto mais gente estiver envolvida na campanha, mais legítimos serão os votos conquistados. Uma das coisas de que os eleitores mais reclamam no Brasil de hoje, como nos mostram inúmeras pesquisas, é da distância que há entre as suas necessidades, suas opiniões, e as necessidades e opiniões dos políticos profissionais (outras coisas são: incapacidade de resolver os problemas do dia a dia e corrupção crônica).

Já a resposta mais pragmática à questão é: quanto mais pessoas envolvidas espontaneamente na campanha, mais barata ela será. A mobilização de apoiadores serve para, engajando graciosamente o capital político e a reputação dessas pessoas, atingir mais potenciais eleitores e espalhar a mensagem eleitoral de modo mais autêntico, a custo muito mais baixo. Hoje, como sempre, a falta de recursos financeiros é a realidade vivida por 99% dos candidatos (o 1% de felizardos que não a enfrentam são: candidatos *influencers* digitais com centenas de milhares de seguidores; candidatos ligados a religiões; candidatos milionários; candidatos ligados às cúpulas partidárias; candidatos que fazem parte de grupos que já estão no poder; ou mesmo candidatos eventualmente ligados ao crime organizado).

Mobilizar bem os apoiadores (os já existentes e os que serão descobertos durante a pré-campanha e a campanha) é uma questão de sobrevivência política para a maioria dos "sem-dinheiro". Aliás, uma boa mobilização poderá resultar também em uma arrecadação de recursos junto a essas pessoas.

Vamos agora ao passo a passo do método de mobilização que propomos: "Método Voto a Voto".

## Passo 1: saiba onde quer (e pode) chegar o quanto antes

Não existe atalho, nem outro caminho: 70% da vitória nas eleições em geral resulta de um "plantio" político-eleitoral feito muito antes da campanha oficial começar. A campanha é o momento da colheita, e a experiência mostra que responde por algo como 30% do sucesso final. Assim, embora existam exceções, os vitoriosos serão aqueles que mais cedo e de forma mais consistente e organizada começarem a se relacionar e dialogar com seus potenciais apoiadores e eleitores (por exemplo, aquele *influencer* digital que se elegeu com muitos votos, do qual você nunca tinha ouvido falar), conquistando-os paulatinamente e engajando-os.

A sua expectativa eleitoral precisa estar alinhada com o trabalho político que você tem feito. Você tem trabalhado bastante, por tempo bastante, com o número de pessoas suficientes para lhe eleger? A resposta sincera a essas perguntas (além de lhe poupar de fracassos dolorosos) deve orientar sua pretensão eleitoral. Uma boa conta a fazer é: compare o número de pessoas com as quais já se relaciona politicamente com o número de votos necessários para se eleger ao cargo pretendido. Alinhe os seus desejos às respostas que encontrar.

## Passo 2: descubra quais são os seus "4 Pês"

Os "4 Pês" em questão são fundamentais para que você possa mobilizar bem seus apoiadores e referem-se a:

- **Palavra:** qual a sua Palavra, ou seja, a sua Mensagem político-eleitoral? Ela é relevante, importante? Ela é agregadora, motivadora? Ela é bastante clara? Ela é instigante? Ela é necessária para o público em questão? Perguntas desse tipo irão lhe ajudar a descobrir quanto a sua Mensagem tem poder de atrair eleitores e mobilizar apoiadores.

- **Público:** para quem a sua Palavra é importante? Quantas são essas Pessoas? Qual o perfil delas? Por que elas lhe apoiariam ativamente ou votariam em você, ao invés de outro candidato?
- **País:** onde estão os seus potenciais eleitores? Esse "onde" refere-se ao "onde" geográfico (cidades, bairros, ruas etc.), ao "onde" socioeconômico-comportamental (que fazem, de que gostam, o que defendem, o que consomem) e ao "onde" virtual (em que redes sociais, em que espaços digitais eles vivem e frequentam). Sem um "território" bem-definido, a campanha se tornará muito mais difícil.
- **Plataforma:** a palavra Plataforma é aplicada aqui como sendo o conjunto de meios de comunicação que você usará desde a pré-campanha para se conectar, dialogar e interagir com esses potenciais eleitores e apoiadores. Cada segmento eleitoral tem suas próprias peculiaridades, e a Plataforma, que é boa para lidar com um segmento, pode não ser boa para outro. Importante: a sua Plataforma não deve ser apenas digital ou apenas presencial. Precisa ser uma mescla das duas formas de relacionamento. Você precisará estar e conversar "nas ruas e nas redes".

## Passo 3: estabeleça o seu "funil do voto"

O "funil do voto" é o processo pelo qual você "garimpará" seus novos apoiadores e potenciais eleitores, num processo de decantação permanente. Como se estivesse usando um funil, você partirá de muitas pessoas (indeterminadas) até distinguir entre elas os seus potenciais eleitores e apoiadores, aquelas pessoas que irão fazer "girar" a sua pré-campanha e, quando chegar a hora, a sua campanha.

Continue a interação com os 1.000 (ao menos que participaram dos eventos). Avalie o processo, faça as correções e repita o ciclo.

## Passo 4: crie e alimente o seu *voter file*

Deve ser estabelecida uma conversa, um diálogo continuado com cada potencial eleitor e/ou apoiador encontrado. O candidato não precisa conversar todos os dias com eles. Mas tem que conversar ao menos uma vez por semana. E, quanto maior a frequência "não forçada" da conversa (ou seja, o contato precisa fazer sentido, ter um contexto justificador), mais fortes serão os laços formados entre eleitor e candidato, entre candidato e apoiador engajado.

A execução repetida e metódica do "funil do voto" lhe permitirá alimentar e fazer crescer o seu *voter file*. Prática nova no Brasil (onde em geral os políticos ainda têm listas malcuidadas de nomes com as quais interagem pouco), mas antiga em outras democracias, o *voter file* nada mais é que uma lista "ativa" de potenciais eleitores. Por "ativa", entenda-se como sendo uma lista "viva", com a qual o pré-candidato interage, dialoga, mobiliza, busca compreender os anseios e, principalmente, ouve.

## Passo 5: faça da interação com os seus potenciais eleitores e apoiadores um processo, não uma série de "soluços"

O diálogo e a interação permanentes, on-line e off-line, são as chaves do sucesso na mobilização de apoiadores, no reconhecimento de potenciais eleitores durante a pré-campanha e a campanha e no aperfeiçoamento de sua "máquina" e mensagem eleitoral. Não se justifica mais a prática ainda bastante comum de realizar diálogos muito espaçados no tempo entre candidato e apoiadores, e ações políticas que se concentram em alguns momentos do ano, em vez de se espalharem por todo o calendário. De outra forma, também não é eficaz o formato de comunicação diário (muitas vezes apenas um monólogo), mas superficial e em formato antigo que muitos políticos ainda utilizam nas redes sociais.

## Conclusão

A tecnologia nos permite ter hoje, a preço relativamente baixo, um grau de conhecimento, compreensão e interação com nossos apoiadores e potenciais eleitores que era impossível há pouco mais de uma década. Está ao alcance de candidatos, militantes e dirigentes partidários brasileiros ferramentas e métodos on-line e off-line que lhes permitem, por meio da mobilização permanente, fazer campanhas, como dissemos no início, muito mais vivas, participativas, ágeis e baratas.

Para que esse arsenal funcione bem, no entanto, é necessário que as campanhas e pré-campanhas assumam compromissos sérios. Entre eles, estão:

Não se faz feijoada com ingredientes para macarronada. Você não pode querer fazer política do modo tradicional e esperar obter resultados inovadores. Sem suficientes insumos para o "funil do voto" e para o *voter file*, não espere bons resultados.

Trabalhar cedo, trabalhar muito, trabalhar de forma sistemática. O fato de ser *fácil* mobilizar, não quer dizer que não seja trabalhoso. Fazer mobilização no mundo atual dá muito trabalho.

Respeitar e ouvir. A democracia brasileira passa por um grave momento que é resultado, entre outras coisas, da percepção, por parte da população, que o mundo político não se importa de verdade com o eleitor e seus problemas. Ouça e interaja de forma sincera com ele.

Justino Pereira é estrategista de campanhas e mandatos. Especializado em mobilização e *fundraising* on-line e off-line, deu palestras sobre esses temas em vários países. Criou o app "O Conversador", usado na montagem de cadastros de eleitores. Apresenta o "Consultório Eleitoral" na rádio Brasil Atual, de São Paulo.

# GESTÃO DE CRISE

# MUITO DO QUE VOCÊ NÃO VAI LER EM MANUAL DE CRISE NENHUM

*Mario Rosa*

Crises de reputação não são só de reputação. São crises emocionais, familiares, financeiras, crises que envolvem colapso econômico, social, humano, corporativo. Porque no centro de todas elas está uma pessoa, ou várias. E quase nunca – para não dizer nunca – esse aspecto essencial é considerado nos manuais sobre o tema.

No exato momento em que escrevo este artigo, tenho 23 anos de atividade ininterrupta como consultor de crises. Não fiz outra coisa na vida nesses mais de 8.000 dias. Só atendi pessoas e empresas em calamidade, destruídas, em ruína, inimigos públicos número 1, eleitos pela ocasião, perseguição, erros que cometeram, prejulgamentos. Enfim, não houve nenhuma crise ou escândalo relevante nesse quase um quarto de século de que não participei ou não estive bem perto, auxiliando um ou vários dos personagens colocados para arder na fogueira.

Não estou aqui para ficar repetindo mantras. Tenho alguns pontos cardeais que sempre me serviram. Podem estar errados. Não custa nada compartilhar e você avalie se lhe são úteis. Mas sabe a coisa que mais aprendi de tudo que li e tudo que passei? É que o que se escreve sobre crise é muito "mecanicista". Parece que estamos falando de motores e não de pessoas. E isso é ruim! Sabe por quê? Porque doutrinados assim saímos por aí como pregadores do Santo Ofício, querendo converter ímpios à nossa "doutrina" e vendo pecadores naqueles que não se ajoelham diante de nossos dogmas.

Antes de tratar disso, vamos falar no que acredito. Crises de reputação são crises diferentes das crises corriqueiras dos negócios, das carreiras ou das vidas. Pelo motivo central que podem ser um marco divisor, e muitas vezes devastador, na trajetória de indivíduos, marcas e corporações. Ou seja, se crises doem, crises de reputação podem matar ou deixar sequelas incuráveis.

Consenso, acho, número dois: as crises normalmente têm um padrão. E se esse truísmo é verdadeiro, bingo! É possível treinar, se preparar, antever, evitar, avaliar cenários e reações antes que as crises aconteçam. Inclusive aquelas inevitáveis, como desastres, calamidades etc. Por quê? Justamente porque há enorme produção de textos sobre todos os tipos de crise em todo canto do mundo.

Onde está o risco? E agora vamos conversar aqui como colegas. Começando por uma autocrítica, ok? Para não ficar apontando o dedo para ninguém. Esse "alcorão" de técnicas e normas pode transformar o detentor desse conhecimento em um fundamentalista. Em alguns momentos, eu já agi assim. Eu já agi assim muitas vezes e não tenho vergonha de ter batido o pé. Pois é preciso, nas crises, sempre pensar que a melhor crise é a menor crise, a menos desgastante. E para isso, muitas vezes, é preciso ser frio e não se deixar levar pelas emoções. Nem pelo excesso de mimimi de alguns executivos ou advogados (a maioria eu me dei e me dou superbem) sempre cheios de dedos o tempo todo, especialistas em apavorar clientes e pessoas com o argumento quase sempre infalível de que, se sua opinião não for seguida, "o pior pode acontecer". O "alcorão" nessas horas ajuda.

Mas tem horas que ser fundamentalista é apenas desumano, insensível, é não ter empatia. Regras frias no papel são uma coisa. Vidas, pessoas de carne e osso, isso se chama realidade. Da mesma forma que a covardia de não se contrapor a uma idiotice é um dos maiores pecados que um consultor de crises não pode se orgulhar de ostentar, outro demérito é não ter dito as coisas mais difíceis da maneira mais certa. Justamente pelo mesmo motivo em ambos os casos: para que a melhor decisão seja tomada.

Como você já viu, estou falando tanto sobre gestão de crises quanto sobre gestores de crises. Eu aprendi muito nos livros, muitas técnicas, muitos princípios. Eu nunca li nenhum manual de crise sobre como ser um consultor de crises. Quantos livros tem por aí sobre isso? Falando dos medos, dos dilemas, das angústias, das dúvidas sobre opinar acerca do destino de alguém num momento decisivo?

Antes de entender quem aconselha em crises, é preciso compreender o outro lado, ter empatia. Quem está no epicentro de um escândalo não é apenas um cliente. É uma pessoa que, na crise, enfrenta reuniões com os consultores e advogados, mas fora encara dramas humanos, crises no casamento, depressões, lágrimas nas madrugadas, medo do amanhã, chantagens, ameaças, desespero. Será que os profissionais que lidam com a técnica pensam nisso? Têm isso no coração? Veem que não se trata apenas de um cliente, mas de uma pessoa como qualquer um de nós? E você me pergunta: e daí?

E daí é que vomitar preceitos de manual como se diante de você estivesse apenas um automóvel faz de você um excelente mecânico, mas um excelente consultor de crise precisa ser mais que isso. Na ânsia de bem-servir, podemos exercer nosso ofício com crueldade. Podemos correr o risco de ser desumanos, vendo, ou melhor, não vendo, o cliente apenas como um cliente e não como uma pessoa. E uma pessoa é igual a nós, por mais poderosa, por mais influente, por mais aparentemente blindada emocionalmente. Por vezes, corre-se o risco de um excesso de sinceridade como se isso fosse uma dissecação forense. Como se um cadáver estivesse na mesa. Nunca é o caso.

Você pode dizer: está falando dos seus erros cometidos ao longo da sua carreira? Estou. E estou alertando você para que não os cometa. Sabe por quê? Porque não tive ninguém que me alertasse, e os "manuais" falam muito de regras para os outros, mas quase nada ou nada sobre condutas ou reflexões sobre nós.

Um exemplo prático. Muitas vezes, consultores de crise acham que "antecipar cenários" ou "confidenciar informações que estão circulando" são uma forma de colaborar. São um jeito de demonstrar engajamento, lealdade, eficiência. Mas há aí um limite em que se despeja um balde de adrenalina que tenta fazer do cliente uma presa. Há aí uma atitude predatória também. Há aí uma forma de agressão empacotada na "virtude" da boa prestação de serviços. O que fazer? É preciso realmente alarmar o tempo todo a respeito de tudo aqueles a quem assistimos? Ou também é função do consultor de crises filtrar o que dizer, quando dizer e como dizer? Também é, e talvez seja esta uma das principais atribuições deste profissional.

O jornalismo vive de competir para quem revela primeiro a mais recente notícia ou rumor. A gestão de crises não. A estabilidade emocional de quem está no epicentro da crise é um ativo essencial em todo o processo. Significa dizer que devemos omitir o que sabemos ou imaginamos saber? Não. Significa que devemos conversar com outros na equipe e avaliar, ponderar. Há um ser humano no centro da crise. Nunca se esqueça. Coragem para falar a verdade é ativo essencial. Sabedoria para saber o que dizer e se certificar sobre se tal informação é realmente conveniente ou veraz é mais essencial ainda. Dever do consultor: garantir que o tomador de decisão tenha as melhores condições de decidir. Isso não se faz nem no mundo das ilusões, nem no do terrorismo.

Cada um encontrará a sua resposta. Mas importante entender que é preciso, antes, enxergar a existência desses dois trilhos: o da independência e da coragem profissional e o da sensibilidade humana e da empatia. Essa atividade, quando exercida apenas num monotrilho, não atinge o seu ponto de excelência. Trafegar dentro dessa bitola, maior ou menor, mas com dois trilhos, de tudo que eu vivi, me pareceu ser o melhor a fazer.

Uma das mais interessantes e difíceis ações durante uma crise, a propósito, é convencer o comando a não fazer nada. Absolutamente nada. Esse é um dos meus caminhos preferidos. E é também um dos mais árduos de se pôr em prática. Há uma certa compulsão, em momentos de crise, de confundir ação com agir. Mas ação é tomar a melhor decisão que impacte de forma mais eficiente para que a crise diminua o seu desgaste. E, em muitos casos (diria com frequência maior do que menor) fazer nada, falar nada, ser seco, ficar quieto, evitar demonstrações inúteis de "coragem" se mostraram mais produtivas do que o contrário. Não agir é agir. Por quê? Porque quando alguém com "lugar de fala" exerce esse papel, a crise ganha importância apenas pelo fato dessa voz significativa ter entrado no debate. O silêncio, assim, é uma forma de um ator relevante agir para não jogar gasolina (sua própria gasolina, aliás) na fogueira.

Bom, falando sobre crises, muita coisa mudou nesse quarto de século. A principal delas, sem dúvida, foi a morte do "Cidadão Kane", quer dizer, o fim da mediação feita por meia dúzia, uma dezena de veículos de imprensa que eram a única porta de acesso à opinião pública. Com o advento da revolução tecnológica e das redes sociais, isso acabou. E, no caso das crises de reputação, escândalos, abalos de imagem, a minha impressão é que essa disrupção foi benéfica para a gestão de crises e a preservação de imagens públicas. Como?

Nas crises analógicas, o vilão da vez era o da vez. Concentrava todo o escárnio e toda a artilharia do escândalo. Isso criava a coreografia de todos os veículos apontando seu poder absoluto de destruição de imagem contra um alvo específico. Nessa época, a arena era buscar interlocutores na chamada mídia e torcer para a tempestade passar, o que às vezes demorava meses. O importante a notar aqui é que nesse modelo de desgaste público era um por vez. Uma empresa, uma figura pública, se tornava o vilão nacional concentradamente, num ambiente de comunicação em que o universo da informação era oferecido através de grandes filtros e distribuídos em grande escala.

Com a crescente afirmação das redes sociais e a consequente redução relativa da influência dos veículos tradicionais da mídia, o ambiente das crises de reputação se transformou. Há tantas crises, sobre tantos assuntos, em tantos lugares, que é como se não existisse, na prática, crise nenhuma. As crises estão mais diluídas e sua duração e capacidade de destruição menos devastadoras do que já foram.

Isso significa que o gerenciamento de crises perdeu o sentido de ser? Não. Mas ele mudou sua finalidade. É claro que não se trata mais de atuar como uma espécie de BOPE, SWAT, uma força tarefa especialmente escalada para enfrentar missões de alto risco por tempo determinado. O gerenciamento de crises passa a ser uma lente, talvez permanente, no olhar das corporações, uma forma de enxergar antecipadamente a repercussão de determinadas decisões, de avaliar o impacto ou o potencial de impacto de ações a serem tomadas e também um termômetro para afastar paranoias e síndromes de pânico sobre fantasmas que só existem na cabeça de gestores com ideias fixas. Ao mesmo tempo, no sentido oposto, o gerenciamento de crises deve ser também uma sirene para fazer bastante barulho e acordar os tomadores de decisão que têm certeza de que "está tudo bem" quando pode não estar. Trabalho bacana.

Sobre as crises nas redes sociais, minha experiência é que elas devem ser respeitadas, sim. Mas são muito diferentes do forno crematório que existia antes com os escândalos concentrados de toda a mídia em torno de um só alvo. A grande vantagem dos casos que estão repercutindo nas redes sociais é a possibilidade de identificar os principais focos de origem e de produção de críticas, quando se trata de uma crise que envolva uma empresa, por exemplo. Isso permite, no limite, uma tentativa customizada e direta de interlocução, caso não haja má-fé do outro lado.

Na maioria dos casos que atuei nesse campo, sempre preferi jogar com as pretas também. Ou seja, mexer as pedras no tabuleiro apenas depois dos outros. E muitas vezes nem mexer. Falar amplifica crises. Sobretudo falar amplamente, notas, comunicados. Há outras formas de falar, falar diretamente com os chamados *stakeholders*, com os agentes importantes a serem acessados, e tudo isso pode ser feito fora da mídia, fora de pronunciamentos. Significa que não devem ser feitos? Devem. Mas num ambiente em que a enxurrada de escândalos se reabastece a toda hora, em escala mundial, declinar do protagonismo passou a ser uma boa solução. Até mesmo para se defender.

Por mais incrível que possa parecer. Não quero dizer que devamos renunciar à nossa defesa. Só acho que deve ser caso a caso.

O fundamento do gerenciamento de crises é o acúmulo de experiências. Nesse sentido, é um bom alicerce: serve para que alguns erros tolos e algumas bobagens não sejam repetidas à toa. Isso é uma coisa. Outra, muito diferente, é quando esse ramo deixa de ser uma base para ser uma muralha. Um "Bolero de Ravel" de lugares-comuns de manuais e regras que parecem mais dogmas do que indicativos para a reflexão. Pior ainda é quando algum de nós se torna um sacerdote dessa "Ordem dos Ortodoxos dos Manuais".

O problema do excesso de "normatização" e do "queisismo" na gestão de crises é que é raro alguém contar um *case* de fracasso. E é comum criar relações de causa/efeito entre ações e resultados, quando não necessariamente é assim que a banda toca.

Pra encerrar, assim como a Psicanálise ou a religião, o gerenciamento de crises é uma lente a partir da qual se vê a realidade. O profissional tem de ter uma complexa bipolaridade: ser ferrenho para não se intimidar na luta pelo melhor e, ao mesmo tempo, possuir delicadeza e enxergar a fragilidade sem se deixar brutalizar. Nada disso está em nenhum manual de crise. Por isso, confie neles, desconfiando. Porque muitas coisas você vai aprender vivendo. É muito legal se sentir útil tendo ajudado alguém numa situação dificílima. É a melhor coisa dessa atividade. Há os momentos em que nos apavoramos com as derrotas também. Mas, para quem gosta desse mundo, é um desafio e tanto.

Mario Rosa é consultor de crises, jornalista e autor de quatro livros sobre o tema: "A síndrome de Aquiles", "A era do escândalo", "A reputação na velocidade do pensamento" e "Entre a glória e a vergonha".

# GESTÃO DE CRISE NA POLÍTICA

*Fernando Vieira*

A crise é o combustível que movimenta a política, é a mola propulsora das transformações nas relações do poder e na vida em sociedade. A princípio e como regra, é algo negativo.

É um problema capaz de ser causador de dano ou, no mínimo, com potencial para tanto. De maneira simples, crise pode ser definida como a quebra do normal. E não há nada mais normal do que, de tempos em tempos, acontecer uma crise política, que encontra campo fértil nas democracias, especialmente onde existe a liberdade para contraposições.

Daí a expressão corriqueira em rodas de conversas de que política é como nuvem no céu: a cada momento que a observamos, ela está diferente. Os cenários mudam e as posições se alteram a cada movimento. Então, se crise é a quebra na rotina, na política é circunstância rotineira.

Isto posto, impossível dissociar crise de política. Afinal, toda estruturação de poder surge da necessidade de resolução de conflitos entre os indivíduos para a convivência em sociedade. Ou seja, desde os primórdios, em sua essência, a crise está no foco da vida política.

Aprender a lidar com as crises, portanto, é fundamental para o político. Isto porque, fora qualquer aspecto jurídico e/ou financeiro, as crises atingem em cheio um ponto específico: a reputação, capital fundamental para o político de valor intangível. É quando chegamos à crise de imagem.

E neste ponto esqueça todos os manuais preestabelecidos de gestão de crise e as regras colocadas até dez anos atrás. Estamos vivendo uma rápida e completa revolução tecnológica, que ampliou extraordinariamente as dimensões e os focos de atuação para o gestor de crises.

É certo que a evolução da tecnologia sempre impactou a comunicação. Agora, a revolução digital colocou os efeitos da crise em um patamar muito mais elevado. Em curto espaço de tempo, passamos dos meios de comunicação em massa clássicos, formados por jornais, revistas, rádios e TVs, para uma rede interconectada em que todos são capazes de produzir e difundir conteúdo em tempo real.

Consequência: a velocidade com que se espalham as informações e a quantidade de conteúdo produzido, em diferentes formatos, aumentaram exponencialmente. A cada instante, uma nova informação: "No que você está pensando?", pergunta o Facebook em provocação para a publicação on-line.

O autor da resposta, por sua vez, não é um jornalista ou um profissional que tenha limitações na liberdade de expressão de caráter técnico ou ético. É, sim, qualquer pessoa que tenha uma conta ativa nas redes sociais e disposição para lançar suas opiniões na internet. Muitas vezes, cometendo excessos em suas manifestações, o que representa um agravante na gestão de crise: o aumento na agressividade dos ataques.

E, como os sistemas de controle sobre as publicações on-line são deficientes, o resultado é a permissividade em relação aos abusos e à profusão de *fake news*. Um desafio que as políticas de uso das redes tentam combater.

Acrescente-se a isso que o *gadget* deste novo canal de propagação de informações praticamente se tornou uma extensão dos nossos corpos, um smartphone colado o tempo todo em quem recebe (e produz) o conteúdo.

Não é novidade falar das possibilidades trazidas pelas redes sociais no "mobile". Mas impossível deixar de pintar esse quadro na contextualização da gestão de crises na política. É fundamental, portanto, a virada de chave (para abusar da expressão ultrapassada) daquele gestor de crise analógico para o atual gestor digital.

O número de informações recebidas com essa revolução tecnológica explodiu. É um bombardeio de notícias diárias instantâneas. E, por outro lado, o despertar crescente nas pessoas, de saberem mais e mais rápido. Um apetite que se satisfaz menos com informações positivas. E mais com aquelas informações típicas da crise.

É o conteúdo negativo que desperta maior interesse. Em nível de audiência, a tragédia e a violência são capazes de promover a comoção generalizada, com maior octanagem na engrenagem da comunicação.

Pode-se dizer que a crise de imagem tem vida própria - com começo, meio e fim - e características específicas. Sua origem pode ser relacionada a uma causa natural, acidental ou proposital, sendo o agente político atingido por sua ação ou omissão diante dos fatos.

A causa natural pode ser um fenômeno da natureza, como um furacão ou mesmo uma pandemia, como a covid-19. A segunda causa citada seria um acidente em uma obra pública, por exemplo. E a terceira, um escândalo de corrupção.

Dependendo do grau de proximidade ou envolvimento com o fato gerador da crise, e como os entes políticos vão reagir, é que se vai determinar a sua extensão. Se houve iniciativa para solucionar o problema ou não.

A crise pode ser um desequilíbrio localizado ou que se espalha por todo o sistema da organização política partidária do governo em exercício, do mandato parlamentar, da campanha ou mesmo da pré-campanha.

No ciclo de vida da crise, também existe um período de gestação, em que o foco é a preparação para o seu enfrentamento. Em que são preparados núcleos técnicos de combate à crise, determinadas as estratégias, o plano de ação montado, porta-vozes são treinados e pesquisas testam a eficiência de respostas, entre outras ações.

A previsibilidade é fator-chave nas chances de sucesso em se evitar uma crise, pois permite medidas preventivas. Em um mundo perfeito, toda crise deveria ser prevista. A regra, contudo, coloca a crise na política geralmente ligada ao inesperado. Ou à ausência do primeiro remédio, que é profilático, para utilizar um termo elegante. O foco é evitar que aconteça.

No jargão do dia a dia, a prevenção está alocada no departamento VDM (Vai Dar M%#da), uma área que funciona como um comitê de aprovação, para que determinadas falas e/ou ações sejam submetidas a uma avaliação prévia, antes de ganharem voz e de serem colocadas em prática.

Passar no crivo do VDM poupa muita dor de cabeça e sai mais barato, inclusive do ponto de vista objetivo, numérico. Isto porque, se a construção de imagem custa X, a reconstrução de imagem ganha proporção exponencial, em tempo e recursos.

Uma vez instaurada a crise, uma série de ações entra em pauta. A tarefa de enfrentá-la envolve mais de uma área técnica. O mais comum é a atuação conjunta dos profissionais de comunicação com o jurídico, para avaliação dos acontecimentos e das medidas propostas para a tomada de decisões.

Apoio técnico especializado complementar é habitual em gestão de crise, adequado à situação enfrentada. Por exemplo, um especialista em economia para um escândalo que envolva ações na Bolsa ou um engenheiro no caso de um acidente em obra.

O fato é que a gestão de crise não é missão para uma só pessoa. Vai dispender uma força-tarefa que terá mais chance de êxito se já tiver um procedimento padrão para seu gerenciamento. Um manual de combate a crises, estabelecido previamente, ajuda a organizar o que deve ser feito em cada etapa e o direcionamento para seu fim.

Buscar o distanciamento dos fatos ajuda a enxergar alternativas positivas e melhores rotas. De perto, os problemas tendem a parecer maiores. Outro fator que a distância favorece é o equilíbrio nas ações e reações, visto que a crise costuma despertar sentimentos extremos.

De modo geral, o gerenciamento de crise é um conjunto de práticas com o intuito de identificar fontes de riscos e gerenciá-las ou, caso algum problema já tenha se instaurado, garantir que seja controlado e recuperado.

Sobre esses passos, pode-se listar: antecipação, preparação, resposta, controle e aprendizado, sendo os cinco itens esmiuçados adiante.

O primeiro trabalho relacionado à gestão de crise começa, preferencialmente, fora do momento em que ela está ocorrendo: com a montagem prévia de um comitê de crise multidisciplinar que deve reunir o grupo que será sempre mobilizado nos momentos de crise.

A primeira missão deste grupo é o estudo acerca dos possíveis fatos que gerariam a crise. É a busca pela antecipação das situações de risco. O que pode acontecer que vai nos gerar dano? As respostas devem ser buscadas à exaustão.

Neste processo, todas as fontes relacionadas à atividade política devem ser envolvidas, inclusive abordando questões de ordem pessoal, pois o direito à privacidade e à vida privada é relativizado para o agente público.

A listagem tem por objetivo encontrar formas de prevenção às situações de risco, criando vacinas que podem ser aplicadas de imediato ou guardadas já elaboradas e testadas, como remédio para utilização posterior à eclosão dos fatos. A agilidade faz diferença na contenção.

Diante de uma situação inevitável, por exemplo, a melhor vacina pode ser aquela em que o agente político, por si próprio, traga o fato a público. Neste caso, a saída para o gestor de crise é dar a informação negativa já acompanhada da proposta de solução ou de combate ao evento de crise. Mas, é claro, a recomendação se limita apenas para o que não se pode evitar, já que a regra geral é a prevenção.

A preparação é o segundo item no processo de gestão de crise. E deve ser uma constante para todos os outros casos de crise latentes. O treinamento do comitê de crise inclui a preparação de porta-vozes, que ficarão responsáveis pela linha de frente da comunicação com a imprensa e com o ambiente digital.

Pode ser o mandatário em si, sua assessoria específica para crises, interna ou terceirizada, ou mesmo alguém do governo ou da organização partidária. Esta preparação ocorre tanto na forma – capacitação em oratória e expressão corporal, quando necessário pronunciamento verbal – quanto no mérito – argumentos que façam a justa contraposição à crise.

A resposta, aliás, não está necessariamente limitada a palavras, sejam elas faladas ou escritas, por meio de notas à imprensa ou de publicações nos canais políticos digitais. O saneamento da crise pode incluir ações ou reações imediatas, como é o caso da exoneração do agente público nomeado assim que vem a público a denúncia de corrupção ou a expulsão do político da agremiação partidária.

O desafio de acertar na resposta é geralmente o coração da crise instaurada. Cada palavra e/ou ação devem ser milimetricamente dosadas, para que sejam remédio e cura. Em excesso, viram veneno, capaz de agravar a doença.

Muito comum no passado, a realização de coletivas de imprensa vem sendo repensada em relação à sua necessidade. Provavelmente, em decorrência do crescimento dos canais digitais que se tornaram fonte primária de informação até mesmo para os jornalistas. Não raro, esses passaram a ler os furos diretamente no Twitter do político ou se basear nestes canais para escrever as matérias.

A amplitude do canal pessoal do político e o controle que ele tem sobre o meio, que é próprio, levam à preferência pelo digital, onde publica as respostas da forma como quiser. Evita intempéries de entendimento em uma coletiva de imprensa ou deslizes nas respostas.

Contudo, de forma alguma, a imprensa deve ser menosprezada. Ela ainda é titular do selo de credibilidade que pode ser ostentado no combate à crise. O "saiu na mídia" se torna salvo-conduto frente a uma *fake news* on-line. E a entrevista segura e firme na TV pode ser a pá de cal necessária para encerrar a crise.

Estabelecer relação com os principais meios da grande imprensa ou com os jornalistas de determinada localidade, para um caso de crise municipal, é fundamental. Municiar diretamente os jornalistas com informações é a única maneira de garantir que a sua versão dos fatos esteja na reportagem, total ou parcialmente.

Para o gestor de crise, faz diferença a capacidade de interlocução com os principais profissionais da área, visto que a relação entre jornalista e fonte é baseada, antes de qualquer coisa, em confiança. E ela não se conquista do dia para a noite. Por isso, atente-se à pedra fundamental: jamais minta para um jornalista. Pode até omitir ou se esquivar quando não vale a pena se pronunciar. Mas nunca enganar.

Aliás, às vezes, a melhor resposta é o silêncio, a não resposta também pode ser estratégica. Uma nota oficial escrita é muito utilizada para garantir o respeito aos termos colocados no papel e garantir um controle maior sobre o que vai ser dito ou respondido, mediante o pedido prévio das perguntas.

Lembrando que quanto mais letras são entregues ao jornalista, mais ele junta e escreve para montar o enredo. Pode ser um soneto ou uma epopeia. Daí a importância de se buscar sempre ser sucinto, para não garantir um espaço ainda maior de destaque negativo no material jornalístico.

Além disso, uma crise, em regra, responde-se no varejo e não no atacado. Resposta apenas para quem perguntar. Não vá ser o responsável por espalhar a notícia aos retardatários distribuindo notas à imprensa a torto e a direito. A mesma regra vale para o digital, adaptada à realidade do ambiente. Antes de traçar a estratégia de combate a uma crise nas redes, é necessário avaliar a extensão do dano com base no alcance dos perfis que realizam os ataques.

Muitas vezes, esses são insignificantes diante dos próprios canais do político que, ao se pronunciar, acaba, sem querer, ajudando na divulgação dos fatos. Avalie com cautela para que o post de resposta não se torne aquele que rompe a bolha da internet, espalhando para outros segmentos da informação geradora da crise.

Inúmeros *softwares* de monitoramento de redes fornecem dados precisos em relação a alcances de temas e pessoas nas redes e na internet de maneira geral, que ajudam na estratégia de enfrentamento e na decisão de resposta.

O controle dos resultados e dos fatos novos que surjam, por meio de *clipping* e monitoramento, permite verificar o status da crise. A queda no interesse da imprensa e no alcance digital é um indicativo de que o ciclo ruma para seu fim. A permanência da crise como o centro das atenções por um longo período pode ser um sinal de que sua estratégia de contenção fora equivocada. E talvez seja hora de mudá-la.

Toda crise superada deixa um aprendizado. Não desperdice as lições e promova ajustes em seu processo de gestão de crises. Lembre-se que, na exceção, a crise pode ser positiva. Tanto para governo quanto para oposição pode ser sinônimo de oportunidade.

Para a situação, a crise pode representar o fortalecimento de suas posições, o crescimento da força política e o aumento da dependência da população em relação ao governo. Nas eleições de 2020, foram muitos os prefeitos que fizeram da pandemia sua redenção. Apresentavam índices baixos de popularidade que foram revertidos com as ações de combate à covid-19 ou mesmo com o temor do eleitorado em relação à mudança na administração pública em meio à pandemia.

Para a oposição, por sua vez, as crises também são oportunidade, funcionando como pedras no caminho do mandatário. Servem para atrasá-lo e tirá-lo do rumo. Permite, com isso, a tomada de vantagem, a ultrapassagem na corrida eleitoral e a consequente alternância no poder. Por fim, a regra e a exceção, unidas, podem resultar em dois sentidos: Cri(S)e.

Fernando Vieira é jornalista, publicitário e advogado, especialista em marketing, com passagens por grandes redações. Fundador da agência IV5 Inteligência em Comunicação e Marketing, foi premiado por campanhas eleitorais e institucionais. É consultor político em gestão de crises e leciona em pós-graduação.

# GERENCIAMENTO DE CRISES EM MÍDIAS DIGITAIS

*Cassiano Sampaio*

A possibilidade de ter dados precisos sobre sua audiência proporcionada pela comunicação on-line revolucionou o exercício profissional do comunicador de forma inconteste. Da mesma maneira, a chegada dos *softwares* de Monitoramento de Mídias Digitais – programas que coletam e armazenam citações em redes sociais, sites e blogs – no início deste milênio, transformou por completo o ofício do gerente de crises.

Essa evolução tecnológica permitiu dimensionar a crise de forma muito precisa, pelo volume de menções e pela relevância (alcance potencial) dos emissores da mensagem, em tempo real, sabendo quais são as principais linhas de ataque daquele momento e quem realmente são os detratores. Essa acuidade, possibilitada pelas ferramentas de Monitoramento de Mídias Digitais, traz muito mais segurança para a tomada de decisão do gerente de crises.

Hoje, é possível, em questão de segundos, saber se a repercussão da crise está arrefecendo ou ampliando, não apenas nos pequenos, grandes e médios veículos de comunicação, mas também em perfis públicos de usuários nas mídias sociais (nano, micro ou influenciadores). O gerente de crises consegue saber se deve agir naquele momento para reduzir danos, ou se deve optar por se manter em silêncio para não reavivar o assunto – pois seu pico de audiência já ficou para trás.

É possível identificar, ainda, se sua resposta – caso ela tenha existido – teve maior alcance do que o ataque veiculado. Sabe-se dizer, por exemplo, se nos dias seguintes ao pico da crise, as pessoas continuarão veiculando mais o ataque do que o contraponto e, portanto, se será necessário atuar com mais vigor na veiculação do seu posicionamento. Com isso, é possível precisar se aquele assunto amalgamou-se na sua imagem de forma relevante e necessitará ser abordado de outro modo para melhor convencimento do público. Antes da chegada da tecnologia, tudo isso era muito subjetivo. Os dados trouxeram maior objetividade ao modo de operação do gerente de crises.

Algumas coisas não mudaram. Grande parte das crises nascidas em meios digitais necessita de técnicas de um gerente aclamadas há muitos anos em meios off-line. Entre essas estratégias, estão a tática do silêncio (*silence tactic*), o desvio (*sidding*) de responsabilidade ou a qualificação do debate (*debate qualification*), que já eram conhecidas dos gestores de crise e ainda são usadas hodiernamente. Mas como isso tudo acontece?

**Operação** – Após ter configurado o *software* com o nome do político ou da instituição, ou mesmo dos termos correlatos a eles (apelidos, grafias erradas mais comuns etc.), ele passa a capturar e arquivar menções públicas em blogs, sites e mídias digitais. Desse modo, as menções serão analisadas, seja por um analista humano, seja por uma inteligência artificial (atualmente, com menor precisão que a análise humana). Essas análises são sobre diferentes aspectos, entre eles, se são favoráveis ou desfavoráveis; o que tratam; qual o grupo desse emissor da mensagem (apoiador, detrator, imprensa etc.); e qual o alcance potencial dessa mensagem. Com o monitoramento funcionando, é possível implantar o gerenciamento de crises em mídias digitais.

**Alertas** – Pode-se dizer que existem dois tipos de alertas, caracterizados por sua origem. O alerta por "volume de menções", no qual é possível perceber a existência de muitas mensagens sobre determinado assunto negativo em relação à imagem do político/instituição – como o número de citações "fora da curva" muito acima da média diária. O outro é o alerta por "capacidade de explosão" (*brisance*). Neste último, o analista identifica uma menção que ainda não está sendo muito reproduzida, mas tem potencial viral. A suposta foto da chanceler alemã Angela Merkel, ainda adolescente, passeando em uma praia de nudismo é um exemplo de um "alerta por capacidade de explosão", já que o analista de monitoramento que viu a foto pela primeira vez nas redes sociais, em 2013, não precisou esperá-la viralizar para saber que poderia gerar problemas – independentemente da foto ser dela ou não, fato que nunca foi confirmado ou desmentido.

Os alertas são provenientes de diferentes "sensores". Assim como em estações de esqui, onde existem diferentes sensores de avalanches instalados em diversos pontos da montanha, o Gerenciamento de Crises em Mídias Digitais utiliza, além dos *softwares* de monitoramento, diversas fontes de informação, como a quantidade de e-mails recebida pelo gabinete, a quantidade de mensagens instantâneas, *Google Trends*, *Trending Topics* (Twitter), as barras de *social share* dos portais de notícias e qualquer outro referencial ao qual o gerente de crises possa "se agarrar" para a tomada de decisão.

***Timing*** – Identificado um problema, convoca-se o Comitê de Crises, previamente definido, e passa-se a subsidiá-lo com informações provenientes do Monitoramento de Mídias Digitais para a tomada de decisão. Caso o assunto esteja crescendo (gráfico 1), tanto no volume de menções quanto na soma do alcance potencial (impressões geradas por cada mensagem), deve-se começar a avaliar a publicação de um contraponto. Caso o assunto já tenha começado a arrefecer (gráfico 2), a publicação de um contraponto poderia ser uma tentativa de "apagar a fogueira jogando álcool". Igualmente, se um assunto era o mais falado ou o mais buscado no país e, depois, caiu para a segunda posição, seja porque há menos pessoas falando sobre ele, seja porque um outro assunto ganhou seu lugar entre os preferidos da população, emitir um posicionamento pode não ser o mais interessante a se fazer. Como já vimos nos capítulos anteriores, não existe "receita de bolo", já que cada crise afeta a imagem de um modo diferente, mas esses indicadores contribuem sobremaneira para que o gerente de crises entenda o *momentum*. O monitoramento serve, ao mesmo tempo, como "radar" e "termômetro" – identificando por onde vêm os ataques e qual a temperatura da repercussão.

Gráfico 1

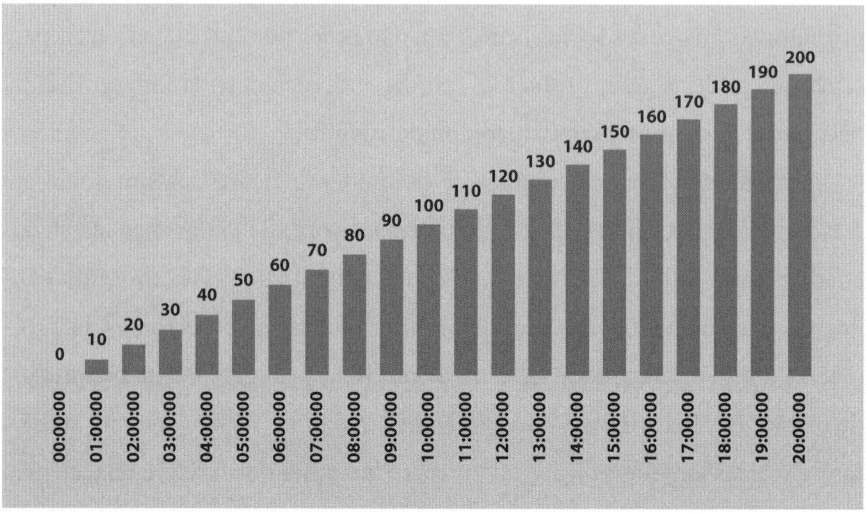


Gráfico 2

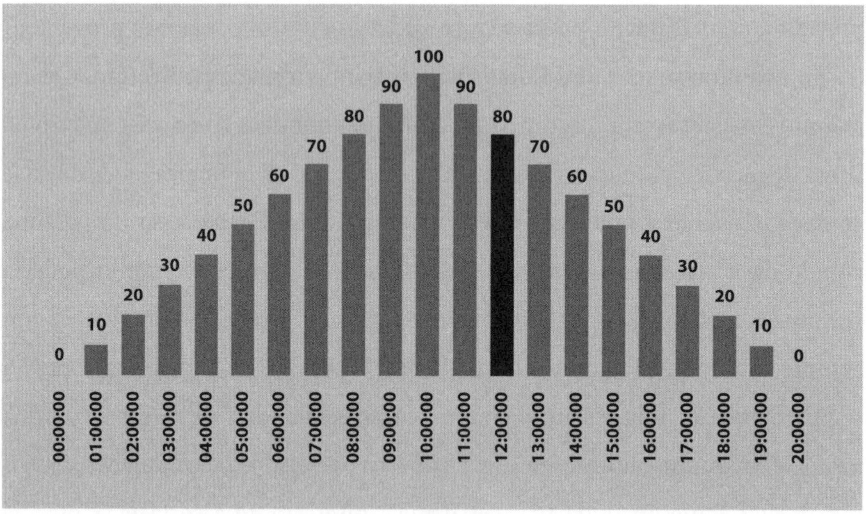

**Matar uma mosca com bala de canhão** - Políticos e instituições políticas, normalmente, possuem perfis com muitos fãs, inscritos e seguidores. Emitir uma nota de resposta nestes perfis grandes, para uma crise que é menor do que esse alcance potencial, seria "matar uma mosca com bala de canhão". Seria o mesmo que apresentar o problema a toda uma audiência que ainda não o conhece - e que, possivelmente, lhe admira. Da mesma forma, se o problema está acontecendo no Instagram, colocar a resposta em todos os seus perfis pode levá-lo a toda uma audiência que ainda o desconhece. Entretanto, em alguns casos, quando a repercussão do ataque já é significativa, é necessário acionar todos seus perfis para que seus apoiadores possam auxiliá-lo no espraiamento de uma nota de resposta, um post de contraponto, ou qualquer outra mensagem escolhida pelo gerente de crises.

**Saindo das cordas com estratégia** - No caso de ser necessária uma resposta, é preciso saber exatamente qual a principal linha de ataque, sob pena de emitir um pronunciamento que não atenderá aos anseios populares, ou pior, inflamará o público ainda mais, gerando uma espécie de "efeito bumerangue". No pugilismo, quando um lutador está encurralado por outro no *corner*, ele não pode sair batendo sem qualquer tipo de estratégia, com a guarda aberta, pois o nocaute é garantido. Aquele que está em desvantagem clara precisa calcular muito bem quais serão suas próximas atitudes para conseguir uma chance de reverter a situação. Da mesma maneira, no Gerenciamento de Crises em Mídias Digitais, o estratagema é fundamental. É preciso "sair das cordas" batendo com propriedade, sem "bater fofo", como se diz popularmente. Saber por qual flanco você está sendo atacado e como manobrar a janela do discurso é muito importante.

**Reputação digital** - Após a emissão de uma resposta, alinhada com o questionamento feito pelo público, é preciso medir como ela está repercutindo. No caso de boatos (*hoaxes*) ou "*fake news*" - como ficou popularmente conhecido - por vezes a nota de resposta repercute menos que a mentira (muito mais atraente e menos monótona que a resposta). Logo, pode acontecer que um eleitor que não viu a nota de resposta passe anos acreditando no que é falso. Em outros casos, muitas vezes, as notas de resposta conseguem um alcance maior que o ataque, com o assunto desaparecendo, seja de forma abrupta, em questão de horas, seja em uma cauda longa (*longtail*), vista em um gráfico comparativo de dias, semanas, meses ou anos.

**Tamanho do problema** - Outra vantagem dos dados no Gerenciamento de Crises em Mídias Digitais é a capacidade de ilustrar para o político/instituição qual a gravidade daquele assunto em sua imagem. De posse da informação de que aquela crise que está ocorrendo é 10 ou 100 vezes menor do que a enfrentada no mês anterior, o Comitê de Crises pode ter a clara compreensão do tamanho do problema que está lidando e dosar a reação – ou optar pela inação.

**Era dos *prints*** - Escrever na rede é o mesmo que "escrever em pedra". Suas palavras podem ser armazenadas em *cache* e são indexadas, quase que instantaneamente, por outros buscadores e redes. Mesmo que apague um post do qual o político ou a instituição tenha se arrependido, ele provavelmente já terá sido indexado pelos sites de busca ou "printado" por alguém.

Vivemos a "era dos *prints*", em que as pessoas "printam" até mesmo telas de aplicativos com recurso de autodestruição da mensagem, conforme veio a público na imprensa durante a investigação da Operação Lava Jato. Por isso, o Gerenciamento de Crises em Mídias Digitais deve ter sempre em mente que apagar o post é apenas o início de um problema e não uma solução.

***Cases*** - Alguns aspectos, como ***timing***, georreferenciamento, identificação dos detratores, conhecimento do histórico do político/instituição, entre outros, são fundamentais para a construção de um bom gerenciamento de crises. Vamos falar mais sobre isso nos casos a seguir.

**Granada no Carnaval de Salvador** - Madrugada de uma segunda-feira de Carnaval. Um analista identifica um *tweet* que dizia: "acho que vi uma granada embaixo do Viaduto do Canela". Ele emite um alerta para a equipe de plantão. A Secretaria de Segurança Pública (SSP) vai até o local apurar a denúncia e, realmente, havia uma granada enterrada pela metade embaixo do viaduto que, em dias de Carnaval, fica fechado para que as pessoas passem por baixo dele a pé (sem circulação de carros). Por ali, desaguam multidões de foliões indo de volta para suas casas, ao fim do circuito até o amanhecer do dia. O artefato foi detonado pela equipe de explosivos, sem que ninguém se ferisse. Essa ação só foi possível devido à existência de um time contratado para monitorar a violência no Carnaval da capital baiana. O *software* de monitoramento identificava menções públicas nas redes sociais que tivessem citado termos relacionadas à Segurança Pública - soco, briga, furto, faca, revólver, assalto, tiro, porrada, bomba etc. - de forma georreferenciada, fosse nos principais circuitos, Barra-Ondina ou Avenida, fosse em qualquer outro bairro. O caso ilustra como o *timing* salva vidas no Gerenciamento de Crises em Mídias Digitais, mas também mostra a importância de ter uma busca aberta (na cidade inteira) para que se identifique mensagens como essa.

**Tirem o presidente do Palácio -** Entardece em um país em convulsão social, com protestos em dezenas de cidades, todos os dias. Na capital, o analista identifica manifestantes combinando, via redes sociais, de correrem contra a linha do Batalhão de Choque da PM, montada em frente ao Congresso Nacional, para invadi-lo, pontualmente, às 20h. Poucos minutos antes, a polícia avança contra os manifestantes, demovendo-os da ideia inicial. Mesmo assim, eles conseguem invadir a parte superior, sem adentrar o Parlamento. Agora, a nova intenção de um pequeno grupo é atacar algum ministério e eles conseguem. O Ministério das Relações Exteriores tem algumas vidraças quebradas por *black blocs* e um princípio de incêndio, devido a um coquetel molotov - que foi rapidamente contido. O gerente de crises identifica que existe uma nova mobilização para reunir o maior número de pessoas e avançar sobre as grades do palácio presidencial. Telefone toca no palácio com o analista na linha: "Manifestantes estão se mobilizando para atacar o palácio, caso o presidente esteja aí, seria importante retirá-lo e informar a imprensa".

Do outro lado, a resposta é um simples "ok". Em menos de cinco minutos, uma rede de televisão entra, ao vivo do palácio, informando que o presidente havia deixado o local. A notícia também pipoca em portais da internet, demovendo, mais uma vez, os manifestantes da ideia de invadir o palácio. Neste caso, a identificação dos grupos que estavam atuando com violência durante a manifestação foi decisiva.

**Tomate no prefeito** - Há cerca de uma década, saiu na imprensa uma nota informando que, cansado de tanto levar tomatadas, ovadas e de ser alvo de protestos de sindicalistas, o prefeito de São Paulo não ia mais a nenhum evento público sem antes passar pela sala de Monitoramento de Mídias Sociais e, humildemente, perguntar aos jovens que lá estavam: "Posso ir? Tem algum evento marcado no Facebook?". Como dizem alguns, "a melhor forma de gerenciar uma crise é evitar que ela aconteça".

**Saquem suas poupanças** - Entre 2006 e 2018, um boato tornou-se recorrente: o "confisco da poupança". As mensagens incitavam a população a correr para as agências e sacar os valores que estivessem na poupança, pois "estava para ocorrer o mesmo que havia acontecido durante o Governo Collor em 1990". Todavia, em 2001, uma emenda constitucional já havia proibido "a edição de medidas provisórias sobre detenção ou sequestro de bens, de poupança popular ou qualquer outro ativo financeiro". Na prática, qualquer tipo de confisco era ilegal há anos e, mesmo com a imprensa e com veículos especializados em *fact checking* desmentindo tudo sempre, de tempos em tempos, o boato voltava utilizando-se de novos nomes (novos parlamentares e governantes como autores da "repugnante" proposta). O conhecimento sobre o político ou a instituição, ao longo de meses e anos, é fundamental para que o gerente de crises não se surpreenda em demasia com um fato recorrente como, por exemplo, o boato do "confisco da poupança". Conhecer as vacinas para as crises e saber medir a "febre" naquele momento fazem toda a diferença em um cenário no qual, quanto menos tempo se leva para agir, maior é a redução de danos.

Cassiano Sampaio é jornalista (Globo News, SBT Brasil, Jornal do Comércio e outros relevantes veículos de comunicação), já atuou em núcleos digitais de três ministérios, da Caixa e da Presidência da República. Participou de quatro campanhas presidenciais e é *senior partner* da Esplanada Comunicação Estratégica.

# IMPORTÂNCIA DE UMA COMUNICAÇÃO PERMANENTE

# ADJETIVO OU SUBSTANTIVO? A COMUNICAÇÃO POLÍTICA PERMANENTE

*Paulo de Tarso da Cunha Santos*

A comunicação permanente é prática indispensável, já definida em estudos técnicos e nos manuais de comunicação corporativa e de mercado. A conhecida cena da queda das peças de dominós em linha, sempre tão útil, é a correta: descreve o processo contínuo que se inicia no primeiro gesto da comunicação virtuosa, seja no ambiente de mercado, seja no ambiente político. Cada esforço de comunicação tem relação com o anterior e com o posterior, produzindo uma corrente que está sempre influindo na construção de imagem. Ou seja, não há divisões e sim singularidades de períodos, eleitorais ou não.

Assim ocorre tanto na comunicação de construção quanto na de destruição de conceitos estabelecidos. Cria-se e destrói-se demandas, com disciplina e clareza de objetivos. Esse, portanto, é o bê-a-bá da atividade de planejamento estratégico de comunicação. O tempo é a medida definida como valor e a relevância da comunicação se define pelo tempo de memorabilidade que conquista. Quanto mais tempo os conceitos definidos como alicerces se mantiverem eficientes, mais efetiva terá sido a comunicação planejada. Embora isso ocorra desde o nascimento da linguagem e depois da escrita, estabeleceu-se definitivamente com o surgimento dos meios de comunicação de massa.

## *Soft power*

A influência dos meios de comunicação na política foi bem consolidada por dois pensadores. De um lado, Antonio Gramsci, com o seu conceito de hegemonia cultural, ou do papel da cultura nos projetos políticos, hoje evoluído e renomeado de *soft power*. Do outro, Philip Kotler, definindo as categorias integradas do planejamento de comunicação para investimentos que disputam espaço de mercado. Um, político e o outro, vendedor.

Desde sempre, a comunicação é uma ferramenta indispensável para o (des)equilíbrio de poderes na sociedade, independentemente das fontes que a alimentam. Com o desenvolvimento dos meios de massa, que se consolidaram no século XX, e posteriormente o advento da internet e das redes sociais, a comunicação compartilhada em tempo real deste início de século XXI, o jogo político vai sendo obviamente transformado. Cada vez mais, é possível saber, via pesquisas e pensamento estratégico, que narrativas cabem com naturalidade e quais serão recebidas com mais boa vontade pelo público-alvo.

Definidos os posicionamentos gerais, o planejamento também deve produzir criatividade, com simetria e unidade, estabelecendo metas para cada veículo de comunicação no esforço geral. É preciso força de linguagem e conhecimento das características dos meios para trabalhar de forma integrada e operar esse sistema de forma eficiente no dia a dia. Finalmente, a partir de todas estas definições, é necessário desenvolver um monitoramento permanente, pesquisar com regularidade para medir a eficiência das ações e traçar as mudanças de rumo que a conjuntura ou erros detectados pautarem.

## Golpes de *soft power*

O *soft power*, definido como o uso integrado dos meios de comunicação de massa para produzir convencimento social em torno de consensos, torna-se cada vez mais visível como fonte de poder. A comunicação planejada domina a sociedade em tempos de guerra e de paz. Produz licitudes e ilicitudes na luta por hegemonia, na conquista e na manutenção do poder.

No Brasil, temos uma tradição vasta e peculiar de uso dos meios de massa em projetos políticos. Historicamente, vivemos um perfil de formação de opinião que liga umbilicalmente os interesses do Estado com a prática das redes de comunicação. Assis Chateaubriand, como se sabe, controlava um império midiático equivalente ao de Randolph Hearst, o Cidadão Kane, na Califórnia. O golpe militar de 1964, batizado pelo *soft power* de "Revolução", foi basicamente um grande produto do bom uso da comunicação, organizado via aliança política pela violência militar voltada para a ilicitude. Primeiramente, o país foi convencido de que Jango e seu governo constitucional tinham viés "comunista". Convencido o público, deu-se o golpe militar que destituiu as autoridades democraticamente eleitas e instalou um regime ditatorial de quase 21 anos.

## Filhos da "Guerra Fria"

No Brasil de 1964, ao lado da censura estatal e do fim do pluralismo, renasceu a velha aliança Estado/Grande Mídia. Fundada em 1965, a Embratel se tornou um grande projeto de integração entre brasileiros do Oiapoque ao Chuí, fator de grande importância para o que somos hoje. Com a estatal, foram criadas as redes de televisão e rádio, tendo como base a distribuição de concessões a políticos apoiadores do regime. Assim, todo o planejamento de discurso político foi adotado por elas. Não sem motivo, celebrizou-se a ideia de que, "se não apareceu na Globo, não aconteceu".

Publicado em 1967, o primeiro livro de Kotler, "Planejamento, análise e controle", teve suas diretrizes logo aplicadas no Brasil nos anos 1970, juntamente com a pós-consolidação da Embratel, configurando o que se conhece hoje como a "era de ouro" da publicidade brasileira. No ano de 1968, o regime editou o AI-5, decreto que liquidou qualquer resquício de liberdade política no país. Em 1969, entrou em cena um esforço de comunicação *soft power* que ganhou enorme impulso, com a vitória do Brasil na Copa 70: "Noventa milhões em ação", cantavam os brasileiros. Tudo foi alinhado, conceituado com base técnica e criação de excelência, em todos os veículos, tendo continuidade nos anos seguintes.

Ou seja, consolidou-se como elemento político o planejamento estratégico de atributos permanentes para sustentar o poder e conferir-lhe legitimidade pública. Da AERP – Assessoria Especial de Relações Públicas da Presidência da República vinham os grandes motes do ufanismo, com campanhas célebres como "Ninguém segura este país", "Este é um país que vai pra frente" e "Brasil. Ame-o ou deixe-o", aos moldes da conhecida "*America. Love it or Leave it*". Já nos estados e municípios, os investimentos não tinham restrições e cumpriam outro papel na estratégia geral: prestar contas para promover grupos políticos locais, com o objetivo de eternizá-los no poder.

## Pesquisas em vez de eleições

O resultado foi um momento em que o regime militar atingiu altos índices de popularidade e aprovação. O general Médici, terceiro presidente militar, chegou a ser ovacionado pelo público do Maracanã lotado, num jogo comum pós-Copa de 70. Especulou-se na imprensa que, com aqueles números de avaliação, não havia necessidade de eleições. O povo estava contente. Assim, a política de comunicação, por um bom tempo, tornou a ditadura invisível para a maioria dos brasileiros.

Mas, no chamado período da "redemocratização", quando voltaram as eleições regulares, tornou-se indispensável a atividade profissional de comunicação política para a competição no ambiente plural. A democracia brasileira passou a ser referência mundial no assunto pela qualidade criativa produzida por grandes profissionais, alguns falecidos e outros atuantes até hoje.

Mas o campo das ideias, que define a beleza da democracia, foi se restringindo à mera prestação de contas, cada vez mais limitada. Resultado: a democracia, o voto como instrumento de transformação perderam prestígio entre as maiorias. O endeusamento das redes sociais só aumentou a ideia de que toda política tem base na mentira.

## A política sempre é o centro de tudo, não é substituível. A informação despolitizada é sempre pior.

Em 1982, quando finalmente foram realizadas as primeiras eleições diretas para governador, iniciei minha vida profissional como consultor político, trabalhando na campanha do então senador Franco Montoro, pelo PMDB, para o Governo de São Paulo. Naquela ocasião, ao lado do amigo e também redator de publicidade Raul Cruz Lima, criamos uma peça de estreia para burlar a tristemente célebre "Lei Falcão", que limitava a propaganda política à veiculação do currículo dos candidatos, narrado em off, com fotos sem movimento. Censura total no coração da democracia, o HEG - Horário Eleitoral Gratuito.

As pesquisas quantitativas, fornecidas pelo instituto Gallup ao PMDB, e as qualitativas, aportadas por Alex Periscinoto, mostravam forte sentimento oposicionista. Politizamos, então, a lei no primeiro programa com o senador, ocupando todos os cinco minutos concedidos para fazer um duro discurso político em off, usando como pretexto a narrativa do currículo do partido na sua luta contra a ditadura. A lei era omissa sobre essa possibilidade. No vídeo, fotos de 300 candidatos imóveis em fundo branco, no mesmo plano, revezando-se por fusão de imagens. A lei antipolítica caiu politicamente.

A infração à lei foi o fato político que deu repercussão nacional à peça, criada para o PMDB. Montoro foi eleito com 49% dos votos (não havia segundo turno), dando início ao caminho da redemocratização que passou pela Campanha das Diretas Já, em 1984, e pela promulgação da nova Constituição Federal em 1988. Em 1989, foi disputada a eleição presidencial com 22 candidatos e a comunicação política livre mostrou a sua força, interferindo claramente no resultado. Nasceu no Brasil a comunicação política moderna.

Na primeira eleição presidencial livre, em 1989, Collor e Lula chegaram ao segundo turno. Collor foi eleito. Na sequência, Collor foi impedido e Itamar assumiu, num processo de aliança nacional que construiu um plano de controle da hiperinflação, o Plano Real. Em 1994, na eleição que consagrou o real, todos os instrumentos comunicacionais de poder foram usados de forma coordenada para influir no resultado do pleito: da política econômica à verba pública de propaganda das empresas estatais de mercado, como os Correios e o Banco do Brasil. O projeto de poder de continuidade venceu o pleito no primeiro turno, numa colaboração brilhante entre comunicação permanente e comunicação eleitoral, sob o comando de Geraldo Walter, hoje já falecido, companheiro de caminhada em lados diferentes, amigo como deve ser.

Renascia ali a importância da comunicação política permanente para produzir resultados e afirmar políticas de longo prazo. Mas também retomava-se ali a velha tradição do casuísmo eleitoral, que sobrevive com naturalidade até hoje, com mudanças nas normas eleitorais e de financiamento das campanhas via projetos de lei, aprovados no Congresso a cada eleição.

Pouco a pouco, foi sendo retomado o planejamento geral da comunicação de governo, via alinhamento de mensagens e monitoramento de pesquisas. Sinergia muito bem utilizada por Lula e o PT, que venceram em 2002 e deram início ao mais longo período presidencial de um só partido no Brasil, sob eleições democráticas. Lula é reeleito e alcança 87% de avaliação positiva, graças ao trabalho coordenado na política, obviamente, e no produto de comunicação permanente, além da *expertise* eleitoral acumulada ao longo dos anos.

Mas essa permanência do PT no poder, obviamente, contrariou setores políticos e de interesses que desaguaram no impedimento de Dilma e, posteriormente, na eleição de Bolsonaro, embalado por dois anos de "lavajatismo" *soft power* antipolítica com grande apoio midiático. Estimulado pelo seu discurso de campanha, Bolsonaro rompeu com a velha aliança Governo-Grande

Mídia e apostou toda a sua comunicação no diálogo direto com o eleitorado. Imaginou e conseguiu reprisar o caminho seguido por Trump nos EUA. Um tipo de esforço de comunicação permanente que parece condenado ao fracasso no longo prazo, já que a permanência no poder requer a aderência de público, além das bolhas típicas da rede. Jogo de perde e perde, que será testado no próximo pleito de 2022.

Mas é inegável que a rede também tornou indispensável a comunicação permanente para agentes políticos de todos os níveis: municipal, estadual e federal, ou seja, do vereador ao presidente da República. Hoje não há cidadania sem conexão digital e não há prática política sem uma estratégia de comunicação permanente em rede. De forma geral, a simples reflexão leva à conclusão de que toda ação de comunicação contribui na acumulação de *soft power*, até em um nível individual. Muda, claro, o poder real do que se constrói.

## Visão de carreira política

As carreiras políticas nascem de valores, refletidos em qualquer gesto público consciente ou não. Temos nesses valores a possibilidade de acúmulo de poder de imagem via comunicação. A diferença está na objetividade com que se realiza a comunicação do projeto, visando à soma de valores: a diferença entre fama e reputação. Tanto administradores públicos como agentes legislativos acumulam poder na construção de reputação. Mas parte deles se delicia com a fama e a fortuna decorrente da função e não aprofunda as propostas iniciais, que devem evoluir, mas nunca serem abandonadas, especialmente nos momentos de crise, nos momentos difíceis.

De forma geral, toda a comunicação deve girar em torno de eixos de valores básicos, repetidos ao infinito em toda e qualquer situação, a qualquer momento. O tempo se encarrega de transformar a fama em reputação. E reputação, por sua vez, se torna poder, *soft power*, que conduz ao progresso dos projetos políticos em competição. Ninguém é mais adequado para conduzir esse caminho do que os próprios interessados, os políticos, com seus gestos.

Há os que se dedicam com suas equipes a esconder o que fazem, na medida em que atuam de forma pouco republicana. Nesse caso, utilizam comunicação "adjetiva", que louva, louva e louva, se autoelogia a toda hora, resultando em baixa credibilidade. O povo não crê mais no autoelogio. O excesso de elogios acaba por aprofundar a crise de credibilidade do voto. Do outro lado, há os agentes políticos que buscam mostrar suas agendas, praticando a política da representação. Nesse caso, entra a comunicação "substantiva", que mostra, mostra e mostra, somando credibilidade, com realizações tangíveis. Os administradores de mercado chamam esta descrição de processo como "agregação de valores às marcas".

O planejamento de comunicação permanente mais moderno evoluiu do discurso (adjetivo) ao gesto (substantivo), transitando entre simples palavras e a experiência vivida pelo público. Busca-se a comunicação que preencha um espaço na vida do cidadão, variando, claro, de público a público. Assim, os políticos devem entender a comunicação como um alimento do poder, que não raramente pode levar ao aumento da força política pela força da reputação. Um exemplo é Ulisses Guimarães, que não passou de deputado federal, mas chegou a ser um dos homens mais poderosos do país. Teve muito mais poder do que o cargo lhe conferia. Sua carreira (reputação) construiu seu *soft power*. No Brasil atual, temos vários políticos nessa condição.

Mais do que nunca, necessita-se de sólidos diagnósticos e da implementação de bons planos de ação para apoiar carreiras além da conjuntura. Para produzir defesa contra as *fake news* antes que elas se apresentem. Há o *soft power* da mídia, que funcionou por anos no país e hoje se encontra em plena decadência. Há o *soft power* da geopolítica nacional e internacional, sempre muito poderoso. Há possibilidade de se construir "poder brando" na atividade política individual. Tudo depende de que lado se está do tabuleiro. Se o jogo é com as peças brancas ou com as pretas. Sem essa reflexão, toda a comunicação de poder e a comunicação eleitoral se tornam parecidas, usam argumentos iguais em formas diferentes.

É comum detectar nas pesquisas qualitativas o seguinte depoimento na boca dos entrevistados: "Eles (os políticos) só aparecem na época da política (ou das eleições) e depois somem". Esse é o resultado de uma prática de comunicação de baixo impacto, meramente adjetiva. Diante da insatisfação popular, a internet planejada ao lado dos outros meios pode preencher essa demanda por "presença". Antes de tudo, existe a necessidade de uma nova prática, um novo tipo de esforço de comunicação, a partir da reflexão sobre a atividade política. Romper a política do "menos pior", através do diálogo franco e direto permitido pelas redes, criando gesto e imagens de forma substantiva, valorizando o povo e todas suas idiossincrasias no debate político – esse é o rumo da comunicação eficiente, necessária à democracia moderna para enfrentar a crise de representatividade. Debater visando ao aumento de reputação em cada público para obter votos. Acumular poder brando (valioso). Acreditar no pluralismo. Buscar a própria identidade, aceitando que nenhuma verdade contém todas as verdades.

Paulo de Tarso da Cunha Santos coordenou equipes de planejamento de comunicação permanente dos estados de Sao Paulo, Goiás e Paraná e outras cidades. Foi membro da equipe de formulação da comunicação permanente que levou o Governo Lula a atingir 87% de popularidade. Foi assessor pessoal para imagem de FHC e coordenador, entre outras, das campanhas de Marina Silva, em 2010 e de Lula, em 1994 e 1989, quando criou a expressão "Lula lá".

# CRIATIVIDADE, EMOÇÃO, ÉTICA E EMPATIA: FÓRMULAS QUE RESISTEM AO TEMPO

*José Fuscaldo*

O que permanece entre uma campanha e um novo governo que se inicia? Para o marketing e a comunicação, eu diria que é a confiança. Essa palavra pode sustentar toda uma série de expectativas e a construção de projeto sólido e necessário. Se a confiança está mantida, é porque você já tem a equipe e as ferramentas necessárias para trabalhar o processo de comunicação do novo governo.

As experiências pelas quais passei, liderando ou assessorando esse processo em governos, me asseguram que esta é a palavra-chave. É a partir daí que você conquistará também uma boa equipe de profissionais, consultores, um projeto à altura do seu plano de governo, com ferramentas e fornecedores igualmente qualificados e o zelo pela ética e pela coisa pública.

É preciso gostar de fazer comunicação governamental, porque isso pressupõe respeito aos cidadãos, porque se você está fazendo a coisa certa, estará levando informação e prestando contas com verdade e transparência. Ouvi outro dia uma frase que resume bem o nosso futuro: "Apesar de todas as transformações tecnológicas e digitais, criatividade, emoção e ética sobreviverão". Eu acrescentaria empatia. Isso tudo tem também muito a ver com marketing e comunicação pública.

## Mãos à obra

A hora de governar chegou. Depois da eleição e do período de transição, é hora de baixar as expectativas do período eleitoral, estabelecer as primeiras medidas e montar uma equipe focada no projeto vitorioso. É hora de ser transparente, de mostrar o cenário real, de estabelecer um franco diálogo com todos os setores, de trazer à tona os problemas encontrados e, acima de tudo, de apontar caminhos e soluções.

Os desafios, portanto, são grandes – mas podem ser vencidos com organização e planejamento. Quatro anos passam voando. Muitos gestores custam a compreender o funcionamento das engrenagens do setor público. Com isso, a velha frase "governos são verdadeiras máquinas de moer carne" não perde a validade.

Um agente público de alto escalão resumiu, de forma bem-humorada, mas pertinente, a conquista de uma eleição, sem que o projeto fosse o principal compromisso:

*- Pois é, e o pior é que brigamos feito loucos para ganhar o governo.*

## Pouca paciência com a política

O cenário atual tem combinações explosivas: crise financeira, governos endividados e baixa capacidade de investimento. A crise econômica gera passivos sociais. Há desaceleração da economia, menor arrecadação de impostos, aumento de demandas na área social e redução na capacidade de entregas governamentais.

Consequentemente, outras crises vêm pelo caminho. Junte a isso, a insatisfação com a política e os políticos e a intolerância com os governos e os governantes. A regra é manter uma trégua de cem dias. A seguir, começam as cobranças. Por isso, comunique-se bem desde o início do seu mandato.

## Gestão, política e comunicação

É preciso governar o governo. Fazer gestão pública, como ensina a cientista social e política Elis Radmann, diretora do Instituto de Pesquisa e Opinião (IPO), é um tripé formado por gestão, política e comunicação. Um não funciona sem o outro e todos se complementam para a construção de um governo bem-sucedido.

A gestão tem a ver com o projeto de governo proposto e a forma como ele deve ser construído. Portanto, deve-se trabalhar para que o projeto vitorioso saia do papel. É preciso enfrentar questões jurídicas, administrativas e financeiras.

A política trata da relação entre poderes e instituições com a sociedade, com os formadores de opinião e com o funcionalismo. A capacidade de articulação política faz com que os governos tenham mais ou menos trabalho e sua capacidade de entregas e de operacionalidade ocorra sem travas.

Compreender o governo e o posicionamento político e fazer a gestão do relacionamento com a sociedade são premissas para nortear o trabalho de comunicação. Para isso, devem-se viabilizar meios, ferramentas e canais que proporcionem entender compromissos, projetos e ações prioritários e, além disso, as demandas dos cidadãos.

Profissionais experientes e bem-informados podem levar ao público informações relevantes e qualificadas e trabalhar para a correta percepção da imagem do governo e do governante.

## Batalha de percepções

É possível sair vencedor da batalha que Al Ries legitimou em seu livro "As 22 consagradas leis do marketing", no qual afirma que o marketing é uma batalha de percepções, não de produtos.

Para se chegar à correta ou desejada percepção na cabeça das pessoas, é preciso ter uma posição clara. Esse lugar deve ser conquistado, e o segredo consiste em ter competência para compreender necessidades.

Deve-se seguir a mesma regra que valeu para a conquista da eleição: a vitória vem a partir do momento em que o cidadão percebe que o seu projeto contempla as suas expectativas e os seus anseios.

Yuval Noah Harari, no livro "21 lições para o século 21", abre a publicação com uma frase que revoluciona a maneira de ver o poder em um mundo de mudanças e com milhares de informações circulando a todo o instante: "Num mundo inundado de informações irrelevantes, clareza é poder".

No jogo de entender o que é realmente relevante, a comunicação é parte de uma engrenagem que pode jogar mais luz sobre todos os projetos em andamento.

## O funil invertido

Governos não são diferentes na essência do processo que chamo de "funil invertido". Por um lado, as informações devem ser analisadas por profissionais qualificados, para que, ao absorverem seu conteúdo e decupá-lo, possam construir o primeiro passo: o posicionamento a ser ocupado na mente das pessoas.

Muitos governantes não compreendem esse processo de construção do marketing e da comunicação. Por terem experiência política, pensam que sabem o que o cidadão quer. É óbvio que se deve levar em conta essa experiência. No entanto, a forma de organizar esse processo é diferente. Ao encontrar um posicionamento, vá firme com ele. Até que evidências recomendem um reposicionamento.

Depois de estabelecer o posicionamento, é preciso formular um conceito. Ele funciona como uma frase-força e cumpre com várias funções: expressar o propósito, a vontade política, a capacidade de realização, a superação, a compreensão do momento, de mobilização, de esperança e até de tratar dificuldades inerentes ao momento e às pessoas.

Veja exemplos de slogans adotados pelos últimos governos brasileiros, citados em estudo publicado na Revista Nova Escola. (https://novaescola.org.br/conteudo/5497/analise-de-imagens-oficiais-as-marcas-do-governo-brasileiro#_-_)[1].

Outras definições são interessantes conhecer. A síntese determina um projeto de governo, comunica um conjunto de atos que vai ao encontro do que as pessoas desejam. Já os subconceitos reforçam ou sustentam o conceito principal e complementam a síntese inicial. Seguindo com a ideia do funil no processo de comunicação, permite comunicar por vários dutos sem perder o posicionamento central. É a partir deles que se forma a percepção.

Podem apresentar temas como governo preocupado com o desenvolvimento, com a inovação, com questões sociais. Sejam quais forem os sub-

---

1 "Brasil novo": apesar da logo do governo Fernando Collor (1991-1992) não conter um slogan, o presidente tentou estabelecer a ideia de um "Brasil novo", prometendo afastar a corrupção das diversas esferas, inclusive a política.

"Brasil, a união de todos": o slogan usado por Itamar Franco (1992-1994), que assumiu o governo após o *impeachment* de Collor, era uma manifestação que homenageava o povo. Pela primeira vez, o país tirava do poder um presidente acusado de corrupção.

"Trabalhando por todo o Brasil": o lema do governo de Fernando Henrique Cardoso (1995-2002) se relacionava com o plano "Avança, Brasil", de geração de empregos e estabilidade da moeda.

"Brasil: um país de todos": o slogan acompanhou o presidente Lula (2003-2011) durante seus dois mandatos e tinha como foco destacar a inclusão social. Os programas sociais foram o carro-chefe da gestão. Na logo, é possível notar que as cores fogem do padrão da bandeira, fazendo referência à mestiçagem da população.

"País rico é país sem pobreza": enfatiza a necessidade da erradicação da pobreza. O lema foi tema do primeiro mandato de Dilma Rousseff (2011-2014). A logo dá continuidade à tipografia de Lula, mas retorna às cores verde e amarela dos símbolos nacionais.

"Brasil, pátria educadora": foi o lema do segundo mandato de Dilma (2015-2016) e indicava a Educação como prioridade. Dilma afirmou que o slogan fazia referência a buscar "em todas as ações do governo, um sentido formador, uma prática cidadã, um compromisso de ética e um sentimento republicano".

"Ordem e progresso": o governo interino Michel Temer utiliza o mesmo lema da Bandeira Nacional. A logo delimita as cores verde e amarela apenas na faixa do logo (na bandeira, a faixa é branca e as letras pretas) e a cor azul é predominante. A identidade visual gerou polêmica em sua primeira versão em que apresentava apenas 22 estrelas, cinco a menos que a da atual bandeira. O número de estrelas era o mesmo usado durante o período da Quarta República (1946-1964) e da Ditadura Militar (1964–1985). O logo foi refeito trazendo 27 estrelas.

conceitos, devem reforçar o conceito-mãe. A partir daí, devem ser alinhados aos programas, às ações de comunicação e às campanhas.

## Meio do funil e planejamento

O que temos no meio desse funil? Um grande planejamento de ações e ferramentas de comunicação e de avaliação. Se o governo que você integra tem um bom projeto, estará bem, pois conseguirá programar ações a partir do calendário proposto para a entrega de obras e ações. Do contrário, é preciso correr atrás – o que pode ser resolvido com uma reunião de pauta semanal, antevendo as agendas dos próximos 15 dias.

O governo sempre estará organizado com antecedência, com tempo suficiente para preparar a comunicação de cada ação entregue ou anunciada. Um governo é feito também de anúncios, vistorias e reuniões estratégicas. E de crises.

Volta às aulas, campanhas de vacinação ou de solidariedade (como a do agasalho nas regiões mais frias do Brasil), trânsito seguro são ações de serviço, arrecadatórias e instrutivas, as quais devem ser planejadas junto com as campanhas para prestação de contas à população.

Devem ser colocadas em ordem cronológica, com o valor disponível para cada ação de comunicação. A partir disso, é possível fazer uma síntese do que se pretende comunicar, o público-alvo e a área de abrangência. Um pré-*briefing* deve guiar profissionais e fornecedores. Quanto mais completo for o *briefing*, melhores serão o resultado e a sinergia dos produtos de comunicação.

O planejamento de comunicação é a base para que todo o projeto seja realizado e percebido adequadamente. É preciso mapear propósito, forças, fragilidades, oportunidades, entraves, público-alvo, investimento disponível e ferramentas utilizadas. Ao fim de cada período determinado pelo plano, devem ser avaliados os resultados por meio de pesquisa de opinião.

## Base do funil

Cada etapa da comunicação irá formar na cabeça do contribuinte o reconhecimento positivo do trabalho, das entregas, das políticas públicas e de uma visão que vai ao encontro das necessidades dos cidadãos.

Na base do funil, estão as informações que geram a compreensão e a conclusão do que representam as políticas e as ações do governo. Para isso, é preciso ter clareza na informação: quanto mais simples, melhor o resultado.

## A comunicação de governo

E para pôr isso em prática, é hora de montar a equipe e colocar a comunicação em funcionamento. A equipe deve ter perfil adequado às diversas funções. Parece óbvio, porém a necessidade de preencher cargos traz distorções que, mais à frente, deixarão lacunas vitais para o processo de comunicação. Não abra mão da qualificação. Experiência deve ser equilibrada com novos profissionais – especialmente com atuação no universo digital.

Não se esqueça de um bom quadro jurídico e de administradores, já que compras e contratações se dão, em sua maioria, por meio de licitações públicas, auditadas e controladas por órgãos independentes de governo.

Trabalhar com um grupo gestor de comunicação é necessário para avaliar as campanhas geradas em órgãos da administração, trazendo ganhos em formação de imagem e percepção. Também, é preciso avaliar a pertinência do uso de mídias, propostas comerciais, projetos especiais e o resultado de pesquisa para possíveis correções de rumo e maior acerto da comunicação.

## Governo na palma da mão

Quanto mais serviços, ações inovadoras e informações os gestores públicos oferecerem, maior será a interação com diversos públicos, a transparência e o acesso a diferentes políticas de governo.

Governos precisam lembrar que vivemos em uma era de informação, comunicação e clareza. Então, é necessário que a voz governamental tenha vida no ambiente digital, que se relacione adequadamente neste meio.

Isso passa por alinhar o tom: vai ser mais descontraído? Ou absolutamente formal? E assumir que governos não estão mais decidindo se participam neste novo mundo, mas como participam. Sua presença e interação podem impactar através de uma simples resposta a um comentário, que tem o potencial de tornar o dia de alguém melhor e colaborar na construção de uma imagem positiva.

## Monitoramento

O monitoramento em todos meios de comunicação off-line, como jornais, rádios, revistas, televisões, é imprescindível. Permite avaliar e medir o impacto das notícias, detectar distorções ou indicar problemas de relacionamento com profissionais ou veículos.

Para entender o que falam sobre seu governo on-line, tenha alguma rotina de monitoramento de menções. De forma simples, você pode efetuar buscas sobre sua instituição e determinados atores institucionais. De modo profissional, pode contratar uma plataforma de escuta social, que automaticamente coletará esses termos de busca.

Escute o que as pessoas falam sobre o seu governo. Elas estão o tempo todo dizendo o que querem e o que precisam.

## Comunicação integrada

Há quem veja a comunicação pública somente pela força da propaganda. Embora seja um poderoso instrumento para divulgar uma instituição ou um governo, a percepção adequada na mente do contribuinte passa também por outros fatores.

A propaganda agiliza e vende rapidamente pelo impacto, pela abrangência e pela penetração. No entanto, o que traz credibilidade é a informação divulgada pela imprensa. A notícia nos meios tradicionais – mesmo com a aceleração digital – dá crédito às realizações e ao posicionamento da gestão.

Compreender a linguagem, monitorar e se relacionar são importantes ferramentas para enfrentar uma guerra de versões, críticas e desinformações. A isso, soma-se o instrumento indispensável da pesquisa – capaz de ajudar a estabelecer um plano de voo, compreender melhor a eficiência das ações de comunicação e o quanto a percepção está alinhada ao posicionamento. Juntos, esses componentes trazem os resultados esperados e a dimensão de um projeto governamental.

## Esteja preparado

Governos são feitos de crises. Em qualquer crise, os princípios de transparência e de verdade devem ser preservados. É preciso avaliar as informações sobre o fato, ver a extensão e a real dimensão do estrago, preparar argumentos jurídicos, administrativos e de comunicação que contribuam ao embasamento de necessária manifestação pública sobre o assunto. Nem sempre as informações chegam no tempo adequado. Nesse caso, a avaliação política da situação deve ser considerada e levada a público.

## Outras coisas não menos importantes

Ter controle sobre o orçamento é fundamental para ter a capacidade de realizar uma comunicação com excelência. Assim, é possível distribuir os recursos para a divulgação de forma equânime, contratando espaços para levar a mensagem do governo às comunidades, feita por prestadores de serviço capacitados.

As licitações devem ser feitas com transparência e atendendo aos critérios previstos em lei. Quanto mais qualificada for a comissão técnica que avalia os trabalhos, melhor será o andamento do processo, determinante para a contratação de uma ou mais agências que farão a divulgação governamental.

Algumas ferramentas que podem transformar seu projeto vitorioso em um governo bem-sucedido:

**Comunicação interna**

É importante manter os servidores informados, motivados, alinhados ou, pelo menos, compreendendo os motivos para determinadas ações.

**Eventos**

A área ganhou espaço nos governos ao longo dos anos. O setor é responsável por solenizar entregas da administração pública.

**Banco de informações**

Deve levar em conta as diferentes regiões e públicos beneficiados com ações e medidas. Gera proximidade entre o governo e o cidadão e mostra que o gestor domina informações sobre o local que administra.

**Placas de obras**

Destacam o trabalho de uma ação governamental, mas podem também ser a marca de um compromisso com a sociedade.

**Seminários de alinhamento de governo**

São importantes para que gestores, diretores e assessorados revejam os compromissos estratégicos. São momentos para rever ações que possam causar entraves, além de fortalecer o trabalho da equipe.

**Material de apresentação**

Destaca características, vocações econômicas e culturais, estruturas de educação, infraestrutura e saúde e setores com capacidade de expansão. Torna-se importante em reuniões e agendas para atração de investimentos e para divulgar as boas práticas e as realizações da gestão.

Tem uma frase que não é nova e sempre foi usada por um velho amigo jornalista gaúcho, Adão Oliveira: "Não basta saber fazer. É preciso fazer saber".

José Fuscaldo preside a Agência Moove (RS), é jornalista e publicitário, atua em comunicação e em marketing público institucional e político. Coordenou diversas campanhas para governador, deputado e vereador no RS. Membro-fundador do CAMP.

# A IMPORTÂNCIA DE UMA COMUNICAÇÃO PERMANENTE E O FOCO NA MANUTENÇÃO DO DISCURSO

*Alberto Lage e Vitor Colares*

O comportamento social no início da terceira década do século XXI vem sendo marcado pela disputa por atenção. A política, a sociedade e os meios de comunicação mudam de forma veloz, e todos esses fatores se somam, tendo como resultado um cenário de tempestade perfeita: política se confunde com entretenimento, propaganda se confunde com informação e o consumidor se confunde com o produtor de conteúdo.

A redução do período de campanha eleitoral, estabelecida pela Lei nº 13.165/2015, que passou de 90 para 45 dias, também teve um efeito peculiar. A brevidade do tempo de campanha reforçou a ideia de "pré-campanha" que, com a deterioração do cenário político nacional, e talvez um bocado de azar do cidadão que só queria um tempo de paz, acabou virando campanha eterna. É inevitável que isso cause certo esgotamento de todos os agentes com o processo de campanha política e a própria atividade do marketing eleitoral.

Todos os fatores apresentados fazem com que seja imprescindível lembrar que o ofício da política é um exercício de ouvir o outro. Essa reflexão se aplica a todo caso de política, mas, principalmente, à realizada por intermédio das mídias sociais, que podem estimular níveis patológicos de egocentrismo. Há, primeiro, que se preservar desse ambiente tóxico. A internet é terreno fértil para golpistas, estelionatários e todo tipo de pessoas desonestas. Como se não bastasse, é um lugar que pode transformar qualquer sujeito simpático em alguém essencialmente entediante e desagradável. E, como se verá a seguir, a atenção alheia é muito valiosa para ser desperdiçada aborrecendo o receptor.

O uso inteligente de uma comunicação permanente é, essencialmente, o uso inteligente de um discurso adequado à campanha política, pelos meios disponíveis no momento. Meio e mensagem devem ser ajustados e adequados para que cumpram o objetivo do conceito geral do discurso político, bem como à disponibilidade de cada um no período. Ao passo que na fase eleitoral se possa contar com o horário concedido em rádio e televisão, assim como maior atenção da imprensa tradicional, durante todo o tempo os meios digitais encontram-se disponíveis. As ferramentas de publicação virtual são acessíveis a qualquer momento, embora gerem diferentes níveis de interesse. Mesmo assim, a política em meio virtual não deve se dissociar do contexto completo.

O cuidado com a preservação do discurso é essencial justamente para resistir às longas tentações de uma comunicação permanente na entressafra eleitoral. Modismos de curto prazo podem render poucos frutos no futuro, mas gerar grandes prejuízos. Assim, cabe ao político ou quem o assessora, preservar sua identidade, quem ele é, suas bandeiras e o retorno que se pretende dar ao eleitorado ou à causa que se representa. É preciso estabelecer um *checklist* e verificar todos os itens antes da ação de comunicação, seja ela em evento público, mídia tradicional ou mídia digital: identificar se a ação é coerente com a imagem integral que se pretende transmitir; ponderar os prejuízos eventuais que pode gerar ou grupos que possa incomodar; e, principalmente, verificar se tal comunicação apresenta algum retorno ou perspectiva de retorno útil àquele eleitor ou classe que se pretende representar.

A nova configuração de mídia, catalisada principalmente pelos veículos digitais, é essencialmente baseada na convergência entre meio de comunicação e agente de comunicação. À parte discussões conceituais sobre o que é veículo ou o que é plataforma, o fato é que o agente ou instituição política também se configura como fonte de informação, opinião e, até mesmo, entretenimento. Assim, a própria rotina, as próprias conquistas e posicionamentos políticos se transformam por si só em produtos de comunicação e devem ganhar vida e embalagem próprias.

A forma de uso das redes sociais e demais mídias eletrônicas também deve ser considerada: enquanto um filme de televisão, por exemplo, conta com um espectador devidamente acomodado em um sofá, um conteúdo que será exibido em um aplicativo de celular já aparecerá para um usuário que está constantemente com o dedo na tela: ou seja, precisa conquistar rapidamente a cabeça e o coração do público-alvo, não podendo apresentar introduções alongadas ou vinhetas desnecessárias: é preciso chegar ao ponto, e rápido, entregando o conteúdo de forma imediata.

Tendo um discurso bem-resolvido e bem-consolidado, deve ser estabelecido o que se espera do público-alvo de cada comunicação. Diferentemente de canais como televisão e rádio, por exemplo, a comunicação por meio de mídias digitais permite a segmentação dos públicos buscados de forma muito mais simples. Um canal único, com uma mensagem genérica, como na mídia de massa, pode ser complementado por canais diversificados, com mensagens específicas.

Essa facilidade técnica permite que seja explorada uma tática que não é nova, mas que é particularmente exequível no contexto das mídias digitais: a segmentação entre um alvo da comunicação que é apenas alguém a ser convencido, como um eleitor, por exemplo, ou alguém que, além de ser convencido, também atuará no convencimento de outros – vamos chamá-lo de mobilizador. Tal distinção é importante, pois a partir dela deve-se guiar a atuação de comunicação em cada uma das mídias digitais. Além disso, é fundamental dar suporte aos seus defensores – e não deixar que a equipe se desmobilize. As redes digitais, como permitem vários canais, também permitirão municiar de informações quem quiser defender ou apresentar sua causa, bem como desqualificar eventuais críticas.

Com alta adesão e capilaridade, hoje o WhatsApp é certamente o aplicativo de mensagens mais popular do Brasil. Há ampla discussão teórica sobre se aplicativos de mensagens diretas podem ou não serem considerados "mídias sociais", uma vez que envolvem conversas restritas, mas é inegável que funciona como meio de difusão de informação. Dois recursos principais devem ser destacados: os grupos, mais caracterizados pela interação social, onde há conversa entre múltiplas pessoas; e as listas de transmissão, úteis para disparo inicial de um conteúdo para diferentes nós de rede. A produção do conteúdo para tal canal segue lógicas similares, que serão tratadas a seguir, mas vale desde já um destaque específico: é imprescindível segmentar pessoas com interesses e níveis de engajamento diferentes em listas de disparo diferentes. O poder de encaminhar o conteúdo e fazer o celular do sujeito, do outro lado da linha, tocar na mesma hora, sem depender de timelines como as das redes sociais, é muito valioso para ser desperdiçado. Portanto, é fundamental calibrar a quantidade e o teor de envios para não perder potencial de um possível mobilizador ou tornar-se incômodo (e ser inevitavelmente bloqueado ou silenciado) de um eleitor comum, por exemplo.

Local de encontro de jornalistas e influenciadores, o Twitter vem experimentando um ressurgimento, não por ter grandes volumes de público, mas por concentrar formadores de opinião e antecipar tendências que vão parar em todos os cantos da internet. Possui público mais específico e é mais dependente do horário das publicações. Originalmente, se configurou como uma rede que funcionava com uma linha do tempo cronológica, diferentemente de outras que privilegiavam as publicações mais relevantes por meio de algoritmos. Hoje, embora ainda valorize o mais recente, seleciona por padrão a opção de conteúdo mais relevante, escolhido por algoritmos próprios, e oferece a opção cronológica como alternativa. Vale, novamente, buscar relevância, ineditismo e senso de oportunidade, já que trata-se de um canal onde as coisas ficam velhas muito rápido... Embora relevância não seja algo que se consiga ensinar, ressalta-se que as redes com *timelines* cronológicas giram junto com o mundo, sendo prudente se ater aos assuntos do momento, comentar o que está acontecendo na hora e acompanhar o que está sendo transmitido ao vivo, por exemplo.

Para as redes que não têm linha do tempo cronológica, vale a lógica dos algoritmos: cada uma das plataformas privilegia determinado conteúdo que recebeu tal tipo de interação. É preciso ficar atento às especificidades, uma vez que os critérios mudam com extrema rapidez, e investir tanto na tentativa e erro como na análise humana de performance de cada publicação.

Essa necessidade de conteúdo relevante e que capture a atenção se relaciona com o tipo de conquista que deve ser feita – e o canal digital não é diferente de qualquer outro meio social: uma causa, movimento ou candidato que busquem apoio majoritário devem se portar em abraçar assuntos de consenso, defenderem causas de grande mobilização, enquanto agentes políticos de nicho ou aqueles que dependem exclusivamente de serem conhecidos, mas não necessariamente precisam evitar rejeição, podem optar pelo choque e pelo escândalo – um tipo de comportamento que as mídias sociais costumam premiar. Da mesma forma, é um ambiente em que a ridicularização e esquivamento são eficientes meios de responder a críticas, feitas as ressalvas técnicas específicas de não aumentar o engajamento daquilo que não lhe é favorável. Por meio de ferramentas específicas de toda rede, é possível analisar o que cada usuário fez com cada tipo de conteúdo:

se o ignorou; se interagiu e procurou saber mais; se o compartilhou em público ou enviou a alguém em privado. Tais dados possibilitam uma grande oportunidade de análise quantitativa, mas dificilmente serão interpretados apenas por *software*: é necessário acompanhamento humano para que se tenha dados confiáveis.

Pensando em uma comunicação perene, é fundamental conseguir se inserir também nos veículos de mídia tradicional da sua localidade, preferencialmente naqueles que têm maior impacto no público-alvo de sua preferência. O jornalismo, hoje em dia, ainda é uma atividade muito baseada nas relações pessoais. A recomendação usual é se caracterizar como uma fonte solícita e disponível para os veículos, o que irá permitir que se consiga mais espaço em tais publicações. Uma rede social bem-estabelecida, com informações relevantes e tempestivas, também auxiliará nisso, constituindo-se em fonte de referência para veículos tradicionais. É importante perceber que a máxima válida para as redes sociais também é a mesma para as mídias tradicionais: só fale quando tiver algo a dizer. Da mesma forma que uma boa aparição em veículos de comunicação pode atrair público, uma aparição ruim pode fazer com que as pessoas fujam para o candidato mais próximo.

Bem medida e bem pesada, a redução do período de campanha fez com que as pré-campanhas começassem no dia seguinte ao término de cada pleito. Por esse motivo, a comunicação permanente pode representar a diferença entre ganhar ou perder. Se, antigamente, em 90 dias era possível apresentar uma narrativa de campanha parecida com um longa-metragem com início, meio e fim, atualmente é melhor pensar como uma série com episódios e temporadas que vão durar bem mais tempo. E, se o contato com o eleitor será mais longo, é muito importante que o candidato não seja um chato.

Se há uma lição de comunicação permanente que deve ser destacada para render frutos a longo prazo, é que a atenção humana já era valiosa demais para ser desperdiçada na era analógica. Na era digital, o desperdício da janela de atenção é um erro fatal.

Alberto Lage iniciou a carreira aos 18 anos, com análise de UX. Coordenou internet, TV e rádio em campanhas majoritárias. No Senado, foi consultor e, em BH, o mais jovem chefe de gabinete do prefeito da história. Hoje, assessora o secretário de Educação da Prefeitura do Rio.

Vitor Colares é gestor público e jornalista. Atua há mais de 10 anos no campo da comunicação. Já participou de várias campanhas eleitorais majoritárias e proporcionais. É sócio de Alberto Lage na OkêArô e vencedor de 16 Prêmios CAMP da Democracia.

# REPUTAÇÃO: BEM MAIS DO QUE VISIBILIDADE

*Cleber Benvegnú*

A fama é doce, mas também é traiçoeira. E o é especialmente quando se move apenas com base num atributo ou circunstância específica, momentânea, ocasional e passageira. Não faltam exemplos, no mundo artístico, de personagens que se esgotaram – sem reportório, acúmulo, entrega. Mas o desafio da perenidade, que se conecta com o da reputação, é duro também para o universo político. O modelo de disputa de beleza, baseado prevalentemente na visibilidade, que se transportou de lá para cá mostra sinais de esgotamento.

É verdade que tem "coisa ruim" que dura muito tempo na política – durabilidade nem sempre é sinônimo de reputação. Também há sempre espaço para surfistas e oportunistas, independentemente de suas origens ideológicas. Mas a escassez a que me refiro se dá em termos de essência, de consistência, de coerência, de competência, de qualidade de liderança – de construção de líderes com verdadeira vocação estadista. E também, claro, de coerência.

A era do "caça-like" é uma das partes mais negativas do extraordinariamente positivo processo de transformação da comunicação promovido pelo advento das redes sociais – que alguns teimam em apenas criticar, não raras vezes porque perderam o olimpo do monopólio da potência de voz. Mas se outrora o estereótipo do político demagogo era o tapinha nas costas, que dizia sim para tudo, hoje se materializa naquele que se movimenta muito mais pelo *buzz* das redes do que pelo que acredita de fato.

O mesmo vício já vi por diversas vezes, em meus mais de 20 anos como profissional da comunicação política, ao acompanhar clientes em pesquisas qualitativas. Não é raro que seu entorno de conselheiros, quando não o próprio político, tenha um ímpeto por violentar suas crenças mais profundas em nome da submissão àquele sentimento social momentâneo - apenas para, com isso, ganhar aderência e voto.

Ora, é legítimo que um político queira encontrar interface de diálogo com todo e qualquer público, respeitando o sentimento majoritário da população; mas é política e eticamente questionável que seja um mero ator de ficção em relação ao que ele mesmo acredita. O verdadeiro estadista enfrenta e muda, se necessário, a própria opinião pública - na direção do bem comum e da justiça. Na direção certa, sem apego à popularidade de ocasião.

Estamos falando, pois, de verdade e mentira. De visibilidade e reputação. De coerência e incoerência. De perenidade e efemeridade. E um consistente profissional de comunicação pode conduzir seu cliente a todas as evoluções possíveis, encontrando a melhor versão dele mesmo - mas dele mesmo, não de uma ficção. Mais do que o resultado eleitoral, também precisa nos mover um compromisso inafastável com o sentido maior da política, ligado à ideia de bem comum.

É mais do que sobre uma eleição, portanto. É sobre política. É sobre ética.

Isso nada tem a ver com preferências ideológicas ou pessoais. Pelo contrário. Tem a ver com o respeito à essência do cliente - e, claro, à construção de lideranças consistentes, estáveis e verdadeiras. O desafio está em encontrar um equilíbrio entre a ânsia pela visibilidade, que não precisa ser defenestrada, e a coerência que constrói uma reputação consistente. E o eleitor muitas vezes consegue distinguir um produto de outro. E quem construiu uma reputação terá maior colchão de aceitação social, inclusive para a hipótese de errar. Já o surfista cai da onda e se estatela na água. Submerge.

Não podemos, então, afastar o marketing político da essência e da identidade de um cliente. Não podemos, nós mesmos, construir versões que não são condizentes com a verdade. A melhor versão do cliente, sim. Uma mentira, jamais.

## Tudo começa pelo começo

Por isso, especialmente no início de qualquer trabalho de comunicação política, cabe construir com o assessorado uma jornada de anamnese pessoal, de autopercepção, de identificação de valores, causas e bandeiras. É o que eu chamo, figurativamente, de "psiquiatria política". A perenidade e a reputação só decorrem do acúmulo. E o acúmulo depende de uma identidade sólida, segura. Quando o cliente conecta com essa matriz pessoal e política, é como se ele encontrasse a pedra sobre a qual pode construir sua casa. Tudo fica mais firme. Ele, inclusive, fica mais seguro e desempenha melhor.

A identidade, a propósito, é o elemento mais gerenciável na dinâmica da reputação – o que mais está sob controle. São aqueles valores de fundo e inegociáveis. Quando não há identidade, ocorre a "geleia geral" em que se transformou, por exemplo, o ambiente partidário brasileiro. Por falta dela, os partidos perderam significação social. Do ponto de vista da influência na opinião pública, pouco importa o que dizem e o que pensam. Não têm relevância. Restaram apenas grandes aparelhos em prol de projetos de poder.

Esse contexto da reputação traz consigo, em especial, a dinâmica do caráter e das escolhas de vida, inclusive de ordem moral. Muitos tiveram visibilidade nos últimos anos, mas de braços dados com o "japa" da Polícia Federal. Outros, porém, com menos visibilidade, dormiram tranquilos em seus travesseiros. Claro que estou usando um exemplo extremado para mostrar que, ao contrário desse viés equivocado que se criou em termos de gestão de imagem, reputação é muito mais do que aparecer. Ambas as dinâmicas podem conviver, mas não são necessariamente interdependentes.

A propósito, convém sempre adotar um plano de blindagem de reputação, uma espécie de plano de emergência contra incêndio reputacional. Trata-se de ferramenta relevante na gestão de crise, algo que precisa ser mapeado com técnica apurada e total profundidade. Nem tudo pode ser previsto numa projeção de potenciais cenários negativos, mas grande parte das possibilidades pode e deve ser exercitada.

Tenho acompanhado o desenvolvimento desse mapeamento preventivo para empresas, governos, instituições e líderes de expressão – e percebo a importância de ter tal "seguro" em caso de "colisão". Um mapa de vulnerabilidades e reações possíveis, previamente estudado, é meio caminho andado diante de uma crise.

## Reputação é maior que eleição

Um *case* recente no Rio Grande do Sul ajuda a demonstrar na prática essa teoria. Em decorrência do esgotamento financeiro das contas públicas estaduais, o governo José Ivo Sartori, em 2015, viu-se impelido a atrasar salários do funcionalismo público já no primeiro ano do mandato. O governador de então fez uma aposta arriscada, que parecia autofágica. Em vez de criar narrativas de subterfúgio ou transferência de culpa política, deu início a uma comunicação pedagógica: "Abre o livro, mostra os números".

A gestão pagou um alto preço político, mas mexeu profundamente na cultura política local. O discurso estatizante e corporativista havia encontrado um combatente à altura, desprovido de medos sobre o curto prazo. Mas, claro, teve um preço. A candidatura foi para o pleito da reeleição com salários atrasados e sem dar perspectivas de regularização – pois Sartori também rejeitara dar uma data específica para a regularização salarial, uma vez que não dependia dele. Perdeu a disputa eleitoral de 2018 (por pouca diferença), mas, mesmo assim, conseguiu resguardar o respeito político do candidato.

Portanto – e esse é o ponto que aqui importa analisar –, além dos números eleitorais, o resultado maior foi cultural: a criação de uma consciência de que aquele caos financeiro não era fruto de vontade política, senão que das circunstâncias. E mais: de que as reformas estruturais precisariam ser ainda mais profundas. Tão forte foi essa consciência que as duas candidaturas que foram para o segundo turno – a de Sartori e a de Eduardo Leite, atual governador – pensavam igual sobre esse ponto. Também convergiam sobre o prosseguimento das reformas de modernização do estado. A representação que defendia o modelo anterior acabou num incomum terceiro lugar.

Hoje, serenados os ânimos, há um claro respeito social pelo legado construído naquele período. As qualitativas mostram que, para a maior parte da população, "Sartori falou a verdade" - constatação que vem mesmo de adversários. E ele é um quadro que se manteve de pé no cenário local. Ou seja, voltando para a teoria: eleição se perde ou se ganha, mas reputação - como se vê - é bem mais do que isso. Vale para o candidato, vale também para quem trabalha com comunicação política.

Isso me conduz a John Whitfield, no livro "O Poder da Reputação", em que ensina que as reputações não são simplesmente construídas: "Elas também são protegidas. E, às vezes, são melhores servidas não pela ação, mas pelo comedimento". Foi o caso. A prudência foi salvacionista da reputação do personagem que acabo de analisar – nesse e em outros episódios, claro.

É preciso perceber a opinião pública como processo histórico, não apenas como processo jornalístico ou midiático do momento. E falar a verdade – fazer o que precisa ser feito – é uma grande marca reputacional.

Trago esse exemplo não para cantar loas aos seus personagens, tampouco para criticar eventuais adversários. Mas apenas e tão somente porque esse relato consegue elucidar bem a diferença entre reputação e visibilidade, que pode ser traduzida também por popularidade. Trago inclusive um exemplo de derrota eleitoral, mas sobre a qual justamente incidiu a preservação de uma reputação – que está acima de um episódio, seja ele negativo ou positivo.

Não estou defendendo que políticos tenham atitudes eleitoralmente autofágicas. Não. Mas apenas procurando relembrar que, enfim, existe sol depois da tempestade. E a vida pode seguir, desde que a casa esteja construída sobre a rocha. Ninguém ganha sempre. Numa trajetória política, saber perder é tão ou mais importante do que saber ganhar. E a chave para a perenidade e o respeito público, mesmo na derrota, atende justamente pelo nome de reputação.

Como já disse, perder é da vida. Mas é preciso perder com dignidade.

## A formação da reputação

Minha sócia Soraia Hanna, em sua conferência "Reputação não vem de graça", faz um elucidativo comparativo reputacional entre as histórias de Paulo Maluf e Mário Covas. Sem entrar em méritos e deméritos, é fato que Covas cravou bem mais do que um governo em São Paulo, mas um agregado simbólico de valores que perpetua seu grupo político no poder. Já Maluf esteve no topo, mas acabou preso e derrotado em vários sentidos. Covas, em que pese tenha ganhado e perdido, jamais morreu politicamente - mesmo morto fisicamente. Criou uma raiz profunda e soube comunicá-la no plano simbólico.

Em "*The Reputation Game*", de David Waller e Rupert Younger, vemos que a formação da reputação se dá em quatro dimensões: (1) comportamento, (2) relacionamento, (3) narrativa e (4) legado.

O (1) - comportamento se resume numa frase de Warren Buffett: "Demora-se 20 anos para construir uma reputação e cinco minutos para destruí-la. Se pensar sobre isso, você irá agir diferente". A atitude é que guia a reputação. O (2) – relacionamento tem a ver com uma moderna e necessária visão de relações públicas, que está na essência da política, mas ainda é tratada com considerável amadorismo. É também sobre escolher os amigos e parceiros adequados. A (3) – narrativa, obviamente, exige contar a história, mas desde que haja uma preocupação genuína em fazê-la antes de sair contando. Ou seja: comunicação política, mas precedida de atitude política.

Nos atendimentos personalizados que costumo fazer em minha empresa de gestão de imagem e reputação, não raras vezes recebo clientes com um diagnóstico pré-pronto: "Meu problema é a comunicação". Todavia, em duas ou três perguntas se percebe, como diz o gaúcho, que "o furo é bem mais embaixo". A raiz do problema costuma estar na gestão ou na política. A comunicação tende a ser mais a consequência do que a causa dos problemas.

A cientista política Elis Radmann ensina que nenhum pé pode ser substituído no tripé do resultado em opinião pública: política, gestão e comunicação. Quando quaisquer dessas pontas estiverem descuidadas, haverá desequilíbrio na outra. Mas culpar a comunicação, como se isso fosse mera operação, costuma ser confortável para quem tem dificuldade em admitir seus próprios erros. Ou, como aprendi com o publicitário José Luiz Fuscaldo, a comunicação é como um garçom: ele pode ser gentil e servir bem; mas se a comida estiver estragada, não tem milagre que resolva.

Por fim, vem a dinâmica do (4) – legado, que tem a ver com cultivo, com repetição, com relembrança – e isso dá muito trabalho. Disse Mason Cooley que a maioria das reputações não são arruinadas, mas esquecidas. Mantê-las é inclusive contribuir com a história, perpetuando episódios e personalidades que a tenham verdadeiramente marcado. O legado é peça fundamental para a solidificação e a perenização de uma reputação.

## Reputação é acúmulo

Como se vê, cuidar de reputação é todo o dia, não só uma vez. É trabalho permanente. Persistência, consistência, acúmulo e verdade. É o somatório de fatos e valores que constroem um simbólico perceptível.

A política precisa voltar ao seu sentido maior – que é servir ao bem comum. E também voltar-se ao seu objeto mais valioso – que são as pessoas, a sociedade. E a comunicação política, nessa perspectiva, exerce um elevado papel, que não pode ficar subjugado à mera construção da visibilidade.

Tenhamos consciência profissional disso, pois. A reputação é um bem intangível, mas é o mais precioso. Na política, isso é ainda mais concreto. Quando despertamos a essência virtuosa de um líder de expressão, disparamos todas as potencialidades que nele existem – sejam práticas ou até mesmo espirituais.

Nosso trabalho, bem mais do que promover personalidades, tem a ver com servir à verdade, à evolução e à melhoria da vida em nosso entorno. Tem a ver com a grandeza da boa política.

Cleber Benvegnú é jornalista e advogado, sócio-fundador da Critério - Resultado em Opinião Pública. Foi secretário de Estado da Comunicação e chefe da Casa Civil do Governo do Rio Grande do Sul. Também é comentarista do Grupo Bandeirantes.

# ÉTICA NO MARKETING POLÍTICO E COMBATE ÀS *FAKE NEWS*

# A ÉTICA DO MARKETING POLÍTICO ESTÁ NO PROFISSIONAL. AS AÇÕES SERÃO CONSEQUÊNCIA

*Emmanuel Publio Dias*

No fim de 2021, a sociedade brasileira encontrava-se parcialmente paralisada após quase dois anos de enfrentamento da pandemia do coronavírus e preocupantes sinais de descontrole e piora de todos os índices socioeconômicos.

No campo político, a antecipação do debate eleitoral e disputas por espaços de representação entre os poderes (principalmente entre o Executivo e Judiciário) fizeram com que os *players* e analistas desse campo se vissem às voltas com cenários imprevistos e, então, inéditos em nossa história.

E foi em meio a esta absoluta falta de previsibilidade e confiança, que os profissionais e consultores de marketing político tentaram enxergar os parâmetros e movimentos dos políticos, partidos e institituições, para poderem analisar, sugerir e implementar novas estratégias para seus clientes, com vistas às próximas eleições de 2022.

Muito antes das convenções partidárias, potenciais e muito antagônicas candidaturas se destacaram. Na época, ambas amplamente rejeitadas, mas que, no embate direto, poderiam levar qualquer das duas à vitória.

As circunstâncias que se desenhavam na construção do cenário político, eleitoral e social de 2022, além das já citadas, incluíam:

- o potencial surgimento de uma terceira força, com reais possibilidades de ser competitiva no processo eleitoral bipolarizado;
- a inédita excitação dos movimentos sociais pós-junho de 2013 e as mobilizações de rua resultantes;
- a exigência de uma nova representação política e a crescente intolerância à corrupção e práticas condenáveis na política e administração pública;
- o resultado de inúmeros inquéritos e denúncias então em investigação, muitos deles próximos ao presidente e a seu círculo familiar;
- a deterioração socioeconômica, com a exclusão de milhões de brasileiros do mercado de trabalho;
- a revolução dos acessos às inúmeras plataformas de comunicação, interação e ação, gerando um novo e caótico espaço público.

Apesar de preocupantes, estes fatores seriam até aceitáveis para um profissional de marketing político elaborar suas plataformas de trabalho, não fossem as ameaças, explícitas e veladas aos poderes Legislativo e Judiciário e, principalmente, à realização das próximas eleições. Ameaças que partem de vários atores políticos, militares e representantes da sociedade civil.

Portanto, não haveria melhor momento para discutirmos a ética das (e nas) nossas atividades.

Não estou sendo irônico. Pois é justamente nos cenários mais adversos que se faz necessário pensar e agir conforme posicionamentos que nos alegrem e também aos outros, de forma a podermos proclamar com orgulho que somos analistas, consultores, profissionais de marketing político.

Não somos diferentes de qualquer outro segmento profissional, exceto por aceitar em silêncio que é impossível conciliar ética e marketing político. Na verdade, carregamos uma dupla pecha estigmatizada: marketing e político.

Incialmente, quero apresentar como entendo alguns conceitos e ideias para fundamentar meu raciocínio. Começando com os conceitos de Ética e Política, que vêm sendo estudados desde os filósofos gregos, já, então, palavras relacionadas ao convívio dos cidadãos, à "pólis", à cidade. De fato, as primeiras referências à ética dizem respeito à conduta das pessoas e à busca de um relacionamento harmonioso em benefício próprio e de todos. Ao longo dos séculos, o conceito foi se amoldando à atitude destes cidadãos em relação aos outros e, principalmente, às circunstâncias que definem o que seria ético ou não, sendo certo que condutas e comportamentos hoje execrados já foram sinais de comportamento ético e até virtuoso.

O conceito da virtude é central para entender a ética aristotélica, linha de pensamento que se mantém até os nossos dias. De acordo com essa linha, as virtudes são qualidades de caráter que levam a pessoa a agir da melhor forma possível, de maneira excelente (em grego, a mesma palavra para "virtude" e "excelência"). Essa disposição de agir de modo excelente leva consigo o preceito ético de agir conforme a virtude e a sabedoria de quem age, virtudes que precedem e até determinam um comportamento ético, ou seja, a ética é um bem em si, que as pessoas virtuosas exercem para sua felicidade e de todos. Agir com ética é agir de forma virtuosa, com excelência, em todos os momentos e desafios.

Filósofos modernos relataram outras possibilidades do agir com ética, essa muito de acordo com as necessidades de comunicação governamental e política, vez que justificam-se, não pela ação em si, mas pelos seus resultados. Chamada de ética utilitarista, afirma que "uma boa decisão – ou ação, ou medida – é aquela que tem por consequência global (somando todas as consequências) o maior bem possível para o maior número possível de pessoas" (Ética Profissional; Antônio Lopes de Sá; Ed. Atlas), definição que aproxima muito as ações éticas das políticas, quando essas são apresentadas como o exercício do poder em benefício do bem comum.

Numa visão ética, a busca do poder só pode se dar para a busca do bem comum. Quando se busca o poder apenas para si e seus objetivos, estamos traindo a função maior e mais importante da política, que é exatamente a busca do bem comum e a felicidade dos cidadãos.

Aqui, a discussão filosófica é boa, porque, se de um lado pode-se afirmar que tudo que é bom só para mim é ruim para todos os outros, por outro, a definição do bem comum é bastante variável. Há um colossal abismo entre o bem comum que buscam os talibans e o presidente dos Estados Unidos. E ambos fazem política. Ou ainda, a discussão ética (se é que houve) de se bombardear Hiroshima, em prol do objetivo (bem) comum de terminar a guerra.

Vamos nos aprofundar um pouquinho mais e ver o que é uma ética de resultados ou consequencialista, que nos diz que, se alcançarmos os resultados esperados que valorizem o bem comum, os bons costumes, o bem-estar da "pólis", as ações e atividades para se alcançar estes resultados são éticas. Pensamento que deságua nos "fins justificam os meios", conduta tão praticada e fundamentada.

Em oposição a esta ética de resultados (ou complementarmente a ela), vem a Deontologia, que nos fala de uma ética do dever, da obrigação, da necessidade imperativa de agir de forma correta, não importa qual consequência esta atitude traga ao agente da conduta ou aos outros. As ações humanas seriam intrinsecamente boas ou intrinsecamente más, sem nenhuma qualificação ou relação com seus resultados.

O agir ético, o agir corretamente, o agir virtuoso foram de certa forma encapsulados pela Deontologia, principalmente por meio de códigos e regulamentos que nos dizem o que é um comportamento virtuoso e aceitável nos condomínios residenciais, na política, nas campanhas e projetos de maketing político que oferecemos aos nossos clientes.

Ainda nas definições conceituais, quero resgatar o que entendo por Marketing (e ofereço duas definições para pensarmos aqui):

- Marketing *(Market + ing: mercado em ação)*
  - Kotler: "Marketing é o conjunto de atividades humanas que tem por objetivo facilitar e consumar relações de troca."

– Theodore Levitt: "...O processo de conquistar e manter clientes".

Gosto muito da definição de Levitt porque é a mais simples, óbvia e transparente: eu faço marketing para conquistar e manter clientes. Que tipo de clientes?

- Marketing turístico: turistas
- Marketing bancário: clientes
- Marketing esportivo: torcedores
- Marketing rural: produtores
- Marketing religioso: fiéis

E o marketing político? Trata-se de conquistar e manter:

- Eleitores?
- Seguidores?
- Partidários?
- Financiadores?
- Militantes?
- Líderes engajados?
- Líderes comunitários?
- Influenciadores?
- Audiência de mídia? Das redes sociais?

O marketing político deveria ser isso tudo, mas lamentavelmente é raro sermos contratados para fazer marketing político no Brasil. Fazemos marketing e campanhas eleitorais, a cada dois anos. E, mesmo assim, de forma limitada: em vez de conquistar e manter os eleitores engajados com a causa, o partido, o programa do candidato, nossos esforços e talentos profissionais são reclamados quase que exclusivamente para a conquista de eleitores, a cada dois anos. O que leva a um enorme desgaste no processo político, algo como se um grande anunciante só fizesse campanha de liquidação a cada dois anos. Jamais construiria uma marca forte.

E aqui chegamos aos pontos que considero os mais importantes de uma discussão sobre ética em nossa atividade.

O primeiro é o reconhecimento de que não somos (do ponto de vista do marketing) agentes políticos, não nos cabe formular políticas, não fomos eleitos, nem temos mandato.

Ao sermos instrumentos, ferramentas, seremos tanto melhores e mais éticos profissionalmente, quanto melhores e mais éticos forem os atores políticos, pessoas, partidos, instituições, poderes, enfim...

Não se trata de fugir à responsabilidade política – podemos e devemos agir no campo próprio – mas no reconhecimento de que, se não temos um marketing político que possa cumprir com finalidades e propósitos superiores, não será por deliberada ação ou omissão dos profissionais, mas simplesmente porque não existe o objeto destas finalidades e propósitos. Não se trata de opção ética, como veremos adiante, mas de adequação à realidade, com toda possibilidade desta adequação ser também ética.

Voltemos à ética: vimos que se trata de um conceito que vem sendo estudado e definido por todas as escolas e correntes filosóficas e políticas que, em resumo, pode ser definido como a prática de bons costumes, bom comportamento, boa conduta. No livro "Ética e vergonha na cara", os professores Mário Cortela e Clóvis de Barros Filho definem ética como "a inteligência compartilhada a serviço do aperfeiçoamento da convivência". Diferentemente da moral, – que são estes mesmos hábitos e práticas, só que impostos pela cultura ou pela sociedade, – a ética é a capacidade individual de poder escolher entre o caminho certo e o errado. Algo que você e só você faria, porque sabe que aquilo que fez ou vá fazer é ou será o certo.

A discussão sobre ética de resultados e deontológica está no âmago das discussões sobre a nossa ética, ou melhor, a possibilidade de uma ética dos profissionais de marketing político. A dificuldade está em definir este profissional, sua formação, área de atuação, talentos e, finalmente, ética.

O jornalista Cláudio Abramo provocou os meios profissionais e acadêmicos do campo ao escrever sobre a ética do jornalismo. Vale a pena ler o trecho inicial:

> "Sou jornalista, mas gosto mesmo é de marcenaria. Gosto de fazer móveis, cadeiras, e minha ética como marceneiro é igual à minha ética como jornalista – não tenho duas. Não existe uma ética específica do jornalista: sua ética é a mesma do cidadão. Suponho que não se vai esperar que, pelo fato de ser jornalista, o sujeito possa bater carteira e não ir para a cadeia.
>
> Onde entra a ética? O que o jornalista não deve fazer que o cidadão comum não deva fazer? O cidadão não pode trair a palavra dada, não pode abusar da confiança do outro, não pode mentir."
>
> "A regra do jogo" de Claudio Abramo (1923-1987)

Da mesma forma (e muito mais comum que no jornalismo), o profissional/consultor de marketing político quase sempre exerce outras atividades, geralmente relacionadas ao campo da comunicação, publicidade, marketing e, não raro, de outros campos que se integram às campanhas políticas: Direito, Sociologia, Psicologia.

Para abarcar todas essas profissões e atividades, não existe (e mesmo que existisse, não seria a solução), um único código de ética, ou normas e condutas do profissional de marketing político. Desde a sua fundação, o CAMP tem, entre suas prioridades, oferecer aos seus associados e à sociedade, parâmetros de comportamento e padrões éticos. Nesse sentido, publica em seu site Código de Ética baseado em princípios comuns a qualquer atividade desenvolvida pelos seus associados: Democracia, Ética, Respeito às Leis, Confidencialidade, Exclusividade e Respeito Profissional. Exige ainda uma Declaração de Consentimento a que todo associado deve aderir e prevê sanções no caso de violações ao Código.

Independentemente do nosso próprio Código de Ética, podemos, entretanto, seguir (conforme a ação e origem profissional) os códigos e normas de conduta profissional, que seguem esta linha deontológica de demarcação – do que pode e o que não pode – no exercício da profissão e esta é a forma mais fácil e cômoda de ser ético: seguir uma instrução exterior e não me importar com o que eu realmente ache ou pense sobre aquele assunto.

Ser realmente ético é doloroso e causa dano pessoal (muitas vezes), porque é necessário escolher. Escolhas sempre são dolorosas, além do fato de que a ética impõe o benefício do outro sobre o seu próprio.

Uma das distinções do ser humano, pensante e transcendente, é que ele pode escolher o que fazer. Mesmo diante da mais impositiva das situações, ele pode dizer: "não quero, não aceito, não faço". É isso que torna algumas atitudes éticas e outras não. Quando sua atividade profissional contribui ou favorece a deterioração da convivência, das leis, dos bons costumes, você não está sendo ético. Se não fosse assim, não seria ética humana, seria instinto animal. Os bichos fazem o que fazem, sem escolhas ou evolução ao longo dos milênios. Sua própria sobrevivência é ditada por organização genética a que não têm acesso. Nós, humanos, podemos escolher nossa própria evolução. Temos, inclusive, a liberdade de errar.

Há pouco, defendi que, no exercício profissional, ética é uma coisa, política é outra. Qual seria então nosso papel frente ao quadro político que desenhamos no início deste artigo, já que muitas vezes o profissional de marketing é cobrado pela sociedade como partícipe, – quando não responsável – pelas mazelas políticas?

Em primeiro lugar, há que separar o que nos compete, o que podemos realizar com o marketing, do que o não nos compete ou não podemos realizar. Segundo, o modo de pensar estóico, o que podemos controlar e o que não podemos controlar. E entre as coisas que todo profissional pode controlar, está o seu próprio comportamento ético.

Havendo possibilidade, escolha a opção ética. Se não houver possibilidade de escolha, não há possibilidade de ser ético. Melhor não fazer. Seja o que for.

Apesar do que foi dito sobre a incongruência entre um código de ética e o comportamento verdadeiramente ético, é lícito e desejável que entidades profissionais ofereçam a seus praticantes um roteiro de comportamentos claramente saudáveis, responsáveis, benéficos aos seus pares, à sociedade e aos próprios profissionais, um comportamento ético.

Estudando os códigos e normas de conduta de profissões semelhantes ou relacionadas com a nossa, notei que a maioria deles sustenta-se sobre alguns pilares. Procurei simplificá-los ao máximo, expurguei muito do que havia de contratual, *business* e conceitos éticos negociais (concorrência, eficiência etc.) e cheguei a estes cinco:

- Respeito/obediência às leis
- Respeito à verdade
- Busca permanente do bem comum/atuação republicana
- Transparência
- Liberdade de expressão

Se você exerce sua atividade (não importa qual) e procura atender a esses cinco pontos, não será preciso a existência de um código ou normas a seguir, porque, mais do que qualquer outra pessoa, você saberá que agirá conforme suas escolhas e que estas lhe conectam com a virtude e a excelência.

Emmanuel Publio Dias é consultor de marketing político especialista em planejamento estratégico, branding e pesquisas, atuando em campanhas majoritárias nacionais e de vários estados, desde 1990, sempre junto às equipes de formulação e análises estratégicas; professor do RenovaBr e ESPM.

# USO DE *FAKE NEWS* EM ESTRATÉGIAS POLÍTICAS: UMA VANTAGEM COMPETITIVA(?)

*Gabriel Côrrea*

**"A Verdade saindo do poço" (1896), de Jean-Léon Gérôme.**

*A Verdade e a Mentira se encontram um dia. A Mentira diz à Verdade: "Está um dia maravilhoso!" A Verdade olha para os céus e suspira, pois o dia era realmente lindo. Elas caminham algum tempo juntas, chegando finalmente ao lado de um poço. A Mentira diz à Verdade: "A água está muito boa, vamos tomar um banho juntas!" A Verdade, mais uma vez desconfiada, testa a água e descobre que realmente está boa. Elas se despem e começam a tomar banho juntas. De repente, a Mentira sai da água, veste as roupas da Verdade e foge. A Verdade, furiosa, sai do poço e corre para pegar suas roupas de volta. O mundo, vendo a Verdade nua, desvia o olhar, com desprezo e raiva. A pobre Verdade então volta ao poço e desaparece, escondendo a sua vergonha. Desde então, a Mentira viaja ao redor do mundo, vestida como a Verdade, satisfazendo as necessidades da sociedade, porque, em todo caso, o Mundo não nutre nenhum desejo de encontrar a Verdade nua.*

**Lenda do século XIX, autor desconhecido.**

No fundo, todo autor tem o desejo de que suas palavras sobrevivam ao tempo. Que permaneçam verossímeis e atuais, mesmo quando lidas no futuro distante. Neste caso específico, meu desejo é o inverso. Torço com todas as minhas forças para que, o mais brevemente possível, este texto se torne anacrônico, obsoleto, ultrapassado e tão inútil quanto o certificado de garantia de uma máquina de escrever.

Trato aqui sobre uma praga que nos assola nesses já turbulentos dias de pandemia, mudanças climáticas, refugiados, ameaças à democracia e polarizações de todo tipo: as notícias falsas, ou, como passaram a ser mundialmente conhecidas, as *fake news*. Uma prática tão antiga quanto a nossa sociedade, mas que, atualizada pelo advento das redes sociais digitais, se tornou um fenômeno de alcance e impacto global. E é claro que, quando um recurso assim tão poderoso se apresenta, capaz de influenciar drasticamente os rumos da opinião pública, não tarda para que ele seja abraçado por aqueles que da opinião pública se alimentam.

No ano de 2016, as notícias falsas difundidas através das redes sociais tiveram pela primeira vez protagonismo decisivo, justamente no processo eleitoral para o cargo mais importante do planeta. Nesta campanha, uma onda de boatos se espalhou pela internet, atingindo em cheio candidatos à presidência dos Estados Unidos. E foi neste contexto que as *fake news* passaram a ser utilizadas estrategicamente por Donald Trump. Aquilo que hoje se tornou rotina, na época apareceu como novidade. Sites surgiram travestidos de portais de notícias. Os conteúdos destes sites, com notícias falsas, passaram a ser ostensivamente compartilhados nas redes. E a partir daí, a máxima prevaleceu. Uma mentira repetida muitas vezes acaba se tornando verdade.

Hoje, anos depois, sabemos quais foram os resultados. Trump venceu a eleição. Seu mandato foi marcado pelos constantes ataques à mídia tradicional e pelo uso de cortinas de fumaça baseadas em *fake news*. A prática, de descredibilizar os veículos de imprensa, se mostrou extremamente eficiente. Se a mídia mente, os conteúdos compartilhados via redes sociais passam a ter maior relevância. Esse cenário, de aparente sucesso, fez com que políticos do mundo inteiro olhassem com interesse para o uso estratégico das *fake news*. Nos anos seguintes, em eleições ao redor do globo, práticas semelhantes foram utilizadas em campanhas políticas, lançando ao poder líderes que financiaram o aparelhamento das estruturas de *fake news*, ao mesmo tempo em que lançavam ataques à credibilidade da mídia tradicional.

Segundo dados do Oxford Internet Institute, em 2017, foram identificadas estruturas e campanhas para difusão de *fake news* em 28 países. Em 2019, 70 países fizeram uso inapropriado de campanhas políticas de desinformação. Um crescimento de 150% em apenas dois anos. Em Hong Kong, manifestações contrárias a uma lei que facilitaria a extradição de cidadãos para a China foram alvo de uma campanha de ataques do governo chinês. No Vietnã, pessoas foram alistadas para fazer postagens a favor do governo em suas páginas pessoais no Facebook. Na Guatemala, contas roubadas ou hackeadas foram usadas para difamar dissidentes. Na Etiópia, equipes contratadas influenciaram conversas em redes sociais a favor do governo.

Na nova edição, deste mesmo instituto, os 70 países afetados em 2019 passaram para 81 em 2020. Entre eles, o Brasil. O gráfico ascendente indica uma clara e crescente ameaça do uso de desinformação por meio das plataformas digitais em estratégias políticas. O relatório mostra um aumento na utilização de tropas digitais para propagação de desinformação. Essas estruturas estão se profissionalizando cada vez mais, com a crescente demanda de agentes políticos por este tipo de serviço. Em 48 países, foi identificada a contratação de empresas privadas para a realização de campanhas de manipulação. Aparentemente, entramos na era em que *fake news* são produzidas em escala industrial por empresas, partidos e governos.

É evidente que uma ameaça à democracia desta proporção não passaria sem que houvesse reações. O assunto se tornou pauta global. Leis foram criadas. Comissões foram organizadas para investigar e punir responsáveis. Sites de verificação surgiram com a função de certificar a verdade. Facebook, Twitter, Google, entre outros, passaram a identificar e excluir publicações e perfis ligados à disseminação de *fake news*. Mais de 300 mil contas e páginas foram deletadas entre janeiro de 2019 e novembro de 2020. Entre elas, a conta pessoal de Donald Trump. O medo das notícias falsas também se instalou entre os usuários. A pesquisa realizada em 2020 pelo Instituto Gallup, que entrevistou 150 mil pessoas em 142 países, revelou que 57% dos usuários da internet, em todas as áreas geográficas, faixas etárias e origens socioeconômicas, identificaram informações falsas ou notícias falsas como sua maior preocupação dentro do ambiente virtual.

Existem enormes dificuldades em combater institucionalmente as *fake news*. Elas passam por pontos críticos, como direito à liberdade de expressão, sigilo de dados pessoais, interesses financeiros das redes sociais, entre outros. Mas a maior delas talvez seja a própria predisposição das pessoas em compartilhar qualquer conteúdo que se identifique com as suas próprias opiniões, independentemente da confiabilidade da fonte. Em 2019, um estudo publicado pela Universidade Regina do Canadá revelou que, especialmente quando se trata de conteúdo político, existe um aumento de 37,4% na possibilidade do compartilhamento de conteúdo concordante com o ponto de vista do usuário, independentemente de ser falso ou não.

Outro fenômeno que facilita a disseminação de informações falsas é o acesso de conteúdo apenas para assinantes, que os portais da grande imprensa adotaram como forma de autofinanciamento: o *paywall*. Estimativas recentes apontam que 130 milhões de brasileiros têm uma conta pessoal no Facebook e 120 milhões utilizam o WhatsApp. Assim, de um lado, temos a informação verificada gerada pela imprensa tradicional, mas cujo acesso é restrito apenas aos assinantes. De outro, temos uma quantidade absurda de informação não verificada circulando livremente por meio das redes sociais. É fácil concluir qual tipo de informação tem maior alcance e quais são as graves consequências.

Neste ponto, já é possível iniciar a análise sobre vantagens x desvantagens do uso de *fake news* em estratégias políticas. Veja, não sejamos ingênuos quanto ao perfil do profissional de marketing político. Vencer é a nossa profissão. E, para vencer, é imprescindível ter um "olhar assassino". O notório consultor político americano James Carville resumiu perfeitamente esta capacidade profissional com a frase: "Quando seu oponente está se afogando, jogue uma bigorna no filho da puta". Ao fazer esta afirmação, não pretendo excluir a ética dos pilares fundamentais para exercer o marketing político. É claro que, como em qualquer outra profissão, devemos ser regidos pela ética. Estou apenas colocando ela momentaneamente de lado e me dedicando ao uso exclusivo da lógica, focando na análise fria para responder a esta simples pergunta: usar *fake news* em estratégias políticas é uma vantagem competitiva?

Dentro do meu ponto de vista, baseado nas minhas experiências profissionais e na análise de muitos casos, a resposta para esta pergunta é: óbvio que não! *Fake new* é uma ação artificial, uma mentira, sem base de sustentação a longo prazo. E um homem bem mais esperto do que eu (mas com uma barba não tão bonita) afirmou certa vez com muita propriedade que "É possível enganar algumas pessoas todo o tempo; é também possível enganar todas as pessoas por algum tempo; o que não é possível é enganar todas as pessoas todo o tempo". Quando afirmei que nossa profissão é vencer, minha intenção foi provocar a sua interpretação pessoal sobre o conceito de vitória na política. Na minha interpretação, vencer na política vai muito mais além do que o resultado de uma única eleição. Afinal, é possível vencer uma eleição ainda que perdendo nas urnas. Assim como também é possível perder uma eleição mesmo sendo eleito. Tudo depende do ganho de estima que a reputação do seu candidato vai acumular no processo.

Vamos imaginar um cenário hipotético, no qual seu cliente se encontra em uma situação difícil da campanha eleitoral e tudo indica que o adversário será eleito. Nesta situação, não seria surpresa se alguém da campanha sugerisse que os ataques fossem intensificados e que a reputação do adversário fosse maculada, através de qualquer meio possível. Você, como responsável pelo marketing da campanha, decide então elaborar um plano, que inclui a criação de uma milícia digital, utilizando perfis *fakes*, postagens fabricadas, comentários maldosos, envio de *spams* e toda a parafernália amplamente disponível neste mercado obscuro. O seu candidato concorda com o plano e ele é colocado em prática. Como mágica, o adversário se perde em explicações e seu cliente vence a eleição.

A partir daí, me ocorrem pelo menos quatro perguntas que você deveria tentar responder com o máximo de sinceridade. Como diz um grande amigo meu "O jeito que se faz campanha é o jeito que se vai governar", então, a primeira pergunta é: você ficaria confortável sabendo que ajudou a colocar no poder mais um político que aceita jogo sujo? A segunda pergunta é: levando em consideração a capacidade das autoridades em descobrir esquemas digitais, a grande possibilidade de a "casa cair" seria um risco aceitável? A terceira é: se o esquema fosse descoberto, a imagem que o mercado guardaria de você colocaria a sua carreira em um patamar mais elevado? E, finalmente, a quarta pergunta: seria para perpetuar esse tipo de conduta que você entraria para o marketing político?

Sempre que se faz uma análise de médio e longo prazos, fica evidente que utilizar *fake news* em estratégias políticas não é uma boa ideia. Além de ser injusto com os adversários e com os eleitores, é um desfavor para a democracia. Esse tipo de prática deve ser permanentemente combatido, principalmente por nós, do marketing político. As *fake news* demandam um esforço enorme para serem esclarecidas e consomem um tempo precioso da campanha, que deveria ser dedicado no bom combate, através do confronto de estratégias, posicionamentos e propostas. Não podemos ceder à tentação preguiçosa e suja das *fake news*. Temos que ser melhores do que isso. Caso contrário, não só nossa profissão perderá seu sentido, mas todo o processo eleitoral e político se tornará uma briga de gangues.

Infelizmente, não existe uma receita pronta sobre como combater *fake news* em campanhas eleitorais. Descrevo abaixo um resumo dos processos que podem ser implementados e que tendem a facilitar a reação da sua campanha de forma mais rápida, organizada e eficiente.

1. Inicie a campanha estabelecendo um compromisso público de não utilizar *fake news*. Dê visibilidade ao fato, criando (por exemplo) um selo de "nossa campanha é contra *fake news*".
2. Organize uma estrutura de monitoramento humano constante e, se possível, contrate um serviço de *software* de monitoramento de notícias falsas nas redes sociais para identificar rapidamente ataques de *fake news*.
3. Tome decisões acertadas sobre quando agir e quando não agir. Lembre-se que nem sempre reagir contra uma *fake news* é a melhor estratégia. Existem casos em que a resposta da sua campanha pode aumentar a atenção sobre uma postagem que, se deixada de lado, não causaria grandes problemas.
4. Ao responder, demonstre a falsidade do ataque da maneira mais simples e compreensível possível. Faça postagens com o ataque falso e o fato verdadeiro lado a lado, identificando ambos.
5. Mobilize simpatizantes na luta contra *fake news*. Inclua na narrativa da campanha que seu candidato é vítima de ataques de *fake news* e peça para os eleitores auxiliarem no combate a esses ataques.
6. Denuncie os ataques recebidos às autoridades. Dê visibilidade a estas denúncias.

Muitas vezes o maior perigo não reside naquilo que nos ameaça, mas no que nos favorece. É preciso fibra moral, coerência e capacidade de análise para resistir ao caminho fácil. Para ser grande no marketing político, vitórias nas urnas são apenas uma parte do requisito. Assim como em qualquer carreira, você precisa decidir se quer ser Neil ou Lance Armstrong. Posicionar-se firmemente contra o uso de *fake news* em estratégias políticas é uma batalha que testará a resiliência de todos os que querem ser honoráveis na nossa profissão. Torço aqui com toda a minha fé para que você tenha sucesso nesta luta. De verdade.

Gabriel Côrrea é marketeiro, cinéfilo, colecionador de quadrinhos, surfista e otimista. Encaro meu trabalho como uma ferramenta para construir um mundo melhor para todos. Se você tem um projeto neste sentido, vou ser o seu melhor parceiro. Se não for assim, nem me chame.

# ÍNDICE ONOMÁSTICO E REMISSIVO

## Nomes próprios

## Palavras-chave e expressões

## Empresas, universidades, canais de TV e rádios

*In Memoriam +*

*Einhart Jácome da Paz*
*1953 - 2021*

# MEMBROS DO CLUBE ASSOCIATIVOS DOS PROFISSIONAIS DE MARKETING POLÍTICO – CAMP

**Diretoria Executiva do CAMP**

Presidente do CAMP: BRUNO HOFFMANN

Vice-Presidente Administrativo: DUDU GODOY

Vice-Presidente de Conhecimento e Marketing: CILA SCHULMAN

Vice-Presidente de Relações Institucionais: LULA GUIMARÃES

Secretária-Geral: GIL CASTILLO

**Junta Diretiva do CAMP**

Diretor Sudeste: FERNANDO VIEIRA

Diretor Sul: JOSÉ FUSCALDO

Diretor Sudeste: JUSTINO PEREIRA

Diretor Sudeste: LEANDRO GRÔPPO

Diretor Norte-Nordeste: LEURINBERGUE LIMA

Diretor Centro-Oeste: MARCUS VINÍCIUS QUEIROZ

Diretor Centro-Oeste: RICARDO AMADO

**Conselho Consultivo do CAMP**

CASSIANO SAMPAIO

EXPEDITO PESSOA

GUILLERMO RAFFO

MARCELO WEISS

PAULO DE TARSO DA CUNHA SANTOS

**Fundadores**

BRUNO HOFFMANN
BRUNO SOLLER
CASSIANO SAMPAIO
CILA SCHULMAN
CLAUDIO BARRETTO
DARLAN CAMPOS
DUDA LIMA
DUDU GODOY
EINHART JÁCOME DA PAZ (*in memoriam*)
EXPEDITO PESSOA
FÁBIO BERNARDI
FABRICIO CARUSO
FERNANDO VIEIRA
GIL CASTILLO
GUILLERMO RAFFO
HÉLIO DOYLE
JOSÉ FUSCALDO
JUSTINO PEREIRA
LEANDRO GRÔPPO
LEURINBERGUE LIMA
LINCOLN XAVIER
LULA GUIMARÃES
MANOEL CANABARRO
MARCELO DI GIUSEPPE
MARCELO TOGNOZZI
MARCELO WEISS
MARCUS VINÍCIUS QUEIROZ
MÁRIO ROSA
MAURÍCIO MOURA
MORIAEL PAIVA
NELSON BIONDI
PAULO DE TARSO DA CUNHA SANTOS
RENATO DORGAN
RICARDO AMADO
TÂNIA MOREIRA
TARCÍSIO DANTAS
VITOR COLARES

**Associados CAMP**

ABEL LUMER
ALBERTO LAGE
ALEJANDRO ÁLVARO
AUGUSTO FONSECA
BIA VALLE
BRUNO HOFFMANN
BRUNO SOLLER
CACÁ COLONESE
CASSIANO SAMPAIO
CILA SCHULMAN
CLAUDIO BARRETTO
CLEBER BENVEGNÚ
DANIEL MACHADO
DARLAN CAMPOS
DAVID MENESES
DUDA LIMA
DUDU GODOY
EINHART JÁCOME DA PAZ (*in memoriam*)
ELAINE WERMELINGER
ELGA LOPES
EMANOELTON BORGES
EMMANUEL PUBLIO DIAS
EXPEDITO PESSOA
FÁBIO BERNARDI
FABRICIO CARUSO
FELIPE NUNES
FERNANDO MEIRELES
FERNANDO VIEIRA
FRED PERILLO
GABRIEL CORRÊA
GIL CASTILLO
GUILLERMO RAFFO
GUTO ARAÚJO
HÉLIO DOYLE
JADER FRANÇA
JOÃO PAULO COSTA
JOSÉ CARLOS MENEZES
JOSÉ FUSCALDO
JUAREZ GUEDES
JUSTINO PEREIRA
KARINA TERSO
LEANDRO GRÔPPO
LEURINBERGUE LIMA
LINCOLN XAVIER
LUCAS DE OURO
LULA GUIMARÃES
MALCO BRAGA
MANOEL CANABARRO
MARCELO DI GIUSEPPE
MARCELO TOGNOZZI
MARCELO WEISS
MARCUS VINÍCIUS QUEIROZ
MÁRIO ROSA
MATHEUS DIAS
MAURÍCIO MOURA
MOISES MAGALHÃES
MORIAEL PAIVA
NARA ALVES
NELSON BIONDI
OTÁVIO ANTUNES
PAULO DE TARSO DA CUNHA SANTOS
PAULO RICARDO BOMFIM
RENATO DORGAN
RICARDO AMADO
RUI RODRIGUES
TÂNIA MOREIRA
TARCÍSIO DANTAS
VITOR COLARES